専修大学社会科学研究所 社会科学研究叢書 17

ワークフェアの日本的展開

―― 雇用の不安定化と就労・自立支援の課題

宮嵜晃臣・兵頭淳史 編

専修大学出版局

はじめに

　2008年9月15日のニュース映像を見た時の印象は今でも強く記憶に残っている。ウォール街のリーマンブラザース本社から段ボール箱を抱えて退社する社員の映像である。その姿にはもう出勤することのない虚脱感が滲み出ており，たんに4大投資銀行の一角が崩れただけでなく，29年恐慌の再来も予想されるインパクトを有していたように記憶している。負債総額が6130億ドル（65兆円）に達し，同第3位のメリルリンチは同日バンクオブアメリカに総額500億ドルで買収されて辛うじて最悪の事態は防がれ，世界最大の保険会社AIGも米政府，FRBから850億ドルの融資を受け，政府が株式の79.9％を取得し，事実上国有化された。9月19日には米政府が総合経済安定化策を急遽発表するも，9月29日に米下院で緊急経済安定化法案が否決されるに及んでNY証券取引所ではダウ平均が史上最大の777ドルの下げを記録した。10月3日同法は成立するものの，10月6日にはダウ平均が一時，580ドル下げ，取引時間中としては1万ドルの大台を割り込んだ。11月1日にはGMの株価が2ドル92セントに，22日にはシティーの株価も3ドル5セントに急落し，2009年4月30日にクライスラーが，またGMも6月1日に連邦破産法11条を申請した。
　ヨーロッパに目を移すと，同年10月にギリシャで前政権下での統計改ざんが表面化してギリシャ危機が発生し，同国は2010年4月にEUに支援プログラムを要請，11月にはアイルランドが，2011年4月にはポルトガルもEU，IMFに金融支援を申請し，9月にはイタリア国債，10月にもスペイン国債の格下げが相次いで発表され，同月26〜27日にはEU・ユーロ首脳会議が開かれ，夜を徹して「包括戦略」がまとめられた。それほど事態は切迫していた。

サブプライム・リーマンショックならびにその後に引き続き生じた欧州財政・金融危機は新自由主義的政策の限界を画するものであった。減税の行き過ぎが財政破綻を，金融自由化がサブプライム・リーマンショックを，労働市場の規制緩和・撤廃が非正規雇用の増大，国民生活の困窮，デフレ不況をもたらした。したがって，サブプライム・リーマンショックならびに欧州財政・金融危機は本来ならば新自由主義的政策の是非が広く問われる機会でなければならなかった。

　しかしそうはならなかった。その理由は3点ほど考えられる。まず新自由主義的政策と脈通じる先進各国の中央銀行の「非伝統的金融政策」が「奏功」して，金融危機は回避され，あまつさえ「景気回復」ももたらされたと受け止められ，新自由主義的政策に反省が求められる機運が削がれた点である。日本においても「アベノミクス」，「異次元緩和」がアベクロナンセンスとは映らず，円安，株高がありがたがられる風潮もみられる。第2に，新自由主義的政策への代替案がインパクトを持って示されていない点である。第3に，日本では「民主党政権」への失望感が根強く，安倍政権が白紙委任されてしまった点である。

　しかしながら，「非伝統的金融政策」なり「アベノミクス」を観察すると座視できない問題点を有し，それらが顕在化するとこれまでとは比較にならない混乱をもたらすと懸念される。エイジェンシーMBS（ジニーメイ，ファニーメイ，フレディーマックのエイジェンシーの保証の付いた不動産担保証券）並びに長期国債の買取りを核とするFRBの「非伝統的金融政策」は金融パニックを回避するためにやむをえず採られた緊急避難策であった。リーマンショック直前のFRBの資産は9500億ドル程度であった。クリーブランド連銀のHP上で確認すると，2009年11月末でFRBの資産総額は2兆1912億ドルで，その内訳は伝統的な証券所有が4517億ドル，長期証券の買取りが3187億ドル，金融機関への融資が2887億ドル，主要な信用市場への流動性供給が1兆5237億ドル，エイジェンシーMBS買取りが1億0085億ドルとなっている。エイジェンシーMBS買取りがこの時点で1兆

ドルを超え，総資産の46%を占めていた。FRBがひとえに民間リスクを引き受けてこうした資産膨張にいたった。その後2010年11月からQE2が始まり，それが終わる2011年6月には長期国債の買取りは1兆ドルを超え，2012年9月のQE3以降もMBSの買取りは月額400億ドル，国債の買取りもツイストオペ（短期国債による長期国債の買取り）と同額の月額450億ドルの規模を続け，資産膨張は続いた。2014年8月初めには伝統的な証券所有が3582億ドル，長期証券の買取りが2兆0393億ドル，金融機関への融資が2790億ドル，主要な信用市場への流動性供給が18億ドル，エージェンシーMBS買取りが1兆7137億ドルとなっている。総額4兆3920億ドルに達し，長期国債のウェイトは46.4%，エージェンシーMBSのそれは39.0%で，両者で85.4%を占めるにいたっている。

　2007年から2013年にかけて不動産担保関連証券の残高全体では9兆3726億ドルから8兆7215億円に6511億ドル減っているにもかかわらず，エージェンシーMBSの発行残高は1兆4467億ドル増えている。2013年末にFRBのエージェンシーMBS買取り額は1兆4982億ドルなので，エージェンシーMBSが2007年から2013年にかけて1兆4467億ドル増えているのはひとえにFRBのおかげである。そしてこのエージェンシーMBS買取りとQE2，QE3は民間金融機関の尻拭いでリスクを取りながら，実質金利を引き下げ，ドル安に誘導し，景気を維持し，さらには株価上昇からその資産効果で景気浮揚を図る「近隣窮乏化政策」であるといえよう。バーナンキ前議長が主要国の緩和競争を「近隣窮乏化でなく近隣富裕化（enrich-thy-neighbor）だ」と正当化した（日本経済新聞2013年4月5日）そうだが，主要国が緩和競争に駆り立てられるのは，それをやらなければ自国の通貨高から景気浮揚が図れないからであり，緩和競争を仕掛けたのがバーナンキFRBであった。しかし緩和をいつまでも続けることはできない。インフレ昂進を座視するわけにはいかないからである。怖いけれどもいつかは出口を探らなければならない。バーナンキは2013年6月19日の記者会見でQE3について，経済の改善が続けば「年内に証券購入ペースを減らすのが

適切」との見解を明らかにした。バーナンキが条件付きながら，量的緩和縮小の日程に言及したのは初めてであった。また「来年半ばまでに（国債などの新規購入を）停止するのが適切と考えている」とも指摘した，という。新規購入停止の前提として，バーナンキは足下の7.6％の失業率が7％近辺に改善することをあげた（日本経済新聞2013年6月20日）。

しかし，この発言は新興国に波紋をもたらすことになった。「バーナンキ米FRB議長が量的緩和縮小に言及して以降，ドル資金が新興国から流出し，外国為替市場でインドネシアルピアなど新興国通貨が軒並み下落。急激な通貨安で輸入物価が上昇するとインフレを招きかねないため各国は自国通貨を買う大規模介入を実施した。これが外貨準備の減少につながっている。マネー流出で急落した自国通貨を買い支えようと米国債など保有する外貨資産を売っているためだ。5, 6月の2カ月でインドネシアの外貨準備は8.5％，インドは4％，ブラジルは2.4％減少した」（日本経済新聞2013年7月16日）。

ここにみられるように，出口政策の難しさはその影響がもはや自国内だけでなく，他国に及び，他国での影響がさらに自国に跳ね返る点にある。そもそも量的緩和で供給された過剰流動性が資源，穀物の投機的取引に向かい，中国での豚肉の高騰を招いたことに象徴されるように，新興国に大きな混乱をもたらす原因にもなっていただけに，出口への言及が新興国に向かっていた資金の流出をもたらせば二重の責任が追及されることになる。

バーナンキは金融パニックを回避した点で大きな功績を残したといえる。しかしながらこの回避は問題解決の先送りでしかなく，さらにすでに新興国を巻き込んだ以上，パニックが起きれば，その範囲は北大西洋沿海部だけでは済まされない。バーナンキのパニック回避策が問題解決の先送りでしかない理由は，サブプライムローン担保証券等のRMBS (Residential mortgage-backed Security；住宅ローン担保証券)，それらを組み込み，さらに再組成した金融証券，さらにはCMBS (Commercial mortgage-backed Security；商業用不動産担保証券) 等の不良資産が金融機関のバランスシートから除去しえていないからである。2013年末現在でジニーメイ，

ファニーメイ，フレディーマックのエージェンシーの保証の付いた MBS が 5 兆 9056 億ドル，同保証の付いた CMO (Collateralized mortgage obligation；モーゲージ担保証券) が 1 兆 1340 億ドル，保証のない RMBS が 1 兆 0561 億ドル，CMBS が 6257 億ドル計 8 兆 7215 億ドル残っており (http://www.sifma.org/research/statistics.aspx より)，そのうち FRB が買い取ったのは 1 兆 4982 億ドルである。中央銀行が民間金融機関のリスク性資産を買い取ること自体，未知の無謀な策だと考えられる。しかし非常事態での危機回避策として行われたとはいう位置づけは可能かもしれないが，それにしても買い取った額はリスク性資産の 17%でしかなく，バーナンキが「新たな時限爆弾」と称した CMBS の規模を大きく超えてリスクはいまだ回避されているわけではないのである。

　バーナンキ議長は 2014 年 1 月末をもって退任し，代わってイエレン氏が議長に就任した。イエレン氏がバーナンキの「非伝統的金融政策」の副作用を起こすことなく，出口を迎えることはある意味ではパニックを回避した以上の困難さを有するかもしれない。われわれには雪庇の張り出した稜線を下るような怖さを覚える。

　2014 年 10 月 29 日，FRB の FOMC（米連邦公開市場委員会）で QE3 に伴う資産購入を 10 月末で終了することを決定した。「ゼロ金利政策」は維持するというものの，いつまでも続けられるものではない。現在の原油安が効いているものの，インフレ懸念が生じれば，また報道されている自動車ローン等でのバブル昂進が無視できなくなれば，ゼロ金利を解除せざるをえない。その際，中央銀行が「最後の貸し手」となって膨張したバブルの崩壊が，新興国を含めた資金循環の変容とともに生じることもあながち否定できないところとなる。また中央銀行がこれほどまでに資産膨張した結果もこれまでの歴史に学ぶことができないゆえに，バブルが崩壊した時に中央銀行，したがって通貨の信用もどのようになるかについても懸念されるところである。

　FRB の「非伝統的金融政策」は金融危機を回避するために「やるべきことは何でもする」方針の下で実施された。邦銀のサブプライムローン担保証

券のエクスポージャーの少なさからからいえば，日本ではこのような政策を実施する必要はなかったと考えられる。しかしながらこのように金融パニックの心配がなかった日本にまで，しかもこの政策の内容を濃くするような方法で行われなければならなかった理由はどこにあるのであろうか。「期待インフレ率」を上げるために「量的緩和」を進めれば，実質金利は下がり，自国通貨安に誘導することができる。そうすると輸出増大が期待でき，輸出企業の業績向上から株価上昇がもたらされ，その資産効果から消費も拡大する。田中隆之が「FRB 新議長にイエレン氏」(日本経済新聞，2013 年 10 月 22 日) で記したように，今や危機回避策が景気政策の役割を担うことにもなってしまったのである。

　2013 年 3 月 20 日に黒田東彦総裁と岩田規久男副総裁のリフレ派主導の日銀体制が誕生した。そして 4 月 4 日の日銀政策決定会合で「量・質ともに異次元の金融緩和」が決定された。その要点は，①政策の操作目標がオーバーナイトものの無担保コールレートからマネタリーベースに変更され，その量を 2 年で 2 倍にする。②マネタリーベースは 2012 年末の 138 兆円 (実績) から 13 年末に 200 兆円 (見通し)，14 年末に 270 兆円に拡大する。その際日銀当座預金残高も 2012 年末の 47 兆円 (実績)，13 年末には 107 兆円，14 年末には 175 兆円のめどがたてられている。③長期国債の買取りを 2012 年末の 89 兆円から 13 年末には 140 兆円，14 年末には 190 兆円に増大。また④ CP, 社債, 上場投資信託 (ETF), 不動産投資信託 (J-REIT) 等のリスク性資産の買い増しも行う。⑤長期国債の買い入れ対象を平均残存期間 1～3 年ものから 7 年ものに広げ，40 年債まで買入れ。⑥日銀の長期国債の保有残高を日銀券の発行残高を上限とする「日銀券ルール」の一時停止，である。マネタリーベースを 2 年で 2 倍にする目的は，白川日銀に執拗に迫って政府と日銀の共同声明で織り込んだ「物価上昇率目標 2％」を 2 年で達成することにある。マネタリーベースを 2 年で 2 倍にすると物価が 2 年で 2％上昇する理論的根拠は示されていない。日本経済新聞によれば，黒田就任後 3 月 21 日に「チーム黒田」が組織されたという。そして「チーム

は国会対応の合間をぬって計量経済モデルで推計を重ねた。答えは『マネーを2年で1.8倍程度に増やせば可能性はある』。黒田は『わかりにくい。2倍でいこう』と引き取った。マネーの量を2年で2倍に。有名になったフレーズはこうして生まれた」（日本経済新聞「日銀大転換（1）1ヵ月がすべてだ」2013年4月23日）。この報道に基づけば，計量経済モデルでの推計で可能性という範囲を根拠に長期国債を190兆円も買取り，日銀当座預金残高を175兆円も積み増すというのである。2013年3月末から2014年8月10日にかけて，日銀の国債保有残高は125.4兆円から228.4兆円に103兆円増え，当座預金残高は58.1兆円から151.4兆円に93.3兆円増大している。目標に向かって順調に進んでいるといえる。しかし目標に向かって順調に進むと日銀の特異性が顕在化することになる。日銀資産の名目GDP比は60％近くなり，他の中銀を圧倒するものとなる。この大量の国債購入が銀行の貸し出し増に結びつかず，財政赤字のマネタイゼーションと受け止められれば，日本の国債の格下げから国債価格の急落という事態も招きかねないのである。「日銀券ルール」も骨抜きにし，「中央銀行の独立性」を保証した日銀法の改正もちらつかせ，執拗な恫喝で前日銀総裁を辞任に追い込み，政府と一体になったリフレ派で日銀を固めたのであるから，そのように受け止められたとしてもおかしくない。

　2014年10月31日の日銀金融政策決定会合にて，マネタリーベースを年間で約50兆円から約80兆円増加するペースで資産買い入れを行う追加緩和が決定された。その2日前のFRBのQE3に伴う資産買入停止を受けての賭けである。ところがその後安倍政権は消費税の税率10％への引き上げを見送ったことで，12月1日にムーディーズ・インベスターズ・サービスは日本の国債の格付けをAa3からA1に1ノッチ引き下げた。国債の国内保有率の高さから1ノッチの格下げで国債価格が大きく引き下げられることは当面考えられにくいが，長期金利が引き上げられ，国債価格の低下が現実に起きれば，日銀資産の目減りだけでなく，国債保有の高い，ことに地方銀行にも大きな損失が生じてしまう懸念は払拭できない。アベクロ金融緩和は

円安から株価上昇という「効果」をもたらしたものの，円安が今度は実質賃金の低下をもたらす輸入物価の上昇という副作用だけでなく，長期金利の上昇が地方銀行を直撃し，ひいては各地域経済のさらなる疲弊をもたらすことも否定できない。日本ではリーマンショック時には金融危機の心配はなかったものの，アベクロ金融緩和のおかげで，金融危機に陥ってしまう可能性も生じてしまったのである。

このような懸念材料はサブプライム・リーマンショックで新自由主義的政策の限界が明らかになったにもかかわらず，その反省もなく，その後の危機対応策にも，また景気回復策にも，新自由主義的政策のベースとなっているマネタリスト的発想が息づいていることに基づいている。「期待インフレ率」の引き上げ，マネタリーベースでの金融調整等はそのことを端的に示しているのである。しかしながら，世界的に定着しているデフレは，デジタル化，モジュラー型オープンアーキテクチャーの進展普及により，生産立地がグローバルに拡大したこと，IT化の進展により，技術革新が飛躍的に進み，生産コストが格段と引き下がり，さらに日本をはじめ先進国で雇用の流動化が進み，非正規雇用の拡大から購買力が低下したこと，総じてグローバル資本主義の進展が大きく作用して現実的に生じている事態であり，貨幣数量説モデルで起きているのではない。またFRB，日銀，BOE，ECBの「非伝統的金融政策」の評価も，どのような結果をもたらすことになるか見極めるまで，待たなければならないであろう。すでに述べたようにバーストすると計り知れない副作用を持っている面に留意しなければならないからである。

そもそも新自由主義的政策は，混合経済体制の下で成長が維持できなくなったことを契機として，金融規制，労働市場規制，フィスカルポリシーなどを中心とする経済政策の体系を，規制撤廃，民営化を通じて崩すものである。そのなかで，生存権原理に基づく社会保障を基軸に据えてきた福祉国家（welfare state）の社会政策についても，その重心を「福祉」（welfare）から「就労」（work）に移す流れ（workfare）が台頭してきた。

本書はこの「ワークフェア」をテーマにしている。もっと焦点化すると，

その日本的展開を，各基礎自治体が実施している政策の評価を含めて分析することを目的にしている。ワークフェアと基礎自治体がなぜ結びつくのか。ワークフェアとは基本的には国家政策であるが，それは国家レベルでは完結しえないからである。それは決して担当官庁である厚生労働省の能力自体の問題ではなく，そもそもワークフェアがそれ自体で国家政策として自己完結できるものではないことに起因している。英米では1960年代末，日本は1974年にスタグフレーションに見舞われることになり，高度経済成長に終焉を告げることなった。そこで社会政策もwelfareからworkfareにその重心を移すことになったのである。したがってワークフェアの誕生もスタグフレーションと関わっている。しかし関わっているだけに，ワークフェアは本来的に困難を抱え込んでいるのである。就労が問われながら，その機会がスタグフレーションによって大きく制約されていたからである。またこの新しい不況も労働生産性を引き上げてこそその原因が除去できるものなので，不況からの脱出がさらに就労先を狭めるものとなる。ワークフェアはこのようにアポリアとアンチノミーを抱え込んでいて，ワークフェアを実際に実施する基礎自治体には就労先を自ら確保するために産業政策をも展開する必要が生じているのである。その実態を本書では釧路市，静岡県各市，豊中市，箕面市での調査結果に基づいて詳らかにしている。

　これまでに述べたように，サブプライム・リーマンショックによって新自由主義的政策の限界が明らかになり，その後の「非伝統的金融政策」もこの限界を克服するものではなく，これまでの歴史にその帰結を学ぶこともできない危険性をはらんでいる。またワークフェアは叙上のアポリア・アンチノミーに加えて，その母体の新自由主義的政策によって労働市場の流動化が推し進められ，雇用の不安定化と同時進行する結果，稼ぎが生活の向上と必ずしも結びつかず，就労支援が生活支援によって補完されなければならないいいかげんさを持っている。「稼ぐに追いつく貧乏なし」は新自由主義的政策によってもはや死語になってしまったのである。さらにグローバル資本主義が進展する下で，日本の就労機会は今後，量的にも質的にもさらに厳しくな

ることが予想される。その中で「働くことの尊さ」を再構築しつつ，生活基盤の安定と結びつく就労機会を創出する重要な政策主体は基礎自治体であるという方向性が見えてきた。本書がこのような方向性をさらに推し進めていくうえでその一助になることを執筆者一同願っている。そのためにも読者から忌憚のないご批判を賜り，論議が深まることを望むものである。

2015年2月

編　者

目　次

はじめに

第1章　雇用不安定化の諸要因とワークフェアの
アポリア・アンチノミー ……………………………宮嵜　晃臣　1

1. はじめに　1

2. 雇用不安定化の要因　7

3. 雇用不安定化の歴史的位相
  ──福祉国家型資本主義からグローバル資本主義へ　25

4. ワークフェアとそのアポリア・アンチノミー　29

第2章　雇用労働という困難
──社会政策史のなかの就労政策── ………………兵頭　淳史　45

1. はじめに　45

2. 異様な人々，狂気の政策──近代資本主義の成立と労働政策　47

   (1) 残虐立法の出現とその背景　47

   (2) 雇用労働の二重性　50

   (3) 日本における労働力の創出　52

3. 「全員就労」と「完全雇用」
   ──福祉国家の興亡と転変する雇用労働　52

   (1) 福祉国家の形成と政策目標の転換　52

(2) 福祉国家の危機とワークフェアの時代　56

　　　(3) 「ワークフェア」か?「アクティベーション」か?　58

　4. 「市場対国家」図式を超えて——ワークフェア克服への視座　60

　　　(1) 日本におけるワークフェアへの道　60

　　　(2) 労資関係の再転換と共同性の再構築へ　61

　　　(3) 鍵としての「地域」と「職場」　63

　5. むすびにかえて　66

第3章　若者の現在と就労支援の課題
　　——「働くこと」を再考するために——················高橋　祐吉　73

　1. 就労が困難な若者たちの現状　73

　　　(1) 絡まりあう二つの不安　73

　　　(2) 就労が困難な若者たちの現在位置　79

　　　(3) 「ひきこもり」・「ニート」調査から見えてくるもの　85

　　　(4) 流動する若者たち　92

　　　(5) 若者の就労とキャリア教育　96

　2. 就労支援はどのように展開されているのか　101

　　　(1) 交錯する「排除」と「包摂」　101

　　　(2) 「ネットワーク静岡」の成り立ち　104

　　　(3) 就労支援の展開　108

　3. 就労支援から「もうひとつ」の「ほどよい」働き方へ　115

　　　(1) 就労の意義はどこにあるのか　115

　　　(2) 就労体験はなぜ重要なのか　119

　　　(3) 「もうひとつ」の「ほどよい」働き方とその条件　125

第4章　分権改革と自治体の就労支援策
　　——無料職業紹介事業と雇用創出基金事業——　……町田　俊彦　137

1. はじめに　137
2. 自治体就労支援策の積極化の背景　137
   - (1) 雇用情勢の悪化　137
   - (2) 国・地方の財政危機とアメリカ型「ワークフェア」の強まり　138
   - (3) 第1次分権改革と基礎自治体の無料職業紹介事業の解禁　139
3. 自治体の無料職業紹介事業　140
   - (1) 自治体の無料職業紹介所　140
   - (2) 第3次分権改革における国の出先機関改革とハローワーク特区　141
   - (3) 雇用対策における国・地方の連携強化　144
   - (4) 分権改革と無料職業紹介事業　146
4. 雇用創出基金事業　148
   - (1) 第1次・第2次雇用創出基金事業　148
   - (2) 第3次雇用創出基金事業の開始
     ——ふるさと雇用再生特別基金事業と緊急雇用創出事業　149
   - (3) 民主党への政権交代と第3次雇用創出基金事業
     ——重点分野雇用創造事業　152
   - (4) 重点分野雇用創造事業の拡充による東日本大震災への対応　153
   - (5) 安倍第2次政権下の起業支援型雇用創造事業と地域人づくり事業の創設　154
   - (6) 第3次雇用創出基金事業の実績　155
5. 大阪府豊中市における無料職業紹介と雇用創出基金事業　161
   - (1) 豊中市の概要　161
   - (2) 雇用・就労支援事業のスタート　164
   - (3) 雇用・就労支援事業の本格的展開　167

むすび 176

第5章 補完性原理に基づく「四助論」と「自立」概念
……………………………………鈴木 奈穂美 183

1. はじめに 183
2. 日本の社会保障制度にみる「補完性原理」に基づいた「四助論」 184
   (1) 補完性の原理と四助論の起源 184
   (2) 2004〜2014年の社会保障制度改革にみる「四助論」 185
   (3) 介護保険制度改革「地域包括ケアシステム」構築過程にみる「四助論」 187
3. 4つの「助」概念（自助・互助・共助・公助）の定義 189
   (1) 社会保障制度改革にみる4つの「助」の定義 189
   (2) 地域包括ケア研究会メンバーの4つの「助」の定義 190
   (3) 4つの「助」の定義 194
4. 補完性原理に基づく「四助論」の限界 196
5. 「自立」「自立支援」とは何か 199
   (1) 社会福祉行政の中で論じられてきた2つの「自立」概念 199
   (2) 資源配分様式から考える「自立」概念 202
6. おわりに 206

第6章 貧困・不安定就業と生活保障システム
……………………………………福島 利夫 211

1. はじめに 211

2. 格差と貧困の象徴　214
   - (1) ジニ係数　214
   - (2) 貧困率　215
   - (3) 貯蓄ゼロ世帯　216

3. 人口と家族の変動　218
   - (1) 人口の変動　218
   - (2) 家族の変動　220

4. 国民生活の格差と貧困　223
   - (1) 生活保護　223
   - (2) 自殺者　226
   - (3) 児童虐待　227
   - (4) 就学援助　228
   - (5) 教育費用　229

5. 失業・不安定就業の全体像　232
   - (1) 失業　232
   - (2) 非正規雇用　232
   - (3) 失業・不安定就業の全体像　236

6. これからの生活保障システムを展望して　238

あとがき　245

第1章
雇用不安定化の諸要因とワークフェアのアポリア・アンチノミー

宮嵜 晃臣

1. はじめに

図1は厚生労働省が毎年公表している「国民生活基本調査結果報告書」

図1　1世帯当たり平均所得金額の年次推移

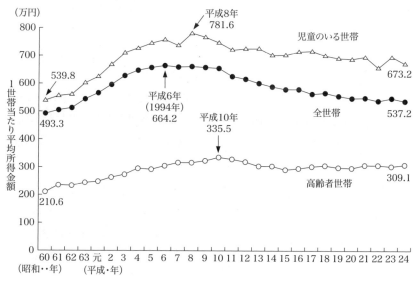

注：1）平成6年の数値は、兵庫県を除いたものである。
　　2）平成22年の数値は、岩手県、宮城県及び福島県を除いたものである。
　　3）平成23年の数値は、福島県を除いたものである。
出所：厚生労働省[2014b]

図2 世帯数の所得金額階級別相対度数分布

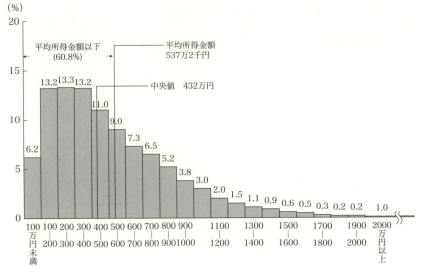

出所：厚生労働省［2014b］

の2012年版である。みられるように1世帯当たりの平均所得は全世帯で1994年から2012年にかけて127万円も減少している。

　図2の度数分布に示されているように平均所得金額以下の世帯は60.8％も占めている。そのうちの19.4％の世帯が200万円未満の所得におかれている。同報告書の別の統計によれば，年齢層別には世帯主が29歳未満の世帯では平均所得が323.7万円で，65歳以上の世帯は433.2万円であり，高齢化も影響しているが，それ以上に29歳未満の世帯所得が深刻である。その一人当たり所得は169.9万円で，この点でも年齢層別でもっとも低い額になっている。若年，青年層で低所得が多い最大の理由は非正規雇用がこれら年齢層に多くみられる点にあり，図3にみられるように，その現象がいまや年齢スライド化してきている。

　非正規雇用者は1992年から2012年の20年間でほぼ倍増し，図4にみられるように雇用者に占める非正規雇用者の割合も21.7％から38.2％に増

図3 非正規の職員・従業員数（千人）

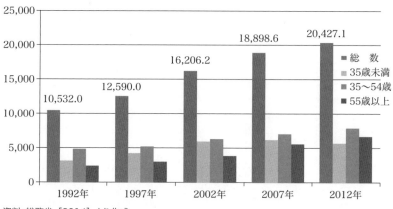

資料：総務省［2014］より作成

図4 雇用者に占める非正規の職員・従業員の割合

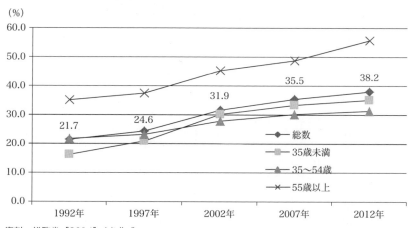

資料：総務省［2014］より作成

大している。表1，表2は厚生労働省の『平成25年賃金構造基本統計調査』から抜粋したものである。月額賃金が正規雇用者の31.47万円（年齢41.4歳，勤続12.9年）に比べ，非正規雇用者は19.53万円（年齢45.4歳，勤続7.1年）で，20～24歳にかけての非正規雇用者は月額16.82万円で，年収

表1 雇用形態、性、年齢階級別賃金、対前年増減率及び雇用形態間賃金格差（2013年）

年齢階級	男女計					男性					女性			
	正社員・正職員		正社員・正職員以外		雇用形態間賃金格差（正社員・正職員=100）	正社員・正職員		正社員・正職員以外		雇用形態間賃金格差（正社員・正職員=100）	正社員・正職員		正社員・正職員以外		雇用形態間賃金格差（正社員・正職員=100）
	賃金（千円）	対前年増減率（%）	賃金（千円）	対前年増減率（%）		賃金（千円）	対前年増減率（%）	賃金（千円）	対前年増減率（%）		賃金（千円）	対前年増減率（%）	賃金（千円）	対前年増減率（%）	
年齢計	314.7	-0.7	195.3	-0.6	62 (62)	340.4	-1.0	216.9	-0.7	64 (64)	251.8	-0.2	173.9	-0.5	69 (69)
20～24歳	200.9	0.2	168.2	-2.0	84 (86)	205.0	0.4	172.3	-3.3	84 (87)	196.2	0.1	164.9	-0.6	84 (85)
25～29	235.1	-0.3	188.0	-0.1	80 (80)	242.4	0.0	196.1	-0.9	81 (82)	223.0	-1.1	179.2	-0.1	80 (80)
30～34	270.4	-0.8	197.8	-1.4	73 (74)	281.9	-1.1	213.0	-1.7	76 (76)	243.2	-0.7	183.4	-1.3	75 (76)
35～39	306.0	-1.5	198.6	-0.8	65 (64)	321.5	-1.8	222.4	0.9	69 (67)	262.8	0.3	181.2	-1.7	69 (70)
40～44	342.1	-2.0	195.8	-0.4	57 (56)	365.5	-2.2	226.3	2.4	62 (59)	272.3	-2.2	177.7	-1.4	65 (65)
45～49	378.3	-2.0	192.4	-0.5	51 (50)	409.5	-2.6	224.3	-0.6	55 (54)	286.7	0.4	174.7	-0.6	61 (61)
50～54	394.7	-1.1	193.8	1.4	49 (48)	431.8	-1.5	229.0	-0.0	53 (52)	285.2	0.2	173.5	2.2	61 (60)
55～59	380.3	-1.1	191.5	-1.3	50 (50)	412.4	-1.4	225.4	0.1	55 (54)	279.4	2.6	165.5	-1.1	59 (61)
60～64	300.8	1.1	215.6	0.0	72 (72)	318.0	2.2	234.5	-0.4	74 (76)	248.3	-2.7	167.9	1.8	68 (65)
65～69	296.4	5.3	195.3	-1.4	66 (70)	313.4	6.1	207.1	-3.5	66 (73)	248.0	1.2	159.9	3.4	64 (63)
年齢（歳）	41.4		45.5			42.2		47.4			39.4		43.5		
勤続年数（年）	12.9		7.1			14.0		8.0			10.1		6.3		

注：（ ）内は、2012年の数値である。
出所：厚生労働省 [2014a]

第 1 章　雇用不安定化の諸要因とワークフェアのアポリア・アンチノミー

表 2　雇用形態、性、主な産業別賃金、対前年増減率及び雇用形態間賃金格差（2013 年）

産業	男女計				男性				女性			
	正社員・正職員		正社員・正職員以外	雇用形態間賃金格差（正社員・正職員=100）	正社員・正職員		正社員・正職員以外	雇用形態間賃金格差（正社員・正職員=100）	正社員・正職員		正社員・正職員以外	雇用形態間賃金格差（正社員・正職員=100）
	賃金（千円）	対前年増減率（%）	賃金（千円）	対前年増減率（%）	賃金（千円）	対前年増減率（%）	賃金（千円）	対前年増減率（%）	賃金（千円）	対前年増減率（%）	賃金（千円）	対前年増減率（%）
産業計	314.7	-0.7	195.3	-0.6	62 (62)	340.4	-1.0	216.9	-0.7	64 (64)	251.8	-0.2	173.9	-0.5	69 (69)
建設業	325.2	1.8	241.7	-3.8	74 (79)	337.5	1.8	253.5	-1.8	75 (78)	233.5	2.5	197.5	0.4	85 (86)
製造業	307.0	-0.6	187.0	0.1	61 (60)	326.5	-1.2	211.4	-1.1	65 (65)	222.7	1.1	158.2	1.2	71 (71)
情報通信業	392.1	-3.0	251.9	0.0	64 (62)	414.2	-2.4	281.2	0.9	68 (66)	310.8	-2.3	219.5	-1.1	71 (70)
運輸業、郵便業	270.4	-1.7	190.9	-1.3	71 (70)	275.2	-1.8	199.1	-1.7	72 (72)	221.3	-2.4	165.6	0.9	75 (72)
卸売業、小売業	314.5	-0.7	182.5	-1.9	58 (59)	338.8	-1.2	206.7	-4.4	61 (63)	242.0	-0.3	166.9	0.0	69 (69)
金融業、保険業	372.5	-1.3	244.5	8.3	66 (60)	467.0	-1.6	326.8	18.3	70 (58)	272.3	-0.1	199.6	0.4	73 (73)
学術研究、専門・技術サービス業	382.4	1.2	286.0	1.6	75 (74)	404.7	0.9	338.1	1.7	84 (83)	297.9	2.3	201.6	-6.8	68 (74)
宿泊業、飲食サービス業	255.6	-1.1	174.9	-1.2	68 (69)	279.4	-1.1	197.5	1.1	71 (69)	205.1	-0.3	159.5	-3.1	78 (80)
生活関連サービス業、娯楽業	278.9	1.6	183.9	-0.6	66 (67)	307.3	0.8	196.0	-2.0	64 (66)	230.4	1.8	174.9	0.2	76 (77)
教育、学習支援業	401.9	0.4	249.0	-1.9	62 (63)	454.7	-2.0	286.8	-2.0	63 (64)	321.9	-0.2	217.8	-1.0	68 (68)
医療、福祉	287.4	-0.5	186.4	0.3	65 (64)	365.6	0.1	210.9	-2.2	58 (59)	257.4	-0.8	179.4	0.9	70 (69)
サービス業（他に分類されないもの）	282.5	1.3	189.7	-2.2	67 (70)	296.9	1.7	196.8	-0.5	66 (68)	229.1	-2.7	180.9	-4.5	79 (80)

注：1）産業計には、上掲のほか、鉱業、採石業、砂利採取業、電気・ガス・熱供給・水道業、不動産業、物品賃貸業、複合サービス事業を含む。
　　2）（　）内は、2012 年の数値である。
出所：厚生労働省 [2014a]

表3　産業別雇用者（第12回改定日本標準産業分類）
　　　──全国，12月結果，原数値，万人

年	総数	農業、林業	建設業	製造業	情報通信業	運輸業、郵便業	卸売業、小売業	金融業、保険業	不動産業、物品賃貸業	学術研究、専門・技術サービス業	宿泊業、飲食サービス業	生活関連サービス業、娯楽業	教育、学習支援業	医療、福祉	複合サービス事業	サービス業（他に分類されないもの）	公務（他に分類されるものを除く）
2002	5348	40	506	1106	(148)	(311)	(944)	155	(90)	(156)	(306)	(186)	(244)	436	87	(339)	220
2003	5385	33	495	1094	(145)	(314)	(961)	149	(86)	(155)	(310)	(174)	(262)	476	79	(343)	227
2004	5362	31	474	1052	(154)	(317)	(946)	150	(88)	(142)	(310)	(172)	(246)	511	77	(384)	228
2005	5420	33	458	1068	(178)	(318)	(953)	157	(90)	(140)	(302)	(182)	(242)	507	70	(416)	221
2006	5481	40	454	1091	(174)	(310)	(928)	147	(95)	(149)	(292)	(182)	(258)	543	75	(432)	219
2007	5548	40	439	1092	186	339	954	153	102	145	290	169	268	553	56	445	227
2008	5549	41	429	1082	186	322	931	154	97	154	305	182	257	578	59	448	237
2009	5488	52	439	1018	192	324	923	152	93	146	310	187	262	598	55	430	225
2010	5515	55	419	994	183	347	949	143	101	159	323	195	278	612	46	412	222
2011	5528	48	413	984	188	351	947	146	96	159	324	186	276	652	43	416	228
2012	5490	51	401	950	184	324	939	152	88	162	320	179	267	695	55	413	234
2013	5583	50	400	988	176	339	963	148	98	160	330	181	279	716	60	359	239
増減	235	10	-106	-118	28	28	19	-7	8	4	24	-5	35	280	-27	20	19

資料：総務省「労働力調査各年」より作成

200万円を割り，働きながら生活がままならない水準におかれている。こうしたところに問題の深刻さが潜んでいる。

　表3で，産業別雇用者数の推移を確認しておきたい。大きな特徴は2002年から2013年にかけて建設業で106万人，製造業で118万人減少して，医療・福祉で280万人増えている点である。建設業での減少はケインズ的なフィスカルポリシーが否定され，公共事業が縮小されたことによってもたらされている。また製造業については2010年に1000万人を割り込んだことが印象的で，2004年3月に労働者派遣が解禁になるまで，業務請負ならびに大企業と中小企業の二重構造の問題はあったものの，長期の安定的な雇用機会を大量に提供してきた経緯を考えると，この分野での雇用減少は日本全体の雇用不安定化の大きな要素となっている。因みに直近の2013年は38万人も増大している。しかしこの増大は黒田日銀の異次元緩和による円

安誘導と2014年4月の消費税増税への駆け込み需要が作用したと考えられる。しかしこれらの要因は短期的なもので，この間の減少要因を克服できるものではない。かつ派遣労働の製造業解禁もあって，雇用の質も問われるところである。また医療・福祉分野で雇用が伸びている大きな要素は介護需要である。ところが介護施設で問題になっているのは重労働で非正規雇用が多く，かつ最低賃金の適用が多い点である。現在介護需要が伸びているのはそれだけ被介護者の利用が大きいからであるが，現実的な問題としてこの先を考えると人口の自然減によって，殊に地方の場合，介護需要の減少も視野においておかなければならない。本来であれば現場で品質を作り込まなければならないことから，従業員の技能形成が必要な，その意味で長期安定的な製造業また建設業で雇用者が減って，非正規の低賃金労働の多い介護分野で雇用が増えていることから，雇用の現状は厳しく，今後この厳しさは続くあるいは増すと考えなければならない。表3で製造業雇用の比率は17.7％，卸売業・小売業は17.2％で，両者がツートップを占めている。そのなかで製造業は，パート，アルバイトの多い卸売業・小売業に比べればまだしも安定度は高いものの，そこにおいても非正規雇用増大に歯止めがかかっていない。

　本章ではまず，比較的安定度が高かった製造業でなぜ雇用の絶対量の減少が起きているのか，さらには不安定な非正規雇用が増えたのか，それら諸要因をその歴史的規定性とともに解明し，そのうえで量的にも質的にも雇用環境が不安定化している下でワークフェアが十全に機能しうるものなのか否か，機能しえないとすればその原因はどこにあり，どこをいかに補完すれば機能しうるのか，日本を事例に考えていきたい。

2．雇用不安定化の要因

　図5と図6は2002年の標準産業分類改定以降「電子部品・デバイス・電子回路製造業」，「電気機械器具製造業」，「情報通信機械器具製造業」に3分割された電機系3分類の製造品出荷額等の合計値を旧分類名称の「電気

図5 機械系4業種製造品出荷額等

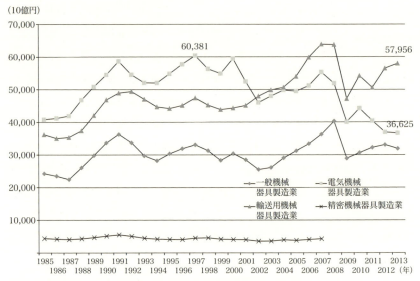

資料：経済産業省「工業統計表」，同省「経済センサス各年版」より作成

図6 機械系4業種製造品出荷額等の推移（1985年＝100）

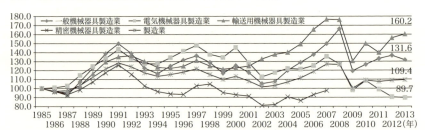

資料：経済産業省「工業統計表」，同省「経済センサス各年版」より作成

機械器具製造業」としてまとめて，また2007年以降これも「はん用機械器具製造業」，「生産用機械器具製造業」，「業務用機械器具製造業」に3分割された機械系3分類の製造品出荷額等の合計値を旧分類名称の「一般機械器具製造業」としてまとめて継続性を持たせて作成したものである。図5で驚異的なのは電気機械器具製造業の製造品出荷額等が1997年から2013

図7 電機系3業種製造品出荷額等の推移

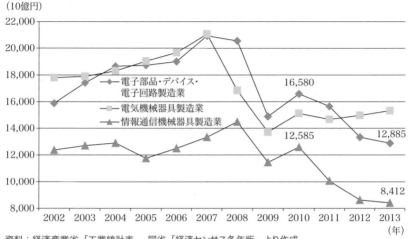

資料：経済産業省「工業統計表」，同省「経済センサス各年版」より作成

年の16年間で60.381兆円から36.625兆円に急減している点である。

　同産業は，1997年には製造業全体の製造品出荷額等の18.7％を占め，トップシェアを握り，日本のリーディングインダストリーの位置を担っていた。それが2002年には輸送用機械器具製造業にトップシェアを奪われ，2013年になるとシェアも12.6％に落ち，輸送用機械器具製造業の20.0％と大きく差をつけられることになった。図6の1985年を100とする指数でみると，2013年には製造業で109.4であるのに，電気機械器具製造業は89.7とその凋落ぶりが甚だしい。「一般機械」，「輸送用機械」と比べて「電気機械」のこの間の特徴は2点ある。まず2002年以降の「いざなみ景気」の間にあっても「電気機械」の伸びは他の2業種に比べて鈍い。また，2010年以降の動向も他の2業種と異なって持続的に低落している。

　図7にみられるように，「電気機械」にあっても「電子部品・デバイス・電子回路製造業」と「情報通信機械器具製造業」の落ち幅が大きい。前者はこの3年で16兆5802億円から12兆8845億円に3兆6957億円，後者は同じく12兆5849億円から8兆4119億円に4兆1730億円減少している。

表4　電子部品・デバイス・電子回路製造業，
　　　情報通信機械器具製造業製造品出荷額等（細分類，単位100万円）

		2010	2011	2012	減少幅	減少寄与率
2800	電子部品・デバイス・電子回路製造業	16 580 246	15 642 015	13 337 759	3 242 487	100.0%
2811	電子管製造業	91 159	X	84 470	6 689	0.2%
2812	光電変換素子製造業	873 593	564 264	593 381	280 212	8.6%
2813	半導体素子製造業（光電変換素子を除く）	728 724	X	640 266	88 458	2.7%
2814	集積回路製造業	4 273 629	4 130 337	3 526 286	747 343	23.0%
2815	液晶パネル・フラットパネル製造業	2 493 531	2 150 563	1 859 290	634 241	19.6%
2821	抵抗器・コンデンサ・変成器・複合部品製造業	1 173 198	1 096 190	858 908	314 290	9.7%
2822	音響部品・磁気ヘッド・小形モータ製造業	107 181	79 561	92 561	14 620	0.5%
2823	コネクタ・スイッチ・リレー製造業	901 633	850 610	909 204	-7 571	-0.2%
2831	半導体メモリメディア製造業	6 197	16 693	4 239	1 958	0.1%
2832	光ディスク・磁気ディスク・磁気テープ製造業	237 247	192 141	98 168	139 079	4.3%
2841	電子回路基板製造業	1 258 233	1 308 849	945 834	312 399	9.6%
2842	電子回路実装基板製造業	678 691	663 830	646 347	32 344	1.0%
2851	電源ユニット・高周波ユニット・コントロールユニット製造業	415 119	469 647	384 357	30 762	0.9%
2859	その他のユニット部品製造業	181 574	242 678	157 618	23 956	0.7%
2899	その他の電子部品・デバイス・電子回路製造業	3 160 535	3 159 459	2 536 829	623 706	19.2%
3000	情報通信機械器具製造業	12 584 896	10 068 947	8 622 188	3 962 708	100.0%
3011	有線通信機械器具製造業	691 697	X	816 009	-124 312	-3.1%
3012	携帯電話機・PHS電話機製造業	1 172 312	X	795 976	376 336	9.5%
3013	無線通信機械器具製造業	1 438 482	1 308 992	1 384 620	53 862	1.4%
3014	ラジオ受信機・テレビジョン受信機製造業	1 939 463	814 128	436 236	1 503 227	37.9%
3015	交通信号保安装置製造業	293 377	215 912	210 185	83 192	2.1%
3019	その他の通信機械器具・同関連機械器具製造業	319 041	384 125	331 971	-12 930	-0.3%
3021	ビデオ機器製造業	829 478	654 860	473 416	356 062	9.0%
3022	デジタルカメラ製造業	1 246 159	1 044 147	802 884	443 275	11.2%
3023	電気音響機械器具製造業	631 698	539 080	362 539	269 159	6.8%
3031	電子計算機製造業（パーソナルコンピュータを除く）	776 791	692 489	711 010	65 781	1.7%
3032	パーソナルコンピュータ製造業	1 278 334	1 177 466	733 899	544 435	13.7%
3033	外部記憶装置製造業	466 559	457 150	360 479	106 080	2.7%
3034	印刷装置製造業	907 848	789 519	747 366	160 482	4.0%
3035	表示装置製造業	165 809	142 655	169 169	-3 360	-0.1%
3039	その他の附属装置製造業	427 849	354 411	286 427	141 422	3.6%

資料：経済産業省「工業統計表」，同省「経済センサス各年版」より作成

これら電機系2分類を細分類で詳しくみると，表4のようになる。前者で増大しているのは唯一コネクタ・スイッチ・リレー製造業だけで，そのプラス効果もこの電子部品・デバイス・電子回路製造業全体に占める割合は僅かである。この産業分類では集積回路製造業，液晶パネル・フラットパネル製造業，その他の電子部品・デバイス・電子回路製造業，抵抗器・コンデンサ・変成器・複合部品製造業，電子回路基板製造業の順に下落が大きく，逆に5分野だけで81.2％の下落寄与率を占めている。その各々は出荷額等が多くてかつ減少幅が大きかったからである。集積回路製造業はIC, LSIである。2012年5月にはエルピーダが米マイクロンに買収され，かつてその分野からインテルを駆逐し，日本企業の独壇場となっていたDRAMから日本企業は姿を消すことになった。またルネサスエレクトロニクスも国内9工場の閉鎖，売却によって5000人の希望・早期退職者を募集したところ，7446人がこれに応じた。両社の出身母体の一つのNECも2012年7月に募集した希望退職に2393人が応じた。ロジック半導体のパラダイム転換によって，ASIC (Application Specific Integrated Circuit) からASSP (Application Specific Standard Product) に大きく流れが変化し，ASICビジネスがリスクを負うことになり，かつてのASICの雄NECがこのような選択をせざるをえなかった。もちろんサムソン電子の追い上げといったグローバルメガコンペティションの中でこのような厳しい事態を迎えざるをえなかったのである。また液晶パネル・フラットパネル製造業の苦境については周知のとおり，液晶テレビや携帯電話，スマートフォンの落ち込みとセットになっているので後ほど詳しくみておきたい。この表4で明らかなようにそれらも集積回路製造業同様に大幅な減少額となって表れている。その他の電子部品・デバイス・電子回路製造業には整流器，磁性材部分品，センサ製造業も含まれており，殊にセンサの落ち込みが大きかったと判断される。その原因はセンサの海外生産移管による輸出代替効果，逆輸入効果であるように考えられる。抵抗器・コンデンサ・変成器・複合部品製造業については電子部品の中でも日本の強みを維持してきたところだけあって，輸出誘発効果の減少の最終ラ

ンナーのように考えられて仕方ない。電子回路基板製造業とはプリント配線基板，そのモジュール基板であり，製造装置の高機能化により，海外生産移管の影響，海外競争力の激化がこのような事態を生んだと考えられる。

情報通信機械器具製造業の深刻さは電子部品・デバイス・電子回路製造業以上である。減少幅が大きくかつこれまで日本経済を牽引してきた完成品品目といっても過言でないところで，また近時成長著しい情報通信機器で甚だしく後退してしまっているからである。ここでも5分野の減少額で全体の減少額の81.3％を占めている。ラジオ受信機・テレビジョン受信機製造業，パーソナルコンピュータ製造業，デジタルカメラ製造業，携帯電話機・PHS電話機製造業，ビデオ機器製造業である。

ラジオ受信機・テレビジョン受信機製造業については2012年3月期にシャープが3800億円の赤字，パナソニックが7721億円の史上最悪の赤字を計上し，シャープは2000人の希望・早期退職者を募ったところ，2960名がこれに応募した。パナソニックも本社従業員7000人を半減することが報じられ，雇用問題として深刻となった。シャープは自社工場内に「液晶学校」を設けて人材育成に取り組み，パナソニックも松下電器以来自社の人材は大切にしてきたといわれてきたのが，ここで馬謖(ばしょく)を斬らざるをえなくなったのである。それにしてもこの2年間に出荷額が1兆9395億円から8141億円，さらに4362億円へと2012年の出荷額は2010年のなんと22.4％の規模に急降下しているのは驚愕というほかない。なぜこのような驚異的なことが生じたのであろうか。それはデジタル化の進展，LSIの発展によって，モジュラー型オープンアーキテクチャーが液晶テレビ分野に浸透した結果である。わかりやすく言えばデスクトップ型パーソナルコンピュータの作り方が液晶テレビ分野にまで伝播してきた結果なのである。

デジタル化とは「情報を数字で表すこと，あるいは『有限の文字列』で表すこと」（青木・安藤［2002］，104頁）で，デジタル革命がその文字列として表示された情報を「電気的なビット列として機械的に処理」（同，103頁）することを可能にした。つまり情報を0と1の連続データで表し，それを4,

8, 16, 32, 64ビットのデータとして送り，ROM，RAMに格納されたプログラムから命令レジスタに送られた処理手続きに基づいてその情報をCPUで演算し，その結果がメモリーレジスタを経由しROM，RAMに送られる，この一連の手順もデジタル回路を通して実行され，各モジュールの機能が実現され，命じたタスクが完了する。

　旧来のアナログ的なものづくりでは種々の調整が必要となるので，垂直統合型の摺合せ方式が強みを発揮するのに対して，デジタル型の製品では組み込まれるLSIによってそれらの調整が不必要となる。また各々そのインターフェースが標準化されているモジュールを組み合わせて作ることができるので，国際水平分業方式が強みを発揮するものとなる。その典型例がパーソナルコンピュータである。LSIの発展さらにはパネルドライブ，画像エンジンのソフトウエアが進歩したことによって液晶パネルのデジタルテレビにもこうしたものづくりが広まり，日本テレビメーカーの苦境を作り出したのである。

　アナログ型調整からみておくと，ブラウン管テレビでは受像管調整として3つのアナログ式の調整（コンバージェンス調整，色純度調整，白バランス調整）が必要であった。シャドウマスク型カラーテレビ受像管の基本要素は赤，青，緑の電子銃とシャドウマスクと蛍光面から構成されている。カラー画像を完全に再生するためには各色・発光色が混色なく，完全なる色調で発光すること，また三色像が互いにずれることなく一致することが必要である。そこでまず，各々コンバージェンス調整が必要となる。一応蛍光画上で合致されるようにつくられている赤，青，緑の電子銃から発せられた各電子ビームは電子銃の組立精度上の誤差や外部磁界の影響などにより，実際のブラウン管では必ずしも一点に一致しない。これを一点に合わせるための調整手段が必要となり，コンバージェンス・ヨークがネック管外につけられ，コンバージェンス・コイルで適当な直流磁界，交流磁界で電子ビームを移動させ，ラスタのどの部分でも常に3つの電子ビームが集中するように，「静コンバージェンス」，「動コンバージェンス」，「垂直コンバージェンス」，「水平コンバー

ジェンス」の調整を行わなければならない。

また受像管のシャドウマスクや周辺のシャーシ, メタルキャビネットが磁界を帯びると色純度が悪くなるため, 消磁コイル, 消磁回路等によって消磁する色純度調整も必要となる。

さらに受像管の三つの電子銃の特性には製造上のバラツキがあり, 蛍光体の発光効率のバラツキ, 塗付される量のバラツキにより白色画面をえるための各色の電流比は受像管個々によって若干異なってくるので, 電極の電圧や各色の入力信号の配分を調整して, 白黒画面の明るい部分から暗い部分まで無彩色とする白バランス調整が必要となる[1]。日本の総合電機メーカーはこうした職人技を必要とする種々の調整に長けていたので, テレビは日本企業の独壇場になっていたのである。しかし次第に真空管から IC が用いられるようになり, IC テレビは 1971 年に東芝から生産出荷された。ただし IC が用いられたのは階調補正, 色補正等の画像処理と音声処理で, それ以外は人を介した調整が必要であった。しかし, 半導体の発展により, デジタル化が進み, ブラウン管テレビで不可欠だった調整が漸次不要になってきたのである。

小川によれば, 「テレビに液晶パネルが使われた初期の段階 (2000 年代初期) には, 流通する画像エンジンのソフトウェアが未熟であり, 液晶パネルとドライバーや画像エンジンとのすり合わせが必要だった。この意味で 2000 年代の初期までであれば, ブラウン管テレビと同じように画質・色合いを競う日本企業の垂直統合型ビジネスモデルは確かに機能していた」(小川 [2014], 49-50 頁)。しかし, LSI の機能向上により, この摺合せも不要になり, 液晶テレビ業界にモジュラー型オープンアーキテクチャーが浸透すると日本テレビメーカーの競争力が一気に削ぎ落とされることになったのである。「液晶テレビは, 主に電源システム, 液晶パネル, パネルドライバーおよび画像エンジンで構成される。ブラウン管に相当するものが液晶パネルであり, パネルに画像を表示する機能が液晶パネルドライバーの LSI チップである。また画質や色合いは画像エンジンの LSI チップが担う。……LSI チッ

プ中の組み込みソフトに蓄積された画質ノウハウも，ソフトウェアであればいかようにでも進化させることができる。匠の技をソフトウェアで表現するLSIチップを調達できれば，たとえ画質ノウハウのない新興国の企業であっても，普通の人なら満足できる画質のテレビを量産できる。……液晶が画像や文字の表示装置として最初に大規模に使われたのは，オープンな分業を当たり前とするパソコン産業であった。ここでは液晶パネルもドライバーも，そして画像エンジンも，他のパソコン部品と同じ業界標準となって，公開されたデジタルインターフェースで結合できた。この意味で，液晶テレビが最初からオープンな国際分業型……に向かったのは自然の成り行きであった」（小川［2014］，49頁）。

　デジタルテレビになってデジタルインターフェースで結合された各モジュールを，また画像調整ソフトを組み込んだ「LSIチップ」を調達し，それらを組み合わせればテレビが造られるようになった。また，液晶パネル自体もその「製造装置のなかにノウハウが蓄積されて」[2]いて，液晶画面のデジタルテレビの生産の敷居は相当低まった。敷居を跨ぐのに必要なのは技術力というより資金力ということになったのである。

　情報通信機械器具製造業で次に減少幅が大きいのがパーソナルコンピューターであり，2010年から2011年ではそれほど下げ幅は大きくなく，2012年に7339億円に急落した。前年比4436億円の減少である。しかしここには統計処理上の問題が含まれている。長野県安曇野市の情報通信機械器具製造業の出荷額が2011年から2012年にかけて4184億円から309億円に92.6％も急激に減少した。1割にも満たない水準になるというのは異常な事態であり，このような異常な生産の縮小が現実に生じていれば，深刻な雇用問題を起こしていたはずである。

　長野県安曇野市豊科の旧ソニーVAIO&Mobile事業本部ソニーイーエムシーエスの長野テクノロジーサイトは長らく「VAIOの里」と宣伝されてきた。しかしVAIOがすべてこの里で造られていたわけではなく，「海外などで製造された製品の卸売りも含」まれ，2012年調査で経済産業省からこの

海外分を集計から除外された結果，パーソナルコンピューターの出荷額等が急減したのである[3]。ちなみに安曇野市の2012年の情報通信機械器具製造業の出荷額等の前年比減少額は3875億円なので，全国のパーソナルコンピュータの2012年の前年比減少額の4436億円のかなりの分をこのソニーの提出した出荷額の経産省処理が握っていたと考えられる。「海外などで製造された製品の卸売り」部分がいつからどれだけ含まれていたのか，確かめる術がないので明言できないが，表4のパーソナルコンピュータの2010年の出荷額等も2012年の水準であった，つまりもっと以前からパーソナルコンピュータの国内出荷額は少なくなっていた可能性が大きい。

　パーソナルコンピュータはモジュラー型オープンアーキテクチャーの典型であるがゆえに，国内での生産は限られることにならざるをえない。事実このVAIOもそうならざるをえなくなった。ソニーは2014年2月6日，VAIOブランドで展開しているパソコン事業部を，投資ファンドの「日本産業パートナーズ」に売却すると正式発表した。VAIOはソニーの子会社，ソニーイーエムシーエスの長野テクノサイトで造られてきた。同社のパソコン事業部は社員約1100名で，その大部分は長野テクノサイトに在籍しているという。新会社はVAIOを長野テクノサイトで引き継ぎ，社員250〜300人程度で創業を始める方針で，長野テクノサイトではすでに2014年1月から早期退職者の募集を始めている，という（信濃毎日新聞　2014年2月7日）。図7で明らかなように，電機産業にあっても情報通信機械器具製造業は2010年から2013年にかけて最も製造品出荷額等を減少させた。これを従業者数の推移でみると図8にあるように情報通信機械器具製造業が減少率では最も大きくなっている。

　電機産業は東アジアでの事業展開を1990年代後半から最も盛んに行い，その結果産業空洞化をもたらす輸出代替効果，逆輸入効果を増し，他方で国内生産を助長する電子部品・デバイスの輸出誘発効果を減少させ，産業空洞化を推し進め，国内の生産，雇用を縮小させてきた。国内生産の動向は図5で確認でき，また図9で明らかなように製造業全体で従業者の規模を1985

図8 電機系3業種従業者数の推移（2002年＝100）

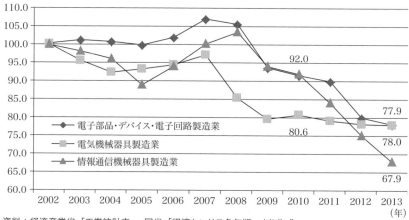

資料：経済産業省「工業統計表」，同省「経済センサス各年版」より作成

図9 機械系4業種従業者数の推移（1985年＝100）

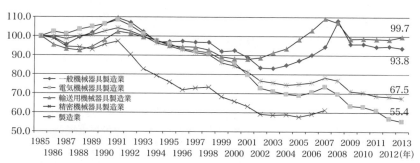

資料：経済産業省「工業統計表」，同省「経済センサス各年版」より作成

年の67.5％に縮小させた大きな要因は従業者を55.4％の水準にまで低下させた電機産業の動向にある。1985年の電気機械器具製造業の従業者数は182万5314人，一般機械器具製造業が112万6614人，輸送用機械器具製造業が96万1590人，製造業全体で1088万9949人いた。それが2013年になるとこの順に101万411人，105万7293人，95万8243人，734万8171人に推移した。1985年の電気機械器具製造業の従業者数は一般機械器具製造業と輸送用機械器具製造業の合計に匹敵していた規模のものが

表5 世界市場シェア（単位 %）

	携帯電話		スマートフォン		ノートPC		液晶テレビ		テレビ用液晶デバイス		携帯電話用液晶デバイス	
	日本	アジア太平洋	日本	アジア太平洋	日本	アジア太平洋	日本	アジア太平洋	日本	アジア太平洋	日本	アジア太平洋
2009年版	11.4	31.9			21.7	33.0	43.4	42.6	18.0	82.0	45.7	53.8
2010年版	7.7	35.4	10.2	10.4	18.5	36.0	30.6	56.7	12.9	87.1	35.7	63.9
2011年版	6.0	38.2	9.0	25.2	16.9	39.5	31.2	56.5	17.6	82.4	32.1	67.3
2012年版	1.9	42.7	3.7	39.9	17.1	38.6	33.2	55.3	14.5	85.5	30.4	68.1
2013年版	3.6	48.3	6.4	58.5	14.9	43.7	25.3	62.6	10.0	90.0	26.2	70.4

資料：総務省「平成25年版 ICT 国際競争力指標」より作成

2013年にはこれら機械系3業種はそれぞれが同じ規模となる。電気機械器具製造業でこの間に81万4903人の従業者の減少があったのであるから，叙上のように，製造業全体の雇用減少をもたらす主因になったのである。

図7，図8から明らかなように電機系3業種の中でも2010年以降に顕著に示されているのが情報通信機械器具製造業の落ち込みである。出荷額等，従業者数ともに顕著に減少している。したがってこの情報通信機械器具製造業については産業空洞化とともに別の要因も働いていると考えなければならない。表4の情報通信機械器具の中で大きく落ち込んでいる5品目はすべてデジタル製品であり，この分野で明らかに日本製品の世界市場シェアが落ち，その結果が表中の出荷額等の落ち込みである。

表5は総務省の「ICT 国際競争力指標」からまとめたものである。年版は公表年を指す。アジア太平洋といえどもその多くが日本を除くアジア地域であると考えられる。日本のシェアが多いのは2009年版の液晶テレビだけで，その後すべてアジア太平洋で製造された品目とのシェア差は拡大されてしまっている。成長分野と考えられてきたこのような分野で日本だけでなく先進工業国は東アジアの新興諸国にキャッチアップされたとみてよいであろう。その典型例がスマホである。iPhone はパソコンの需要も奪い，初めてウインテル連合をつまずかせた画期的な製品であったが，その後台数ではサ

ムソンのGALAXYに凌駕される。iPhone用のプロセッサーの生産委託をインテルが断り，サムソンが製造することになったことが大きく影響している（湯之上 [2013]，200頁）。OSは流通性の高いアンドロイドを用い，プロセッサーについてはアップルも設計で用いていたARMコアを用いてSOCも自前で開発しえたので，それが可能となった。ところがクアルコムがレファレンス（クアルコム・レファレンス・デザイン）とともにスマホ用SOCを供給するようになり，「100ドルスマホ」が誕生し，このサムソンを脅かすことになった。もともとこのレファレンスというのは携帯電話で台湾の聯発科技（メディアテック）が開発した事業モデルで，メディアテックもスマホでこの失地挽回をはかり，メディアテックのSOCとレファレンスを用いて華為技術（ファーウェイ），北京小米科技（シャオミ）が「800元スマホ」を生産販売し，中国で人気を博している（以上，日中経済協会 [2014]，146-7頁を参照にした）。iPhoneの独壇場はいとも簡単に崩されたのである。iPhoneがデジタル式のモジュラー型オープンアーキテクチャーであるから，キャッチアップが可能だったのである。アップルが独自にOSを開発したが，それはグーグルが開発したアンドロイドを用いれば代替可能で，SOCもARM社のCPUコアを用いれば開発可能であり，短時間にiPhoneの独占的シェアは崩れることになったのである。

　ソニーがスマートフォン事業をエレクトロニクス部門のコアの一つとして位置づけた成長戦略はこの点を読み間違えたというほかない。ソニーは2014年9月17日，2015年3月期の連結業績見通しを下方修正するとともに，1958年の上場以来初の無配になると発表した。中国勢などとの競争激化で不振が続くスマートフォン事業の減損処理で1800億円の損失を計上し，最終赤字は当初見込みの500億円から2300億円に拡大する。エレクトロニクス分野の中核であるスマホの立て直しに向け，さらに1000人規模を削減する方針も明らかにした。ソニーは最新の機能とデザイン性が売り物の高級機種「エクスペリア」を発売したが，高価格帯では「iPhone」の米アップル，低価格帯では急速に事業を拡大する中国勢に挟まれ，13年度のよう

な成長を維持するシナリオが見通しにくくなってきた（以上，日本経済新聞 2014年9月18日）。

　以上，日本の雇用環境は1990年代後半からのエレクトロニクス産業の東アジアの事業展開の影響を受けて産業空洞化の過程に入り，またリーマンショック後殊にデジタル式のICT関連製品で新興国からのキャッチアップを受けて大きく悪化した。これら2点はエレクトロニクス産業で1985年から2013年にかけて81万4903人もの従業者が減少した理由である。であれば他の製造分野は盤石であろうか。輸送用機械器具製造業をみておきたい。

　同期間で輸送用機械器具製造業は96万1590人から95万8243人に推移し，従業者は極くわずかの減少で済んでいる。しかしリーマンショック後の自動車の世界市場は構造的に大きく変化している。自動車の生産・販売台数では2009年以降ともに中国が世界1位となる。2013年の生産台数は2211万6825台，販売台数は2198万4079台でともに初めて2000万の大台にのった（日中経済協会［2014］，122頁）。いまや中国の自動車市場は世界の4分の1以上を占め，アメリカの1.4倍，日本の4倍の規模となっている。2013年の販売台数の内訳では乗用車基本形のうち排気量1001〜1600ccクラスが109万4478台（前年比15.4％増），MPV（多目的車）が81万1785台（前年比164.5％増），SUV（多目的スポーツ車）が98万8348台（前年比49.1％）で，これら3カテゴリーの前年度純増分だけで289万4611台となり，「2013年日本自動車販売台数（538万台）の半分以上に匹敵する」（日中経済協会［2014］123頁）。これらがボリュームゾーンになっているのはこれら市場セグメントが中間層によって大方構成されているからである。世帯年間可処分所得5000ドル以上3万5000ドル未満の中間層はアジアにおいて2000年の2.2億人から2010年には9.4億人に増大し，うち中国では7000万人から5億人に増大すると見込まれていた（経済産業省［2010］，187頁）。少子高齢化が進み，自らも利用している非正規雇用の増大によって若年・青年層の購買力が減少し，国内市場の伸びが期待できない日本自動車メーカーにとって新興国の中間層市場こそがドル箱と

なっているので，リーマンショック後に軒並み新興国戦略をたて，それを実施する方向にある。

　自動車メーカーの新興国戦略は端的には現地化戦略といえるが，多岐にわたる。基本は現地のボリュームゾーンをターゲットにした現地生産，現地販売である。しかしボリュームゾーンが中間層なので，コストを可能な限り削減しなければならず，部品も日本から取り寄せるのではなく，現地調達が基本となる。すでに日本で生産されていたプラットフォームに現地調達部品による置き換えが生じるので改良設計が必要になるし，現地のニーズを直ちに取り込んでさらに進んで独自仕様の現地ブランド車を生産するためには基本設計から現地で行わなければならないので設計，研究開発の現地化も展開していかなければならない。そしてコストを下げるためには人件費の削減も必要で，できる限り日本人スタッフを少なくし，現地人材だけで工場運営を図らねばならず，人材育成の現地化にも着手しなければならない。また先進国市場とは桁違いの新興国市場が大きく開かれたことで，「自動車産業の規模の概念が劇的に変わ」（日本経済新聞2013年4月2日）り，生産規模の拡大から部品調達もこれまでの系列取引では間に合わず，かつ大量発注による単価引き下げも狙えるので，グローバルな脱系列取引関係が生じる。そして大量生産を効率的に実現するために「モジュール方式」も積極的に取り入れられる。また台数で世界最大の市場になっている中国の大気汚染状況を顧みると，電気自動車の開発が促進されていくことも考えられるので，この「モジュール方式」は電気自動車への流れにも乗れることになる。逆に考えると，日本の自動車メーカーは新興国市場では内燃機自動車メーカーとの競争関係だけでなく，中国政府も本腰を入れて開発を進めている電気自動車とも競争して中国の巨大な市場での売り上げ増を図らなければならない。少し個別にみておきたい。

　日産は早くから中国で，1600cc以下の乗用車にターゲットを絞り，現地化を進めてきた。その結果，「汽車下郷」等の自動車補助金の機会もつかみ，2010年の中国での新車販売台数が当初2012年目標であった100万台を前

倒しで達成し，前年比35.5％増の102万3600台の売り上げを達成した。同社の中国販売台数は2009年に日本を超え，2010年には米国を超え，同社にとって中国市場が世界最大になったのである（日本経済新聞2011年1月11日）。最新事例では，2014年10月に大連工場（遼寧省）を稼働させ，SUV 2車種を投入するという。大連工場では人材育成の現地化によって，工場発足時から「日本人ゼロ化」を実現することで，稼働を2か月早めることができるとのことである（日本経済新聞2014年7月13日）。

　トヨタは前世紀にアメリカ市場での盛況で，中国政府からの進出要請に反応が鈍く，それが基で現在世界最大市場となった中国では出遅れてしまった。その巻き返し策としてハイブリッド車の現地化が選択された。トヨタが独自に，また日本の部品，デバイスメーカーと共同で開発してきたHV車の種々の技術が中国で初めて合弁メーカーに公開され，さらには地場部品メーカーとの共同開発もその選択肢に入っているのである（日本経済新聞2013年11月21日）。そうすることによって現地調達部品の価格を抑えてHV車の価格を抑え，その競争力を高めることで，中国市場でのシェア拡大を図ろうと必死なのである。他の世界の自動車メーカー大手だけでなく，中国政府が支援する電気自動車も競争相手になっているので，技術の囲い込みを放棄せざるをえなくなったのであろう。

　ホンダは外資系では中国初の独自ブランド車「理念」，「思銘」を生産販売するまでに現地化を徹底している。さらに広汽本田の研究開発部を独立化させ，現地ニーズにより素早く対応し，開発スピードを高める体制がとられている（日本経済新聞2013年11月6日）。

　図10にみられるように日系自動車メーカーのアジアでの生産台数はリーマンショック時から2013年第4四半期にかけての約6年の間に120.7万台から244.2万台に2倍も拡大した。現地化に対応した生産台数の倍増である。その結果，自動車の国内外生産はリーマンショック直後に逆転し，その差は開くばかりである。図11に示されているように直近の2014年第1四半期では国内生産は海外生産の61.7％の水準である。国内生産が2013

図10　日本自動車企業の海外生産台数

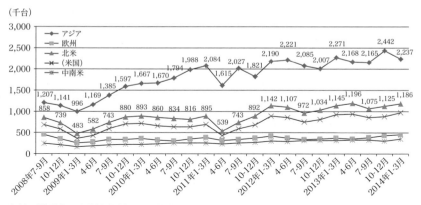

資料：「自動車工業会統計速報」より作成

図11　自動車の国内外生産

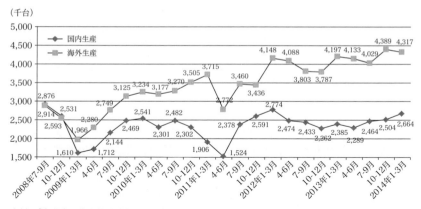

資料：「自動車工業会統計速報」より作成

年第3四半期以降増大傾向にあるのは2014年4月の消費税増税への駆け込み需要で，需要が先食いされていたので，2014年第2四半期はこの内外生産差はさらに開くことが見込まれよう。

　このようにみてくると，現在の自動車メーカーの海外事業展開には90年代中葉以降の日本エレクトロニクスメーカーの海外事業展開と共通する部分がみえてくる。違いは当時のエレクトロニクス企業の海外生産移管は輸出生

産拠点の位置づけとしてあったことと異なり，リーマンショック後の海外生産移管の目的は現地市場の確保にある点である。共通点は部品，デバイスの現地調達の向上にあり，部品メーカーはこれに応えるためには設計開発も現地化が要請される点にある。日本国内からみれば，自動車部品，自動車用電子部品，デバイスの輸出代替効果が強まり，それはそれらの輸出誘発効果の引き下げとなって進行するため，さらに一段と産業空洞化を推し進めるものとなろう。電気自動車になれば，モジュラー型オープンアーキテクチャーがこの分野にも進んでくるので，さらなる空洞化の要因が加わるであろう。

前掲表1（4頁）に戻って，正社員，正職員以外の非正規雇用の平均賃金は19万5300円，年額換算すると234万3600円となる。世帯平均所得の半分にも満たない。非正規雇用の現状は「稼ぐに追いつく貧乏なし」の説得性を失わせしめてしまった。資本主義経済では大半の人々が労働力を販売して生計を得ている。労働力を販売して額に汗して働いても，ままならない貧しい生活を強いられるのでは，それはもはやまともな経済とは呼べない。しかもそれが以下のように政策的に誘導されてもたらされたのである。

 1985年；労働者派遣法制定，ただし適用を13業務に制限（ポジティブリスト）

 1995年；日経連「新時代の『日本的』経営」で雇用ポートフォーリオを提唱，雇用柔軟グループ，高度専門能力活用型グループ，長期蓄積能力活用型グループ

 1996年；日経連「政府規制の撤廃・規制緩和要望」で派遣法自由化，有料職業紹介の規制撤廃を要望

 1999年2月；経済戦略会議，「日本経済再生への戦略」で「雇用の流動化」を答申

 1999年7月；労働者派遣法改正，適用業務のネガティブリスト化（製造業は禁止），職業安定法一部改正12月施行

 2000年；政府の総合規制改革会議，労働者派遣の拡大と職業紹介自由化を提唱

2003年6月；労働者派遣法改正，製造業への派遣解禁，派遣期間を原則1年から3年に拡大，施行2004年3月

3. 雇用不安定化の歴史的位相
——福祉国家型資本主義からグローバル資本主義へ

　前掲表2（5頁）は産業別大分類で正規・非正規賃金の格差をみたものであるが，男女計で軒並み58～75の大きな範囲で格差が生じている。この格差が産業計より下回っているのは製造業と卸売業・小売業だけであり，産業計の格差62は製造業の雇用者数が多く，そこでの格差が全体の格差を規定する割合が高いからであると考えられる。製造業は日本の産業競争力の原動力で，それは開発部でも，生産技術部でも，製造部でも各現場で品質を作り込む仕組みを精緻化し，そのために従業員育成に時間をかけてきた経緯から長期の安定的な雇用機会を提供してきた。ところが表2，表3からはその往時をしのぶことはできない。表3から雇用者数がこの11年間で118万人減少し，表2からはこの産業が正規・非正規の賃金格差の大きな産業分野になってしまったことが読み取れるからである。前者についてはグローバル資本主義化の「産業グローバリゼーション」の側面の影響で日本の製造業の競争力が低下し，かつて持っていた雇用吸収力が相当弱まったことが原因となっており，後者についてはグローバル資本主義化の「新自由主義」の側面の影響で労働市場の流動化が製造業まですすめられ，不安定雇用が増えたことが原因となっている。

　雇用の量・質の両面で不安定化が進行しているのには，資本主義が福祉国家型資本主義からグローバル資本主義に大きく転換したことが大きく影響している。そもそも資本主義経済というのは市場経済がベースになっており，その下で生きていくために貨幣は絶対不可欠である。なぜなら生活に必要な財・サービスのほとんどすべては商品として供給されており，価格として表示されているその価値に相当する貨幣額を支払わなければそれらは入手・享

受できないからである。譲渡,不法行為を除けば,貨幣を得るには所有している商品を販売する以外にその方法はない。そして大半の人々にとって販売できる商品といえば労働力しかなく,したがって労働力がまともに販売できなければ生活を支える貨幣額を十分得ることはできない。市場経済で生きるのに絶対不可欠な貨幣を得るために販売できる商品が労働力以外にない労働者にとって労働力が販売できなくなる場合を考えると,病気・けが等の疾病,失業があり,失業については定年退職も含まれているので,労働者は齢を重ねると,誰しもが労働力の販売に支障をきたし,生活を心配しなければならなくなる。労働力は人間の身体に属する能力であり,商品として生産することはできない。本来商品ではない労働力を商品として販売しなければ生きていけない資本主義経済にはこの労働力商品化に由来する無理が胚胎している。景気拡大し労働力不足に陥っても直ちに追加供給できないという無理もあれば,唯一販売できる商品であるがゆえに,その主体にとって予想不能な疾病,非自発的失業に見舞われたときには現金収入の道が断たれ生活苦に直結する。またたとえ,労働力が販売できたとしてもそれで得られた賃銀で生活費を賄うことができなければ,それはまともに販売しえたことにはならない。販売する相手は資本家で,資本というのは最小の費用で最大の収益を得ることを目標にしている以上,賃銀は安いにこしたことはない。いかなる商品も本来的に販売の困難を有している。しかし労働者は労働力商品の販売の困難に手を拱いているわけにはいかない。背に腹はかえられないからである。また資本家と労働者の個別交渉であれば,足下を見透かされ買いたたかれることもあって,生活に安定的な賃金水準を得るためには団体交渉権が不可欠であり,団結権がその前提となる。また団体交渉でその水準が得られなければ,団体行動権も必要となる。資本主義発祥のイギリスでは団結権すら認められず,1799年に団結禁止法が制定され,解かれるまで四半世紀を要した。労働三権が認められるまでには総力戦であった第1次世界大戦前の「城内平和」を待たなければならなかった。労働者の戦争動員の見返りである。また生存権と労働基本権が相俟って制定されるにはワイマール憲法を待たねば

ならず，日本ではこれらが認められたのは戦後である。労働基本権が認められれば労働者の交渉力が高まり，それだけ資本家の利害を制約することになる。また生存権が認められれば，最低賃金も生活を保障する水準に引き上げられることによって資本家の利害に反することになる。したがって労働基本権，生存権は市場経済が発展して自動的に整備されたという脈絡で成立したのではなく，国家が市場経済の編成主体である資本の利害を抑えて整備されたのである。歴史的には叙上の第1次世界大戦前の「城内平和」，ワイマール共和国，さらには「社会保障法」の名称が初めてつけられたニューディールによってその雛形が作られていった。「福祉国家(Welfare State)」であり，その歴史的規定因は第1次世界大戦，ロシア革命，世界大恐慌である。福祉国家の基本的枠組みは労働者の同権化，社会保障制度ならびにフィスカルポリシーである。これらが三輪となって福祉国家は第2次世界大戦後先進工業国に確立，普及した。

　労働者の同権化については政治的同権化の側面には参政権の付与があり，経済的同権化の側面には労働基本権の承認，労働協約の制度設定，そして社会的同権化の側面には教育の機会均等が整備されていくことになる。日本を例にすると法的には労働組合法，労働基準法，労働関係調整法の労働三法のほか，職業安定法，国労法，男女雇用機会均等法，労災保険法等の労働法によって労働者の権利が守られてきたのである。次に社会保障制度については一般的には社会保険，社会扶助，所得保障，医療保障，社会福祉，公衆衛生，失業対策によって構成されている。たとえば経済成長が持続し，失業が低く抑えられれば失業対策費の負担は軽く済む。また活力のある高齢化社会を構築し，高齢者でも稼働所得が豊かであれば，老齢年金の支出も少なく済む。社会保障はセーフティーネットであると同時にラストリゾートであり，出動しなくて済むのであれば経費は節約できる。そこで福祉国家の第3の枠組みは社会保障の出動をできるだけ小さな範囲で抑えられる経済運営，すなわちフィスカルポリシーの展開である。かくて金融・財政政策を駆使し完全雇用の達成を目指すケインズ政策が展開されたのである。

しかし，福祉国家は労働同権化によって資本蓄積を制約し，社会保障によって国民負担を増大させ，労働コストの上昇と強固な寡占体制が相俟って，さらには財政赤字の拡大がこれに加わって結果的にインフレをまねくものとなり，持続するためには実現しなければならない条件がある。まず，高負担を相対的に軽減するには国民所得の増大を図らねばならず，福祉国家はまずは成長政策を優先するものとなる。逆に高成長が実現できなければ，福祉国家の高負担性が浮き彫りとなる。また労働基本権が承認され，労働協約，最低賃金が制度化されれば，資本は労働コストの上昇を労働生産性上昇によって吸収しなければならない。労働側でも労働組合が労働分配率の上昇幅を労働生産性上昇の範囲内にすることに合意していれば，労働生産性上昇に協力する協調方針を打ち出すところもでてくる。労使双方で労働生産性上昇を志向するものとなる。労働生産性上昇に成功できれば，高い国際競争力が発揮され，輸出増から生産増が実現され，労働生産性上昇による人員削減効果よりも生産増による雇用創出効果の方が大きく，国際競争力が維持される限りにおいて大幅な人員削減は見られない。逆に国際競争力に陰りが生じれば直ちに人員削減のインセンティブが生まれることになる。インフレに関しても，国民生活に支障をきたすようなハイパーインフレは防がなければならない。しかし実際には1970年代の石油危機を契機にインフレ率と失業率の安定的な負の相関関係を描いたフィリップ曲線がもはや妥当せず，フィスカルポリシーの支柱となっていたケインズ経済学が根底から覆され，供給重視の経済学が主流となったのである。1960年代後半からの賃金上昇，労働生産性上昇の鈍化さらには叙上の石油危機によってスタグフレーションという新しい不況によって高成長に終止符が打たれ，福祉国家の高負担性が顕在化し，福祉国家自らが産み落とした新中間層によって福祉国家の下での高負担と予算執行の非効率に対しての不満が蓄積され，福祉国家を否定するサッチャー，レーガン等の新自由主義的政策が支持され，福祉国家の解体に着手された。

　福祉国家が解体へのベクトルを持つにいたった最大の要因は以上のようにそれを支える経済成長をその枠組みでは維持できなくなったことにある。し

かし解体へのベクトルは外部にも生じた。社会主義国の自壊である。そもそも福祉国家は社会主義に対抗して資本主義がその要素を取り込んで自己改造した体系で，社会主義のインパクトが微弱化すれば，グローバル資本主義は対抗する必要もなくなるので元の体形である市場原理型資本主義に戻ろうとする。社会主義勢力は最盛時には世界の人口並びに陸地面積の3分の1を占めていた。しかし1980年代末以降の「東欧民主主義革命」さらには本丸ソ連邦の消滅により一気に社会主義はそのインパクトを微弱化することになったのである。

　日本に関しては，スタグフレーションに対してその原因である労働コストの上昇には省力化投資によって，エネルギーコストの上昇には省エネ投資によって生産性を飛躍的に上昇させることでコスト上昇要因を吸収し，1970年，80年代にスタグフレーションに呻吟する欧米を尻目に比較的に経済パフォーマンスが良好で，雇用の大幅な削減も見られず，大きく新自由主義に舵を切ることはなかった。これら投資によってME（マイクロエレクトロニクス）技術革新を世界に先駆けて成功裡に実現し，国際競争力の増強を実現し，輸出増から生じた生産増によって，ME技術革新による人員削減効果より増産効果が上回り，雇用が確保されたのである。しかしこの良好な経済パフォーマンスも1990年代半ばの1ドル＝80円を超える超円高による日本エレクトロニクス企業の東アジアでの事業展開によって産業空洞化に舵を切ったこと，またIT化，デジタル化，これらを前提とするモジュラー型オープンアーキテクチャーの普及により国際競争力が漸減され，新自由主義的政策の採用と相俟って雇用の不安定化がもたらされることになったのである。

4．ワークフェアとそのアポリア・アンチノミー

　グローバル資本主義は米主導で始動した際，レーガン期から政策的潮流となっていた「新自由主義」を継承した。新自由主義的政策は，その経済学的バックボーンとなったシカゴ学派が福祉国家のバックボーンとなったケイン

ズ経済学を強く批判したと同様,福祉国家の強い否定の上で展開された。「小さな政府」,「規制撤廃」,「民営化」はいずれも福祉国家の枠組みを否定し,その換骨奪胎化を図るものであったといってよい。新自由主義的政策は福祉国家へのバックラッシュとして形成され,実施されてきた。したがって福祉国家の重要な要素であった社会保障制度も聖域とはみなされず,その「改革」がすすめられた。社会保障制度の重心は「生存権」保障にあり,生活全般にかかわる内容であるだけに,福祉国家同様,社会保障も,時と所に応じた各生活様式に基づいてその内容がバラエティーにかつ少しずつ変遷するものといえよう。エスピン・アンデルセンは福祉国家を3つの「レジーム類型」に分類している。まずリベラル型福祉国家であり,市場指向型で,アメリカ,カナダ,オーストラリアが相当。次に保守主義型福祉国家でその内容はコーポラティズム,国家主義,家族主義で,ドイツ,オーストリア,フランス,イタリアが含まれている。最後に社会民主型福祉国家で,その内容は完全な普遍主義,高度な脱商品化,個人の家族からの自立であり,スカンジナビア諸国が該当する。福祉国家の枠組みは労働者の同権化,社会保障制度とフィスカルポリシーであり,アンデルセンの分類は主に社会保障制度の在り様に注目していると考えられる。ここで日本はいずれにも含まれていない。そこで簡単に日本の社会保障制度について整理しておきたい。

　日本で初めて「生存権」が明文化された日本国憲法第25条では「すべて国民は,健康で文化的な最低限度の生活を営む権利を有する。②国は,すべての生活部面について社会福祉,社会保障及び公衆衛生の向上及び増進に努めなければならない」と記され,国民の権利として「生存権」とそれを実現するための国の義務を記している。しかしこの段階では国の義務として保障しなければならない範囲は上記の3つであり,その内容の豊富化が求められ,社会保障制度審議会が1950年の「社会保障制度に関する勧告」で次のようにその規定を明らかにした。「社会保障制度とは,疾病,負傷,分娩,廃疾,死亡,老齢,失業,多子その他の困窮の原因に対し,保険的方法または直接公の負担において経済保障の道を講じ,生活困窮に陥ったものに対しては,

国家扶助によって最低限度の生活を保障するとともに、公衆衛生および社会福祉の向上を図り、以てすべての国民が文化的社会の成員たるに値する生活を営むことができるようにすることをいうのである」、と。

　この勧告に沿って社会保障制度が整えられ、1961年に国民皆保険・皆年金が実施され、1973年には70歳以上の高齢者の医療費自己負担無料化、年金給付水準の大幅引き上げ、医療保険での保険給付率の改善が実施され、「福祉元年」と呼ばれるような整備がなされた。とはいえ、同年秋の第4次中東戦争を機にOPEC湾岸6ヶ国による石油戦略の発動により石油危機が起き、遅まきながら日本もスタグフレーションの仲間入りを果たし、以降行財政改革が課題となった。老人医療支給制度の見直し、給付水準の見直しを皮切りに、基礎年金制度が1985年に導入され、1994年には高齢化率が14％を超え、社会保障制度もそのための制度設計が新たに必要となり、1997年に介護保険法が制定、2000年に施行された。また高齢化と並んで少子化にも歯止めがかからず保育所サービスの需要の高まりに対応が追い付かないことが問題となる。こうした経緯の中、日本の社会保障制度の骨格は表6のように形作られてきたといえよう。

　グローバル資本主義がその基盤として継承した政策、新自由主義的政策は福祉国家の3つの枠組みを壊した。まず労働者の同権化については「労働市場の流動化」によって、また民営化によって官公労働組合の弱体化を進めることによって。次いでフィスカルポリシーについてはそのための手立てであった金融規制（殊に金利規制と業務分野規制）を金融自由化を通して撤廃し、金融調節の方法を変更することによって。最後に社会保障制度については表6上の公的扶助、社会手当、社会サービスさらには雇用保険の各分野においてワークフェア（福祉から就労へ）を導入することによって。

　ワークフェアの出自はアメリカであり、連邦レベルでは1981年の「包括的予算調停法」がその第一歩で、国際的に伝播するのは1996年福祉改革で、その内容は「現金給付が生涯で5年に制限され、受給開始後2年以内での職業教育・訓練への参加が義務付けられ」（埋橋［2007］、17頁）るもので

表6　日本の主要な社会保障制度

		所得保障	医療保障	社会福祉	法制度の例
社会保険	年金保険	老齢基礎年金 老齢厚生年金 遺族年金 障害年金等			国民年金法 厚生年金保険法 各種共済組合法
	医療保険	疾病手当金 出産育児一時金 葬祭費等	療養の給付 訪問看護療養費 高額療養費等		国民健康保険法 健康保険法 各種共済組合法 高齢者医療確保法 船員保険法
	介護保険			施設サービス 居宅サービス 福祉用具購入 住宅改修等	介護保険法
	雇用保険	失業等給付 雇用安定事業 能力開発事業等			雇用保険法
	労働者災害補償保険	休業補償給付 障害補償給付 遺族補償給付 介護保障給付等	療養補償給付		労働者災害補償保険法
社会扶助	公的扶助	生活扶助 教育扶助 住宅扶助等	医療扶助	介護扶助	生活保護法
	社会手当	児童手当 児童扶養手当			児童手当法 児童扶養手当法
	社会サービス				
	児童福祉			保育所サービス 児童健全育成 児童養護施設等	児童福祉法
	障がい(児)者福祉		自立医療支援 (旧)育成医療 (旧)厚生医療	在宅サービス 施設サービス 社会参加事業等	障害者自立支援法 身体障害者福祉法 知的障害者福祉法 児童福祉法
	老人福祉			老人福祉施設 生きがい, 生活支援施策等	老人福祉法
	母子寡婦福祉	母子(寡婦)福祉資金貸与		自立支援 生活指導等	母子及び寡婦福祉法

出所：広井・山崎[2009], 41頁。

あった。ワークフェアがもたらされた要因を考えると，スタグフレーションによって，さらには減税によって財政収入が減り，予算制約が生じ，各種給付額の節約が選択されざるをえなくなったことと，「福祉は麻薬だ。知らず知らずのうちに人の心を蝕む」（再選前レーガンの選挙演説）という福祉国家へのバックラッシュが国民のうちにも広く信認されたことの2点が考えられよう[4]。福祉依存からの脱却を図るために就労促進機能をこのワークフェアに付与したと考えられるのである。この出自に関してワークフェアはワークファースト（「まずは働きなはれ」）の色彩が濃かったといえよう。

しかし，このワークファーストモードのワークフェアには幾重にも限界があって，福祉国家へのバックラッシュだけで押し通すことはできないし，その適用範囲も限られることになった。まず，福祉国家へのバックラッシュで押し出されるワークファーストであれば，労働の中身は問われないことになりがちになる。まずは就労という実績が問われるからである。しかしながら市場経済に即して考えても，人間は唯一販売できる労働力で生活を支えなければならないのであるから，そのことによってえられる賃銀で生活が支えられなければ，このワークフェアは社会的にも容認されえない。後に詳しく述べるが，ワークフェアはその出自と展開プロセスの中で低賃銀にならざるをえない傾向を有しており，グローバル資本主義の下ではさらにこの低賃銀に拍車がかかることとなる。したがって就労支援も現実には就労困難者の生活自立支援にまで繋がる脈絡で考えなければ無責任にもワーキングプアを大量に作り出し，放置するものとならざるをえないのである。

ここで労働の存在論的意味を，「人はパンのみにて生くる者にあらず」という視点から考えてみたい。労働が単独で行われるのは極めて稀であり，社会的分業の一環として，しかも職場での協働関係の中で実現される。社会性がここで醸成されると同時に，一定の社会性が前提される。社会性が積まれていなければ「職場教育・訓練」だけで，おいそれと就労に入れるものではない。さらに，労働の重み[5]はそのプロセスあるいはその成果が他者に認められることによって，その人の社会的存在が確認され，そこで実現される

創意工夫が成功体験となって遣り甲斐が生まれ，働き甲斐とともに生き甲斐が実感されて長期に働くことができるのである。ワークフェアの出口が短時間の細切れの労働であれば，そこに感じられるのはスミスのいう toil and trouble（労苦と煩労）で長続きできるものではない。我々の暮しは自己労働とともに根本的には他者の労働生産物，サービスによって支えられているのであり，我々の社会的関係もいかなる社会形態であろうとも，またペイドワーク，アンペイドワークにもかかわらず労働を通して結ばれているのに，市場経済ではあたかも貨幣によって我々の生活が成り立っているかのように錯覚されることになる。だから貨幣をえるために就労すればそれでこと終われりと短絡することになる。労働はこうした人と人の結びつきの重要な接点であり，労働することによって，自己の社会的結びつきを確認し，安心し，また自己の社会的責任も自覚できるところとなると考えられる。労働は自己と社会を結びつける重要な接点であり，この接点を通して，社会の中での自己の位置を確認し，安心と生き甲斐を感じることができる。このような感情は短時間の細切れの労働では醸成されないであろう。ディーセントワークが実現されるよう「事前的労働規制政策」が必要視される所以であろう。

　さてワークフェアが世界に伝播するにもアメリカ発のワークファーストモードのそれがそのまま実現されるものではない。労働ならびに社会保障が本来，生活と密接に関連している以上，各国さらには各地の生活様式に反映されて多様化せざるをえないからである。とはいえ，ワークフェアには種々の限界がつきものなので，制度不良を常に内在化せざるをえず，この制度不良には実施される地域においてその地域に合わせた調整が不可欠となる。

　まずワークフェアの限界はその出自に胚胎していたアポリアにある。福祉国家がスタグフレーションによってその存続基盤である経済成長の安定性を失って「Welfare から Workfare に転換した」とされる。スタグフレーションの原因となったのはエネルギーコストならびに労働コストの上昇，そしてアメリカの場合は労働生産性上昇の相対的鈍化もこれに加わった。日本は ME 技術革新を世界に先駆けて成功裡に実現し労働生産性を引き上げて，エ

ネルギーコストと労働コストの上昇分を吸収することによって、スタグフレーションの原因を実体的に取り除くことでスタグフレーションから脱却できた。その結果テレビ、ビデオデッキ、ラジカセに代表される家電、自動車等の耐久消費財の対米集中豪雨的輸出が行われ、アメリカからすればそれは失業の輸出と捉えられたように大量の失業が生じたのである。まさにその時期に「Welfare から Workfare への転換」が唱えられたが、このスタグフレーション、日米不均衡によって高失業が生じているときに就労先を確保するのは難問というしかない。Workfare はその誕生時にすでにアポリアを抱え込んでいた。福祉国家はスタグフレーションによってその限界が画された。この認識に誤りはない。しかし、スタグフレーションによって、「福祉から就労へ（Welfare to Workfare）と転換した」というコンテクストはそもそも成立しえないのである。なぜなら、スタグフレーションが Welfare を一刀両断にしたというなら、返す刀で Workfare も一刀両断にされたと考えなければならないからである。スタグフレーションによって Welfare State の存続基盤は失われたが、そのスタグフレーションによって就労先が当初から極めて狭隘になっていて、「『まずは働きなはれ』言われたかて、まともに働けるとこ、おまへんやん」と返す以外ない。

そしてアメリカがスタグフレーションを克服し、日米不均衡を解消するには労働生産性を日本以上に引き上げなければならない。そしてそれは IT 化を世界に先駆けて成功裡に実現することによって成就された。ただ製造業でいうと、多くのファブレス企業が、生産まで海外にアウトソーシングしたことが雇用吸収力の上昇を妨げたことになる。ともあれ、構造的不況時に生まれたワークフェアは、それを推し進める中央政府にとっては、まずその不況の実体的克服を優先し減税、金融緩和、加速度償却等によって、設備投資を促し労働生産性の上昇を実現しなければならないものの、これを推し進めれば進めるほど、機械、装置が労働をますます代替し、雇用吸収力が低下、就労先が減少するというアンチノミーに直面せざるをえないのである。資本主義的企業は最小のコストで最大の利益を獲得することが目的となるので、利

益より雇用を優先することは通例考えられない。グローバル資本主義化の進展で工場立地が東アジアに拡充し，液晶テレビ，情報通信機械器具等の競争力が東アジアの新興国に備わっている現状では企業は東アジアへの生産，設計開発の移管さらに国内で残るにもできる限りの省力化を図らざるをえず，ワークフェアのこのアンチノミーを克服する能力は資本主義企業を前提とする限り残念ながら乏しいといわざるをえない[6]。

　福祉から就労へと声高に叫びながらも，ワークフェアは出生時にアポリアを胚胎し，かつその実施プロセスにもアンチノミーを抱え込んでしまっているのである。就労，就労と叫びながら，資本主義企業の下では就労先が限定されざるをえないのである。資本主義経済では大方の人は唯一販売できる労働力を販売して，その際えられる賃金で生計費を賄うことが宿命づけられている。ワークフェアの就労先はそもそも限定され，かつそこでえられる賃銀で生計費が賄いきれない場合，そのワークフェアは政策として完結できないし，自立できないのである。ワークフェアが出生時に胚胎しているアポリア，そして政策展開を図るうえで生じるアンチノミーを考えると，ワークフェアは不完全で，生活支援と結びつかなければワーキングプアを大量に生み出すことになる。Workfareは福祉国家へのバックラッシュとして，福祉依存からの脱却を図るために導入されたが，それ自体のアポリア・アンチノミーによって，それ自体では完結できず，Welfareにとって代わることもできず，逆にWelfareに補完されざるをえないのである。Workfareはそのアポリア・アンチノミーからWelfareに補完されて生活自立支援の領域にまでその範囲を広げられなければならないということは，生活に密着した領域で施策が実行されなければならないので，その政策担当は中央政府だけではなく，地方政府，基礎自治体も当然含まれなければならないことになる。というよりワークフェアの未完結性・非自立性はそれを実地に施行する地方政府，基礎自治体によって実践において補われるほかない。

　日本においては，厚生労働省社会保障審議会福祉部会の「生活保護制度の在り方に関する専門委員会」が2004年12月に提出した報告書にはこうし

た補完の方向性が正しく示されていた。同報告書の画期的な点は自立支援の範囲を「就労による経済的自立のための支援（就労自立支援）のみならず，それぞれの被保護者の能力やその抱える問題等に応じ，身体や精神の健康を回復・維持し，自分で自分の健康・生活管理を行うなど日常生活において自立した生活を送るための支援（日常生活自立支援）や，社会的なつながりを回復・維持するなど社会生活における自立の支援（社会生活自立支援）をも含」めて位置づけ，生活保護制度の見直しを考えた点である。そのために，「被保護世帯と直接接している地方自治体が，被保護世帯の現状や地域の社会資源を踏まえ，自主性・独自性を生かして自立・就労支援のために活用すべき『自立支援プログラム』を策定し，これに基づいた支援を実施することとすべきである」と提言している。

　しかしながら，厚生労働省はこの専門委員会とは別に「生活保護受給者等就労支援事業活用プログラム」の策定を進め，2005年から全国で同プログラムは「生活保護受給者等就労支援事業」として実施された。それはハローワークと福祉事務所が連携してチームを組み，5つの就労支援メニューを実施するものである。その対象者は「就労能力を有し，就労意欲が高く，就労阻害要因がなく，早期に適切な就労支援を行うことにより，自立の可能性が見込める方」と記されている。同事業は2010年度まで実施され，2008年度の支援対象者は1万160人，就職件数5209人，就職率51.3％，2009年度のそれは順次1万8226人，9279人，53.4％，2010年度が2万1139人，1万2597人，60.0％と記されている（「平成26年1月　全国厚生労働関係部局長会議～厚生分科会」，3頁）。同事業は2011年度，2012年度には「『福祉から就労』支援事業」に衣替えし，さらに2013年度には「『福祉から就労』支援事業を発展的に解消の上，……新たに生活保護受給者等就労自立促進事業を創設」した。就労支援メニューとして①キャリア・コンサルティング，②職業相談・職業紹介，③職業準備プログラム，④トライアル雇用，⑤公的職業訓練による能力開発，⑥就職・自立促進講習，⑦個別求人開拓を揃え，同時に職場定着に向けたフォローアップの強化をあげている（同，

2頁)。このような厚生労働省の政策展開では，せっかく専門委員会が正しくその必要性を指摘した「日常生活自立支援」，「社会生活自立支援」を後景に退かせ，ワークファーストモードの就労自立支援にほぼ染まる内容に結着するものとなる。

ワークフェアのアポリア・アンチノミーに由来するその未完結性・非自立性に頓着することなく政府・厚労省がワークファーストモードのワークフェアを推進すればするほど，その事業を現場で進めていく基礎自治体はその未完結性・非自立性を種々の方法で補完していかなければならなくなる。そのなかで注目されているのが，釧路方式(「中間就労」)，豊中方式(「『寄り添い型』の包括的就労支援」，「雇用創造」，「中間的就労」)，静岡方式(「伴走型就労・生活支援」)であり，就労を実現するためにもさまざまな工夫が凝らされている[7]。ワークフェアに関する日本の政府と基礎自治体のコントラストを福原宏幸は大阪の自治体を念頭に以下のように特徴づけている。日本政府のワークフェアの特徴はまず，それが「就労能力をもつ者に対しては，市場と家族の範囲で本人の自助努力と家族の共助を促すことしか追及されてこなかった。第2に，近年，稼働層の捕捉率が低い生活保護において自立支援プログラムが開始され，その他福祉対象者の施策においても就労に向けた自立支援すなわちワークフェアが打ち出されている。……そして第3に，これら自立支援の就労へのインセンティブは，生活保護制度における母子加算の見直しなどにみられるように，給付の引き下げという手法を使って進めようという傾向がうかがわれる。……これに対して地方自治体―少なくとも大阪の自治体―が進めている地域就労支援策は……まず，地域就労支援は，当事者の主体性を尊重してなされること，そして就労を妨げている様々な要因を雇用や福祉などの自治体各担当部署・制度と地域の持つ社会的資源を総合的に活用しながら進められる。すなわち，政府のワークファーストに対し，地域就労支援は『就労のための福祉』(welfare for workfare)を提起したものであると考えられよう。このことから，地域就労支援事業は，政府によるワークフェア政策に対して『もうひとつのワークフェア政策』を対置しよ

うとするものといってよい」(埋橋 [2007], 239-240 頁)。

　ここに地域就労支援が高く評価され，筆者も中央政府によるワークファーストモードのワークフェアとまさに好対照をなすものとして正しく評価されなければならないと考えている。同時に 1 点補足と，1 点留意したい点を記しておきたい。まずは補足から。中央政府は前掲表 6 の社会保障制度上の公的扶助，社会手当，社会サービスさらには雇用保険の各分野においてワークファーストモードのワークフェアを導入したが，実際に地域の実情に合わせて就労を実現するためには種々の支援が必要で，「中間就労」，「寄り添い型」，「伴走型」等の Welfare を基礎自治体は編み出した。その際基礎自治体の担当者にとって就労支援は，その任を誠実に遂行しようとすればするほど，地域の中で就労経験のないニート，フリーターと呼ばれる「二次層」にその範囲を広げ，彼ら彼女らの就労支援という一段と難しい問題に立ち向かい，創意工夫が凝らされたのである。居神浩がイギリス若年支援政策の分析（埋橋 [2007], 第 2 章）の中で記しているように, in Education, Employment or Training に Not の態度表明をしている（埋橋 [2007], 53 頁）NEET と呼ばれる若者に背中を押すことは並大抵のことではない。彼ら彼女らに担当者が真摯に向き合ったがゆえに上記各種 Welfare が釧路，豊中，静岡で編み出されたのであろう。

　次に留意点である。先ほど来指摘しているワークフェアが胚胎しているアポリアはそれ自体で解決できるものではない。むろん解決できるのであれば，アポリアではなくなる。ワークフェアが地域におろされたときに，そのアポリアは解決されないまま，地域にその解決が持ち越されるが，そこで困難さには新たな要素が加わることになる。このアポリアを解決するには求人票を待つだけでなく，自ら進んで「雇用創出」を図らなければならない。困難さに加わる新たな要素はこの基礎自治体による「雇用創出」である。

　ここで豊中市で採られている雇用創出についてごく簡単にふれておきたい。基礎自治体が雇用創出事業，まして産業振興を独自に行うことはごく限られ，豊中市もまずは国の雇用創出基金を活用した地域雇用創造実現事業

(2009年補正～2012年度）ならびに地域雇用創造推進事業（パッケージ事業，2008年度～2010年度）を活用したところから始め，以下主に大阪府からの支出金を財源として緊急雇用創出事業（従来型2008年度～2011年度），ふるさと雇用再生事業（2008年度～2011年度），重点分野雇用創出事業（2010年度～2011年度），緊急雇用（地域人材育成型，2008年度～2011年度）が展開された。緊急雇用創出事業（従来型）ではビルクリーニング分野就職困難者就労促進モデル事業ほか7件，ふるさと雇用再生事業ではコミュニティカフェを拠点とした女性の就業促進事業，若者による農業分野チャレンジ事業ほか8件，重点分野雇用創出事業では障がい者福祉施設等支援人材養成事業，ひとり親調理師免許取得支援事業ほか7件，緊急雇用（地域人材育成型）では障がい者福祉施設等支援人材養成事業，ひとり親調理師免許取得支援事業ほか12件が実現された。

　みられるようにリーマンショック後に採られた政策，事業であり，日も浅く，自主財源も乏しい。ワークフェアのアポリア・アンチノミーに由来するワークフェアの未完結性・非自立性の解消の努力は基礎自治体にまで持ち越された。ワークファーストモードのワークフェアのいいかげんさはこれまで見てきたとおりである。しかし「働くこと」の重みは，このいいかげんなワークフェアを否定しても，押し流されることはない。むしろこのいいかげんなワークフェアに対して「働くことの重み」の復権を掲げるべきだと考えられる。また表3の製造業での雇用吸収力の激減を想起していただきたい。産業空洞化ならびにグローバル資本主義化の影響で雇用吸収力が落ちてきたのである。電機産業でみられた産業空洞化はリーマンショック後輸送機産業，機械産業にもみられるようになり，グローバル資本主義化の進展も新興国の国際競争力の向上として進展していくであろう。こうした影響は表3ではマクロ的に数字では上がっているものの，現実的には地方，地域の主力（だった）量産工場を頂点とする各地の産業集積で生じた雇用の落ち込みが統計上積み上げられたことに重々配慮しなければならない。つまり現実には地方，地域にとっては雇用の大きな受け皿となっていた産業集積において空洞化の

影響，グローバル資本主義化の影響が現実的に生じているのである。そしてワークフェアの就労支援は基礎自治体に，しかも雇用創出を独自に行わなければならない方向性が現実に示されている。雇用創出は生活を支えるものだけに，短期の国庫補助金で，つなぎでできるものではない。これまでの国主導の地域産業政策は地域にどれだけ根付いたのであろうか。近時の知的クラスター，産業クラスター計画を念頭におけば，雇用の増大の実績は筆者の勉強不足もあろうが，寡黙にして聞こえてこない[8]。国庫補助金が切れるとお終いになってしまうことが多い。地域の雇用創出を基礎自治体が中心に担うということは，これまでの国の上意下達方式に代わる新機軸であると考えられる。「働くことの重み」の復権を実現しながら，地域の雇用創出の持続を基礎自治体が中心に行っていかなければならないところまでその重要な方向性は見えてきたと，筆者には考えられるのである。そのシステムをどのような産業で，どのようなエリアを考えて，どのような仕組みで，いかに創っていくか，地域の実情に合わせて知恵を出しあっていかなければならない。

【注】

1) 以上は電子機械工業会・テレビ技術委員会［1967］第4・5章から学んだ。なお，10年ほど前になるが，筆者の授業を聴講されていた，東京芝浦電気株式会社を退職されたエンジニアの東中川恵美子氏からシャドウマスクに関して貴重なお話をうかがう機会を得たことがある。その一端を紹介しておきたい。シャドウマスク上の通過孔の位置が熱膨張等でずれないために大型のシャドウマスクには熱膨張係数の小さいインバー合金が用いられる。そして厚さ0.6mmで，29〜40インチの薄板にフォトエッチングで均一な理想形の電子線通過孔が開けられるが，その前段に薄板材の結晶をそろえる工程が必要で，インバー合金では結晶の大きさは数μmで，この結晶すべてを板の厚さ方向にも，面方向にも一つの方向に揃えておくために特殊な方法でシャドウマスク板材をつくっていたとのことであった。
2) 泉田良輔［2013］36頁を参照。なお，シャープ亀山工場で生産された第9世代の液晶パネルもすでにそのガラスの運搬は人手では無理で，専用の機械が必要であった。また操業前，工場に機械・装置を搬入する際，すべてロゴは外して，またそれらが故障した際はその機械メーカーに修理を依頼することなく，従業員で対処・修理したという。機械メーカーに依頼すれば，機械にそれだけ改良が加わり，その改良機械がライバル社

に入手されればたちどころにキャッチアップされることになるから、それを避けるためにそうした努力が重ねられた。また工場全体を見られるのは工場長等ごく限られていて、工場全体のブラックボックス化に注力した。それでも結果的にはサムソン電子、LG電子の後塵を拝することになったのである。

3) 長野県『2012年工業統計調査結果報告書』(確報)の概要の「その他の注意事項」には「平成24年における『情報通信機械器具製造業』の数値については、一部事業所の集計方法を修正したことに伴う減少要因を包含しています。このため、数値の解釈にあたっては、この点に十分留意してください」と注記されている。この確報が出る前、速報が公表された直後、日本経済新聞長野県版では以下のように報じていた。参考に全文引用しておきたい。

「2012年の工業統計調査(速報)で安曇野市の『製造品出荷額等』が前年に比べて半減したのは、ソニーが回答方法を変更したのが主な原因だったことが関係者への取材でわかった。同社は『(調査を所管する)経済産業省の依頼によるもの』と説明している。

安曇野市の製造品出荷額等は12年には3309億円と前年比48.9%も減少。同市は県内で1位から5位へと後退し、急減をいぶかる声が出ていた。

ソニーによると、安曇野市の工場のパソコン出荷額について、従来は海外での生産分を合算して回答していたが、12年からは経産省の依頼により、国内と海外とを分けて答えたという。

『製造品出荷額等』には本来、事業所で製造された製品のほか、海外などで製造された製品の卸売りも含む。ただ海外製のパソコンを長野工場に計上する処理が妥当かは不明で、経産省が海外分を集計から除外した可能性が大きい。ソニーは『報告した数字がどう処理されたのかはわからない』と話している。

工業統計は県内総生産の推計にも使われ、12年度の県の経済成長率を見かけ上、押し下げることになる。安曇野市はソニーのパソコン事業売却に揺れているが、11年までの製造品出荷額等の数字も底上げされていた可能性がある」(日本経済新聞 長野経済面 2014年2月11日)、と。

4) 後期ニューディールに向けての政策転換を表明した際に述べたF.ローズベルトからの引用としてこのフレーズをレーガンは用いた。ただしローズベルトは福祉全般を麻薬としていたのではなく、「施しもの」つまり給付が麻薬だとして、心が蝕まれる状態からの脱出先として公共事業による雇用機会の創出にニューディールの重点を、失業救済から移したのである。

5) 本書の共同執筆者の高橋祐吉は労働の「三つの側面」を次のように記している。

「『働く』ことは収入を得るための『手段』でもあり、社会的承認を受けるための『契機』でもあり、自己実現のための『領域』でもある……。『働く』ことは、上記のような三つの側面をあわせ持った多面的な人間の行為として存在している……。この三つの側面の組合せはさまざまで、労働条件や仕事内容、職場の人間関係などによって、バラエティーに富んだものとなる」(町田[2014]、97頁)。

6) ワークフェアのアポリアに関していくつか補足しておかなければならない。まず，このキーワードはすでに埋橋によって用いられている。その脈絡を紹介しておきたい。社会保障の門外漢である筆者にとって教科書となった埋橋［2007］では以下のように記されている。

「ワークフェアは福祉から労働へと問題を『投げ返す』ことを意味する。ここにワークフェアの本来的困難がある。というのは，……ワークフェアの背景には，投げ返される側の雇用情勢の悪化があるからである。したがって『投げ返す』だけで問題が解決するわけではないことはある意味では当然であり，そのため，現在のワークフェアの焦点は①『投げ返した後の所得面でのフォロー』のあり方や，②労働そのものの位置づけにシフトしていることを示す。①の代表が，この間，税制を通して多くの国で実施されている Making Work Pay 政策であり，……②は ILO の decent work 論が提案している方向である」（埋橋［2007］，15-16頁）。

ここで理解が難しいのは（1）ワークフェアが福祉から労働へ問題を投げ返すとき，なぜ雇用情勢は悪化しているのか，（2）この雇用情勢の悪化は常態化していると考えられているのか，そのように考えられる根拠はどこにあるのか，（3）この疑問を単純に逆転させると，投げ返されたときに雇用情勢が好転していればワークフェアは自立的に機能すると考えられるのか，という点である。

筆者も雇用情勢は悪化し，それは常態化していると考えている。それは本文で記したように，そもそもこの言葉が生まれたのがアメリカで，しかもスタグフレーション時で，その実体的解決にめどが立っていなかったことに注目し，出自にすでにアポリアが胚胎していたと考えられる点がその根拠の1点目である。2点目はスタグフレーションという構造不況はその要因であるエネルギーコストならびに労働コストの上昇を労働生産性の上昇によって吸収しなければ解決不能で，政府もそのために減税，金融緩和，加速度償却等のサプライサイドの政策で対応し，この政策なり企業対応が設備投資の増強，機械，装置による労働代替を引き起こし，ワークフェアの就労先を漸次狭隘化せざるをえないと考えられる点である。また本文では明示的に示し難かったので，ここで補足しておきたい。デジタル化，モジュラー型オープンアーキテクチャーのグローバルな展開で，リーマンショック後のグローバル資本主義の展開は新興国による先進工業国へのキャッチアップがいくつかの産業分野で可能になり，その影響をこれから受けざるをえないと考えられる点が3点目となる。これらは製造業を念頭に考えている。製造業の雇用減少はサービス産業がその受け皿になるが，そこでは非正規の不安定雇用が多い点が第4の雇用情勢の悪化の常態化の要因となると考えている。

しかし，雇用情勢の悪化，その常態化を座視してよいとは当然考えていない。何としてでも雇用創出の機会を作らなければ，社会の安定は保たれない。本章最後に豊中市による雇用創出に言及したのは，そこに大きく期待しているからである。現在筆者は期待しか寄せられない非力を自覚せざるをえないが，基礎自治体による雇用創出に関する考察は今後の重要な課題としたい。

埋橋［2007］で，埋橋はワークフェアに Making Work Pay 政策に代表される「事後的保障政策」と decent work に代表される「事前的労働規制」を補完すれば，ワークフェアは精度を増すように考えられているように思われる。しかし，その根底的条件になっている雇用機会をどう創出するか，この点も詰めておかなければならない論点であると考えられる。同書の福原の「就労のための福祉」にも同様に必要だと考えられる。

7) 本書第 2 章以下で，これら各基礎自治体の政策の営みが詳しく述べられるので，それら箇所を参照されたい。また本書あとがきに紹介している，これまで当研究グループが行ってきたこれら基礎自治体の実地調査の中間報告を参照されれば，幸甚である。

8) 日本の知的クラスター計画とその問題点については宮嵜［2007］を参照されたい。

【引用文献】

青木昌彦，安藤晴彦［2002］『モジュール化──新しい産業アーキテクチャの本質』，東洋経済新報社

泉田良輔［2013］『日本の電機産業──何が勝敗を分けるのか』，日本経済新聞出版社

埋橋孝文［2007］『ワークフェア──排除から包摂へ？』，法律文化社

小川紘一［2014］『オープン＆クローズ戦略──日本企業再興の条件』，翔泳社

経済産業省［2010］『通商白書 2010』

経済産業省［各年］『工業統計表』

経済産業省［各年］『経済センサス』

厚生労働省［2014a］『平成 25 年賃金構造基本統計調査』

厚生労働省［2014b］「国民生活基本調査 2014」

総務省［毎年］「労働力調査」

電子機械工業会・テレビ技術委員会［1967］『初等カラーテレビ教科書』，オーム社

西岡正次［2009］報告用資料「豊中市の地域就労支援事業，そしてパーソナル・サポートモデル事業──雇用・就労分野における基礎自治体の役割と課題」

日中経済協会［2014］一般財団法人日中経済協会『日中経済産業白書 2013/2014』

広井良典・山崎泰彦［2009］『社会保障』，ミネルヴァ書房

町田俊彦［2014］『雇用と生活の転換──日本社会の構造変化を踏まえて』，専修大学出版局

宮嵜晃臣［2007］「クラスター計画と浜松オプトロニクスクラスター」，専修大学社会科学研究所月報 No.535・534

湯之上隆［2013］『日本型ものづくりの敗北』，文春新書

第 2 章
雇用労働という困難
――社会政策史のなかの就労政策――

兵頭 淳史

よく働く者は，早くから仕事にでかけます。
働きたくない者は，ゆっくりとでかけます。
ここでは，働かない者をわるく言ったり
追いだすことはありません。
よく働く者が，ほかの者を助けます。
(長倉洋海『人間が好き――アマゾン先住民からの伝言』福音館書店，1999 年)

「働きたい」って頼むんだ。断られても，ねばるんだよ。
ここでは，仕事をもたない者は……動物にされてしまう。
(『千と千尋の神隠し』宮崎駿監督，スタジオジブリ製作，東宝配給，2001 年公開)

1. はじめに

　若者をとりまく労働・社会問題を象徴する言葉のひとつとして「ニート」(NEET = Not in Education, Employment or Training) という用語が定着し，他方で，年齢階層を問わない生活保護受給者の増加や保護費の増大が取りざたされるなかで，福祉受給者や若年無業者などを主たる対象として，労働市場への再参入を促す「就労支援」政策が注目されつつある。また，

1970-80年代以降,「福祉国家の危機」「福祉国家の衰退」が先進国共通の問題状況として論じられるようになるなかで,「福祉から就労へ」というベクトルを基調とした政策転換,すなわち「ワークフェア」の台頭が世界的な政策動向として関心を集めるようになって久しい。このように,「人々をいかに就労させるか」,という課題が中心的なアジェンダとなりつつあるのが,内外を通貫して展開する,社会政策の今日的展開を象徴する動きのひとつである。

ところで,一昔前の社会政策論の標準的な教科書は,社会政策の歴史的展開に関する記述で,その「原点」としての位置に,16-18世紀の欧米における「残虐立法」(Bloody Legislation) を置いていたものである。これはもう少し穏当な表現としては単に「労働者法令」(Statutes of Labourers) とも呼ばれるものであるが,要するに,賃労働に従事せず,浮浪者や乞食として生きようとする者を処罰する法令であり,摘発1,2回目は「鞭打ち」「耳そぎ」などの身体刑を課し,3回目に捕えられた者は容赦なく死刑とする,といったその処罰内容の苛酷さから,より一般的には「残虐立法」という呼び方で知られてきた法制度である。つまり,社会政策の近現代史は,福祉国家の全盛をはるかに遡るその源流において,「人々を就労させること」をやはり最重要課題に位置付けていたと言えるのであり,前述したような社会政策の今日的展開は,ある意味,私たちに強い既視感を与えるものとも言える。

このような言い方は,今日の就労支援政策を「残虐立法」と根底では同質のものとみなし,労働者にとって専ら抑圧的な政策であるとして非難しようとするものと解されるかもしれない。だがわれわれの意図は決してそのようなところにあるわけではない。日本に限らず現代の先進資本主義諸国において,「福祉から就労へ」という流れが台頭し,就労促進政策が社会政策のなかで決定的に重要な位置を占めつつあるという現象は,資本主義社会経済システムの歴史的な構造変動を背景にした,ある種の必然性をもった動きであり,そのこと自体を,単に心情的・倫理的観点から糾弾することに,さして意味はないからである。

しかしそれでも，社会政策史の原点において雇用労働への就労を促す（強制する）政策が中心的な位置を占めていたこと，それがかくまで苛烈な内容を伴っていたことは，資本主義社会における就労，ないし雇用労働そのものの本質を逆照射し，今日的な就労政策を評価するにあたっても考慮すべき論点を提示するものと思われるのである。

本章では，資本主義的近代における雇用労働と，人々に「就労」を迫り，ないしは促す政策の歴史的展開をふりかえることを通じて，「ワークフェア」あるいは「アクティベーション」といった術語で表現される，現代的就労政策の本質の一端を明らかにし，その上で，われわれがそれに対していかに向き合うべきかを考察する。

2. 異様な人々，狂気の政策——近代資本主義の成立と労働政策

(1) 残虐立法の出現とその背景

世界システムの歴史でいわゆる「長い16世紀」を中心とする資本の本源的蓄積のプロセスは，伝統的共同体から切り離された「自由」な個人を，人類史上空前の規模で出現させることになった。こうして共同社会を追われ資本主義社会に投げ込まれた人々に対する最初の「労働政策」がどのようなものであったのかについては，『資本論』第1巻におけるマルクスの活写によって周知のものとされてきた。

> 15世紀末から全16世紀にわたり，西ヨーロッパ全体に，浮浪に対する流血の立法が見られることになった。……老齢で労働能力のない乞食には乞食鑑札が与えられる。これに反して，強健な浮浪人には鞭打ちと拘禁とが与えられる。彼らは荷車のうしろにつながれて，身体から血の出るまで鞭打たれ，その後に，自分の出生地または最近3年間の居住地に帰って「労働につく」ことを誓約せねばならない。……再度浮浪罪で逮捕されれば，鞭打ちが繰り返されて，耳が半分切り取られるが，累

犯3回目には，その当人は重罪犯人であり公共の敵であるとして，死刑に処せられることになる。……かくして，暴力的に土地を収奪され，放逐され，浮浪人にされた農村民は，奇怪兇暴な法律に鞭打たれ，烙印され，拷問されて，賃金労働の制度に必要な訓練を施されたのである。
(K. マルクス『資本論』第1巻（向坂逸郎訳）岩波書店，1967年，919-922頁)

　もちろん，マルクスの描き出した，このような法制度が猛威を振るう状況は，未だ絶対王政下にあったヨーロッパにおけるものであったという点に留意は必要であろう。しかし，そのような絶対王政の軛を逃れ自由を求めた人々にとっての「新世界」，北米大陸においても，事情は似たりよったりであった。

　人々はアメリカに到着した途端に，自分たちが怠惰を罰する厳しい法律に縛られていることに気づいた。1633年，マサチューセッツ議会は，男たちをより長時間の労働に従事させるべく，安価な賃金を設定しようとして失敗し，代わりに率直に刑罰による脅しをかけ「すべての労働者は全日労働すること」という法令を定めた。17世紀末と18世紀の初めには，プリマス植民地，コネチカット，ロードアイランドの各地において，職務の怠慢に鞭打ちの刑と罰金が科せられた。1750年のコネチカットでは，「無宿人・浮浪者・公序良俗に反する物乞い人。その他猥褻・怠慢・堕落・冒涜・治安紊乱者を対象とする防止・矯正・抑圧・懲罰に関する条例」が施行された。
(T. ルッツ『働かない』（小澤英実・篠儀直子訳）青土社，2006年，127頁)

　そして，北米大陸におけるこのような法令が，奴隷化された先住民族やアフリカから連行された黒人奴隷を縛りつける桎梏としてではなく，ヨーロッパから移民してきた「自由な」白人を律する法規範として制定されたものだったという点も，あらためて強調されてよいと思われる。
　ではこのような政策が，資本主義への移行期を迎えた地域におしなべて登

場する背景には，どのような事情が存在したのであろうか。それについては，大筋で次のような理路をもって説明することが可能であろう。

　資本主義システムの形成期に至る前，一般には「前近代」と総称される数万年にわたる期間，人間にとっては氏族や村落共同体など，人格的な交流・依存関係を前提とする中規模のコミュニティである伝統的共同体こそが生産と生活の基盤であり，基本的には人間生活のほぼ全てを包括するシステムであった。そのように集団を形成し多数の個体が凝集して生きることをその類的な本質とする人間にとって，「近代化」による伝統的共同体の解体という事態は，かつて経験したことのない根本的な危機状況であった。例えば，自然への働きかけを，利用可能な消費物資へと変換し，それを各個体に分配して労働力を再生産するという，種および個体としての人間の生存にとって不可欠となる基本的な営みさえ，伝統的共同体の解体・喪失を経た人間にとっては，極めて困難な課題としてつきつけられることになった。人々はその生存を賭けて，生産と分配のシステムを通じた社会的凝集性の実現，すなわち社会統合を実現する新たな仕組みを作り出すことに迫られていたのである。

　そして，そうした状況のなかで，もともと共同体と共同体の間での交換という，それまでの人類の経済活動においては副次的な部分での役割しか果たしてこなかった「市場」が，そのような課題の実現を仮託されるものとして浮上してくることになる。すなわち，それまでの伝統的共同体のように，人格的な相互交流・相互依存の関係にある人間同士の協力や権威的関係によってではなく，互いに一切の人格的依存関係を排した対等な主体同士が，商品交換という限定的なコミュニケーションのネットワークを形成することにより，生産と消費のプロセスそれ自体にとどまらず，社会的な凝集性をも実現・維持できるという信憑が形成されてゆくのである。それが後に言語化され体系化されたものが，「自由主義思想」や「経済学」と呼ばれるものに他ならない。

　だが，近代というシステムが確立した後に，そのある面を抽象して得られたそのような構図が，いかに理論体系としてのエレガントさを示すものであ

ろうとも，現実における近代化の過程においては，人々が市場におけるプレーヤーとして社会的な役割を担うに至るプロセスは，「自然」な形では決して実現しない。とりわけ，それまで「土地に縛られた社会」において，共同体による生産活動の一端を担う形で働いてきた大多数の人々にとって，ことはきわめて切実であった。

　彼／彼女らにとってみれば，生産活動—「働く」ということ—は，土地や共同体に結びついた営みそのものであり，市場や契約といった考え方が支配する関係の下で働くということ—雇用労働または賃労働—自体，まさに想像を絶するものであった。それゆえ，伝統的共同体という基盤を喪失した彼／彼女らが，浮浪者となり，物乞いをし，盗賊となる以外に生きる道を見出せなかったとしてもあやしむには足りない。資本主義や市場経済システムの成立を（無自覚のうちにも）推進する側が，人々を労働「市場」に包摂してゆくためには，共同体から切り離された人々を文字通りそこに「追い込み」「駆り立てる」ことが必要だったのである。

(2)　雇用労働の二重性

　さて，その後時代が推移し，おおよそ19世紀を迎えた西欧世界においては，生活基盤としての伝統的共同体を喪失し新たなシステムのなかで生きることを余儀なくされるようになった人々の間にも，労働市場における交換の主体として生きるほかに道はない，という認識が（必ずしもそのように言語化されるわけではないにせよ）概ね浸透し，資本主義国家の労働政策は，残虐立法によって人々を雇用労働へと駆り立てることを主軸とする段階から，規制のない「自由な」労働市場という原理を前面に出すステージへと，少なくとも表層的には移行することになる。すなわち，伝統的社会において身分的拘束と表裏のものとして存在した「働く」ことをめぐる様々な規制や保護を喪失した人々は，「残虐立法」的な労働政策の段階を経て，労働市場におけるプレーヤーたる自己認識を内面化した近代的労働者＝雇用労働者（賃労働者）としての主体形成をいちおう完了する。そしてそのような近代的雇用労働者

によって構成される労働市場の成立によって，価格メカニズムを軸として自己運動する，自律的なシステムによる社会統合が実現するといった状況が，支配的イデオロギーによって期待される歴史的段階，いわゆる古典的自由主義段階へと入ったのである。

　ところが，現実の歴史が示すように，この古典的自由主義段階において労働者をめぐる状況として前景化するのは，まずは深刻な貧困問題であり，それと結びついた精神的・道徳的荒廃状況などをも背景とする社会的緊張であり，階級闘争の激化であった。そしてこれら深刻な諸問題が発生する原因の根本は，雇用労働というあり方の本質部分にはらまれてもいたのである。

　すなわち，近代的な雇用とは，市場における相互に独立した，自由で対等な主体同士の契約によって成立する双務的関係である。あるいは，少なくともそのような擬制を前提とした関係である。ところがそうした「契約」によって成立した労働力「取引」の現場を支配する原理は，最初期の雇用関係法が「主従法」(Master and Servant Act) という名をもっていたことが象徴するように，前近代の身分制社会における主従関係にも通底するかのような，基本的には一方的な「指揮・命令」関係である[1]。こうした，雇用労働のはらんだ二重性の矛盾が，一方では使用者に「解雇の自由」を享受させつつ，他方では，地域的なレベルでの労働力再生産が危機に陥るところさえ現れるほどの，労働者の生命の摩耗をもたらす過度労働に駆り立てるような「原生的労働関係」として顕現するのである。

　してみれば，資本主義システムの形成期・移行期において，「残虐立法」的な労働政策が必要とされたのは，決してシステム自体が未成熟な初期段階であるがゆえの偶発的な事象，逸脱現象と見ることはできない。近代資本主義社会における「労働」の基本的な態様である「雇用労働」は，このように本質的には深刻な矛盾を内包したものであって，そのような矛盾に引き裂かれながら，同時に市場経済システムを駆動する主体としての役割を果たさねばならない「雇用労働者」とは，本質的に「異様」な存在なのである。かかる「異様」な主体を創出する政策が，ある種の「狂気」を帯びたように見え

るものであったことは決して不思議ではないと言えよう。

(3) 日本における労働力の創出

ところで，わが国における資本主義の形成と発展のプロセスは，こうした欧米の状況とは若干異なる歴史像を提示しているようにもみえる。日本では，「鞭打ち」や「耳そぎ」といったおぞましい身体刑まで動員する近代的労働力の創出政策は，少なくとも表面的には見られないからである。

だがそれは，後発資本主義国である日本は，世界的にはたとえ外形的にではあれ人間の「自由」「尊厳」を認める時代になってから近代化のプロセスに突入したこともあって，労働力をめぐる対応についてもあからさまな残虐性を帯びた政策はとりえなかったにすぎず，日本資本主義の初期段階が暴力的な労働力陶冶政策と無縁だったというわけではない。とりわけ揺籃期の近代鉱業において囚人による強制労働が果たした役割はよく知られているし，製糸や紡績など，産業革命を牽引した主力産業においては，虚偽の労働条件提示や誘拐までをも通じた労働力調達が行われてもおり，そうして職場に送り込まれた労働者が，危険で不衛生な環境下で次々と傷病に斃れるといった状況も，時の当局者によってほぼ放置された状態にあった（小松［1989］208頁）。

明治国家は，労働力の創出・調達を国家権力の強制によって進める立法を直接的・体系的に導入するかわりに，資本がそれを容易になしうるような条件整備を担っていたのであり，本質的には欧米の労働者法令と同質の政策が採用されていたと見るべきであろう（同前）。

3.「全員就労」と「完全雇用」
——福祉国家の興亡と転変する雇用労働

(1) 福祉国家の形成と政策目標の転換

このように，深い矛盾を内包した「雇用労働」とその担い手は，「残虐立法」

に象徴される，資本の本源的蓄積に照応する労働政策・就労政策を通じて，なんとか創出された。しかし前述したように，こうした近代的な労働主体の創出後は，資本主義的労働市場があらゆる規制なしに安定的自律的に駆動されてゆき，それによって社会統合が実現するという，支配的イデオロギーが提示した見通しにも関わらず，雇用労働の矛盾は，さまざまな社会問題と社会的緊張という形をとって噴出することになる。すなわち，産業革命が進展する19世紀の大都市においては，犯罪，暴力，アルコール依存，売春，子供の非行の横行等，労働者のモラルの低下や生活の荒廃が進み，他方では貧困地区に集う不熟練労働者への社会主義思想の浸透と，その組織化・急進化が進展するのである（安川［1982］，水町［2001］170頁）。そして19世紀後半から20世紀にかけていっそう亢進するこのような情勢の展開が，社会統合の実現と維持という目的を市場システム自体が果たしうるという展望への懐疑を醸成し，それへのオルタナティブとして，伝統的共同体に代わる共同体としての，近代国民国家の役割の拡大・強化をもたらすことになる。

　われわれはここまでの考察において，近代化の過程すなわち資本主義システム形成の過程を，伝統的共同体の解体過程として論じてきたわけであるが，近代社会においても共同体が消滅してしまうわけではない。近代社会においても，生産と分配そのものを司る経済過程こそ自律的運動を行う市場システムによって自己展開してゆくものとされるが，その外枠は近代国民国家という共同体によって擁護され，その内部には労働力の再生産を実現する近代家族を共同体として包摂せざるをえないのである（降旗［2006］257-258頁）。しかしながら逆に言えば，古典的自由主義段階が成熟期を迎える頃までの支配的なビジョンにおいては，市場システムが，そのように国家と家族という共同体に条件付けられ支えられつつも，生産と分配という社会の存立にとって不可欠な基盤をなす部分については自律的に作動させてゆくことを期待されていたわけであり，言い換えれば市場というシステムが社会統合上の課題をも引き受けると想定されていたわけである（武川［1999］78頁）。

　それが，先に見たように，資本主義の発展とともに噴出する諸問題によっ

て，市場という経済システムが社会統合という役割までをも引き受けることができるという命題への懐疑が拡大してくるなかで，再編されつつ今なお存在する共同体のひとつである「国家」の役割が再浮上してくることになる。このように，伝統的共同体（人々の暮らしを直接に包摂する人格的相互依存に基づく中規模の共同体）の解体と，市場による社会統合の不可能性という認識を前提として，社会統合の役割を果たそうとする国家の機能こそが，われわれが「福祉国家」(welfare state) と呼びならわしてきたものに他ならない。

その福祉国家形成のプロセスが開始されるひとつの重要な契機となったのが，19世紀末から20世紀初めにかけての「貧困の発見」であることはよく知られている。社会政策史上最大級のインパクトをもたらした業績のひとつとして長らく記憶されてきた，世紀転換期イギリスにおけるC.ブースとB.S.ラウントリーによる大規模貧困調査は，貧困を個人責任において捉えるのではなく社会現象として捉えるべきものであることを明らかにしたという歴史的意義によって，その名を不朽のものとしている。だが同時に，この調査の最も重要な成果のひとつは，貧困という現象の最大の要因は「不安定雇用」にこそあるという点を解明したことにあった（唐鎌［2011］54頁）。

これを契機として，当時の雇用労働者のなかに多数存在した，不規則・不安定な雇用に従事し，その収入だけでは生活が困難な水準の低賃金しか得られない人々は，「非正規労働者」と定義されるようになり，失業給付などの社会保障制度を通じて，こうした人々の労働市場からの一時退出を権利として保障することと併せ，このような雇用のあり方そのものを転換してゆくという政策が追求されるようになってゆく。こうした政策目標は，言い換えれば，「非正規労働者」という存在をなくして，「常勤の正規労働者」と「求職活動中の完全失業者」の2タイプしかいない労働社会の創造を目指すということでもあり，さらに言うなら「失業」という状態に積極的な意義を見出すということでもあった。そして，かかる社会構想こそが，その後西欧福祉国家を支える柱のひとつとなってゆくのである（同前）。

こうして,「貧困の発見」に象徴される社会認識の進化を背景に,労働者組織と社会主義勢力のさらなる発展,その政治的影響力の決定的な増大をより直接的な契機として,20世紀中葉までに,資本主義システムの中核諸国においては福祉国家体制が確立してゆくことになる。そしてこの段階に至って,「生産手段をもたない全ての人間を,どのような形であろうとも雇用関係の下で就労させる」ことを基軸に据えていた社会政策思想は,ようやく根本的な転換をとげることになったのである。それはすなわち次のような意味においてである。

これまでにも繰り返し述べてきたように,社会統合を実現する役割を,労働市場を核とする「市場」システムに担わせることが追求される限り,生産手段を保有しない全ての人々を,労働市場での労働力販売へと駆り立てることが要請される。このような政策目標を仮に「全員就労」(universal workforce participatian) と呼ぶことにしよう。「全員就労」は,最初は就労を拒否する者への残虐な身体刑・生命刑という「鞭」を手段とした労働市場への「追い込み」によって,次には経済的インセンティブを通じて追求されるが,その「就労」が個々人の生存や幸福を保障するか否かは度外視される。前述したような非正規労働の一般化という事態は,まさにそのことの現れである。

だが福祉国家体制においては,社会統合ないし社会的凝集性の実現は,市場ならぬ共同体である「国家」の役割と認識される。そしてここでは,自らは望まない水準の労働条件での就労を拒絶する人々の存在を「自発的失業」という名の下で一定程度許容しながら,現行の労働条件下での就労を望む人々には,国家が総需要管理を通じてそれを保障する「完全雇用」(full employment) が目標とされる。すなわち,「全員就労」と「完全雇用」は,ともに最大多数の人々が労働市場に参入することを目標とするという点で似ているようでありながら,実は全く異質な政策目標なのである。

念のため急いで付言しておけば,福祉国家の成立という事態が,資本主義というシステムの転換や廃棄を意味するものではない以上,雇用労働という

あり方に内包される矛盾そのものを根源的なレベルで解消するわけではない。とはいえ，福祉国家の成立による，「全員就労」から「完全雇用」へという政策目標の転換は，労働者の多数を「生存のためにはいかなる低条件・不安定雇用であっても甘受せざるをえない」という状況から解放することによって，「雇用労働の二重性」のもつ矛盾が，労働者に犠牲を強いる形で発現する契機を相当程度抑制しようとするものであったことは間違いない。

(2) 福祉国家の危機とワークフェアの時代

そして第二次世界大戦後には，アメリカ合州国の覇権安定体制の下で，基軸通貨ドルの安定と石油価格の低位安定を国際環境として，各国で大量生産・大量消費のサイクルが成立し，その経済的基盤の上に，中核諸国の労資間にいわゆる「戦後和解体制」が成立したことなどが，福祉国家の安定的発展をもたらしたといった歴史的プロセスについては，本書で取り扱う範疇を超えたテーマであり，詳述するまでもないであろう。ここで問題として取り上げねばならないのは，1970年代半ば以降，国民経済の好循環とそれを支えた外的な環境が危機に陥ったことを契機として，中核諸国が「福祉国家の危機」「福祉国家の衰退」の時代に入り，人々を「就労させること」を基軸とする労働政策が再び前面にせり出してくることである。すなわち「福祉から就労へ」という政策的転回，ワークフェアの登場とその支配的潮流化である。

こうした情勢の展開については，具体的な経済状況との関わりにおいて，これまで概ね次のように説明されてきた。戦後高成長が頓挫したことを引き金として，欧米各国を中心に悪化する雇用情勢は，失業給付や公的扶助などの社会保障予算への制約を強めることになる。つまり，成長率の鈍化が歳入面からの圧力を生み，また失業給付や公的扶助の受給者が増加することが歳出面からの予算制約を強化する。こうした状況が，「福祉から労働へ」(welfare to work) と問題を投げ返すことを要求する。これが「ワークフェア」(workfare) と呼ばれる一群の公共政策の本質とされるのである (埋橋 [2007] 15頁)。

こうした整理は，1970年代以降におけるワークフェア政策出現の背景とその性格についての的確な見取り図をわれわれに与えてくれるものではある。だがここではさらに視野を広げて，これまで考察してきたような資本主義の長期にわたる歴史的展開のなかにワークフェアを位置づけるなら，われわれはそれにどのような意義を見出せるのか，という問題を設定して，より踏み込んだ考察を加えてみよう。

既に見たように，福祉国家の成立とは，社会統合または社会的凝集性の実現という役割を市場システムが担うことの限界，という認識を前提として，かつての伝統的共同体に代わる共同体としての国家がその役割を担うようになった状態のことである。そして，「福祉国家の衰退」は，新自由主義の台頭とコインの表裏をなす現象であったことには多言を要しないであろう。新自由主義とは，労資間の「戦後和解体制」の終焉と，それに伴って現出した労資対立の局面における労働側の敗北という政治力学の変化によって引き起こされた，社会上層による階級権力の再確立をめざす動向と定義しうるが[2]，そうした構造変動がもたらされるにあたっては，強固な私的所有権や自由市場・自由貿易の擁護，さらにはそれを俗流化した「小さな政府」論や「規制緩和」論を核とする理論潮流が，正統化の言説として常に機能することも言をまたない。

つまりは，「福祉国家の危機」「福祉国家の衰退」とは，社会統合の役割を市場システムが代位するという構想が再び前面に出てくる状況に他ならない。したがって，新自由主義段階に入った中核諸国においては，政策目標としての「完全雇用」が事実上放棄されてゆく一方で，再び「全員就労」が社会経済政策の目標として台頭してくるのである。またそこでは，福祉国家体制の下で社会的に共有されてきた，労働社会が「正規労働者」と「完全失業者」とにシンプルに二分された状態をノーマルなものと見なす社会的合意が放棄され，再びさまざまな形での非正規労働に存在の余地が与えられるようになる[3]。

要するに，ワークフェアの台頭とは，資本主義への移行期から古典的自由

主義期における社会政策の骨格をなしていた政策思想が復活しつつあることを示す現象に他ならず，そういう意味でも，まさに新自由主義の一環と呼ぶにふさわしいものである。したがって，やはり各国に共通する現象である，非正規労働者の増大などを通じた労働条件・雇用の全般的不安定化とも，基本的には同根の現象と言わねばならない。

(3) 「ワークフェア」か？「アクティベーション」か？

　だがこのような捉え方は，見方によっては陳腐な，あるいはあまりに教条的な認識であるとの批判を招くものかもしれない。とりわけ2000年代以降，従来的な福祉国家政策に比べてより「就労」を重視した政策一般については，「ワークフェア」よりは「アクティベーション」（activation＝活性化）という概念で捉えるべきであるとする議論も広がっている。なかでも北欧諸国の経験は，「柔軟な労働市場」政策を軸として，「ワーク・ファースト」と呼ばれるほどに，生産年齢にあるほぼ全ての国民が就労することを原則とする政策を掲げながら，高度な福祉国家体制と低失業率をともに実現している事例として注目されている（宮本［2009］）。こうしたことから，70年代までの福祉国家体制が変容し，より就労促進的な政策が主流化してきたこと自体を，新自由主義化と一体のものとして否定的なニュアンスで語ることを，もはや時代遅れとみなす立場もありえよう。

　しかしながら，実は北欧の状況もまた，新自由主義の世界的な席捲と決して無縁のものではない。ノルウェー出身の国際労働運動活動家であるA. ヴォールによれば，北欧諸国においても1990年代以降，貧困率と経済的格差の拡大や，社会保障制度の選別主義化といった状況の進展は確実にみられつつあり，なにより，労働市場の変化によって，労働条件の悪化と雇用の非正規化・不安定化が深刻な問題となりつつあることも，程度の差はあれ，他の先進各国と同様に生じている現象である（ヴォール［2013］153-202頁）。例えば，近年における北欧諸国の労働市場には次のような状況が急速に拡大しつつあるという。「ホテル・レストラン業，清掃業，建設業，商業などでは，

基準以下の状態が長期間存在している。労働契約を交わさない，使用者のときどきの都合によって仕事を割り当てられる，いわゆるオンコールワーカーの存在や，団体協約に定められたレベルをはるかに下回る労賃や，既存の法に違反する労働時間などは，よく知られた現象であり，そこでは，とくに若者や女性が犠牲者となっている」（同前229頁）。まるで日本の労働情勢に関する報告と見まごうばかりの記述ではある[4]。

このように見たとき，「福祉国家の危機」が叫ばれ出して以降の資本主義システム中核諸国における就労重視の社会政策の動向を，「アクティベーション」という価値中立的な概念で包括し，「ワークフェア」をその一部をなす下位概念とする規定の仕方には違和感を覚えざるをえない。むしろここまで論じてきたように，近現代史を貫いて見る視点をもってそのような今日的動向をとらえようとする限り，やはり福祉国家（welfare state）からワークフェア国家（workfare state）へという世界史的構造変動をその本質と捉える，今やどちらかと言えばやや古典的とみられがちな認識枠組の方が，より有効性をもつと思われるのである。

もちろん，アクティベーション概念が意味をもたないというわけではない。中核諸国がこぞってワークフェア段階に移行したとはいえ，そこには福祉受給者や労働市場からの退出者に対して，福祉給付の削減などの政策をもってより懲罰的に臨むのか，それともその社会への再包摂や，能力開発などの支援といった政策をより重視するのか，といった政策的バリエーションは存在するわけであり，その後者をとくに「アクティベーション」と規定して，「ハードなワークフェア」政策と呼びうる前者と区別することの有用性は認められよう[5]。

かといって，アクティベーション概念をそのように定義したとしても，単純に「ハードなワークフェア」に代えてアクティベーション政策を追求することを主張し，両者に通底するワークフェアとしての本質を捉え損なうなら，そのような政策志向がいかに良心的に社会的格差の解消や「脱商品化」を目指すものであったにせよ，あまり展望のあるものとはならないと思われる。

また，単に「福祉国家」の復活を目標として掲げるような言説も同様であろう。次節ではその理由も含めて，ここまでの議論をふまえた，ワークフェア克服のためにとるべき視点をめぐって考察を加えてみよう。

4.「市場対国家」図式を超えて──ワークフェア克服への視座

(1) 日本におけるワークフェアへの道

ここまでは，世界各国の歴史から抽象した，資本主義システム中核部分の歴史的展開をおおづかみで論述してきたわけだが，ここであらためて，日本に住むわれわれを取り巻く個別的状況の歴史的位置についても確認しておこう。

日本が，近代化以降急速なスピードで中核国への移行を実現したとは言え，福祉国家形成という点では西欧諸国に大きく後れをとったことは公知の事実であろう。そのことは，本章の主題にとりわけ深くかかわる失業給付制度の成立時期などを見ても歴然としている。西欧各国においては1920年代には社会保険方式による失業給付制度が整備されていったが，日本でも同じ時期に失業保険構想が登場するものの，結局のところ戦前を通じて制度化されるには至らず，同制度が日の目をみるのは第二次大戦敗戦後の連合国による占領改革を待たねばならなかった。また，公的扶助制度についてみれば，1932年に「救護法」が施行されるものの，労働能力ある者を無条件で除外するなど，その対象は著しく限定的であり，本格的な公的扶助制度は，やはり戦後占領改革による生活保護法制定に至るまで実現しなかった（土穴 [1990]，加瀬 [2011]）。

しかし戦後には，占領改革期に形成された制度的基礎の上に，1950年代以降における労働運動の発展や高度経済成長を重要な背景として，年金や保健医療のみならず失業給付や公的扶助なども含めた社会保障制度総体の整備が進められてゆく。もちろん日本におけるそれらの諸制度は，高度成長の最終到達局面にあってさえ，主要西欧諸国と比較した場合その給付水準の低さ

は覆えないものではあった。とはいえ，比較的短い期間ではあれ，社会保障分野においても大筋で欧米先進各国へのキャッチアップをめざす政策的方向性が採用されたことの重要性は否定しえない。そしてこうした政策動向は，とりわけ1960年以降における総需要拡大をめざす経済政策とあいまって，社会経済政策の基本目標としての「完全雇用」を基礎とする福祉国家形成が国民的コンセンサスとなったことを象徴するものであった[6]。すなわち，戦前期日本における労働運動の弱さなどをも反映して西欧諸国との間には相当のタイムラグを伴ったものの，先進資本主義国一般と基本的なフレームワークを共有する福祉国家体制は，日本においても一応の成立をみていたのである[7]。

だがこうした情勢は1970年代半ばには大きく転換し，日本は他の先進国に先駆けて新自由主義段階に突入することになる[8]。そのことが，ワークフェアという側面においては，1980年代初頭にはじまる生活保護の「適正化」政策，さらには90年代以降の「自立支援」政策などの形をとって全面展開してゆくことは，既に知られたとおりである[9]。

(2) 労資関係の再転換と共同性の再構築へ

このように，日本におけるワークフェアもまた，世界史的な構造変動と連動しながら登場してきたのであり，決して特殊日本的な現象としてのみ捉えるべきものではないことを確認してきたわけだが，ここからわれわれはどのような教訓を得るべきなのだろうか。またはこのことをふまえて，ワークフェアという言葉で象徴される今日的な就労志向の社会政策をいかに評価し，あるいはそれに対していかにオルタナティブな政策路線を展望しうるのであろうか[10]。

このような問題を設定したときの論点は多岐にわたり，筆者の能力の限界による制約からも，残りの紙幅で十全な考察をくわえることは不可能である。ここでは，これまでに加えてきた歴史的な考察を振り返ったとき導き出されるいくつかの命題についてあらためて確認した上で，それをふまえて，今後

の政策的方向性を議論する上で重要となると思われるいくつかのポイントについてのみ問題提起しておこう。

　まず，近年，社会政策のなかで「就労」や「自立」が重視される動向が台頭してきたことが，広い意味でのワークフェアの一環であることは否定しがたい。またワークフェアが新自由主義の重要な一部，あるいはそれと一体のものとして形成されてきたという点も，これまで論じてきた通りである。そして，新自由主義／ワークフェアが「社会統合の役割を市場システムに代位させる」ことを，またそれを達成するために，全ての人を，労働条件や安定性を度外視しつつ労働市場に送り込む「全員就労」の実現を目指すものであり，それは，古典的自由主義段階をくぐりぬけたわれわれの歴史によって，破産が不可避であることがすでに証明された「絶望のプロジェクト」に他ならない以上，その根本的な転換を図ることは，いずれわれわれの前につきつけられる課題である。

　そして，新自由主義の席捲という情勢が「福祉国家の衰退」という事態の裏面であるからには，新自由主義へのオルタナティブとしては「福祉国家の再建」ないしは「新たな福祉国家の建設」を，というスローガンが導き出されるのは，自然な論理的帰結のようにも見える。しかしながら，単純に，目下現実に存在するものとは異なる「好ましい制度」を構想してそれを「啓蒙」することを手段と考える限り，その現実化を展望することは困難であると言わねばならない（兵頭［2014b］）。

　福祉国家の危機ないし衰退と新自由主義の台頭とは，先に見たように，国内外の経済的な環境変動を与件としつつも，それへの対応をめぐって生じた政治力学の変化に他ならない。そうである以上は，そうした変化の中身と原因の分析に立って，そのような政治力学の再転換への見通しあるいは戦略が論じられる必要があろう。そしてその変化の内実とは，戦後和解体制の下での労使関係システムが機能不全に陥ったことを契機とする階級間のパワーバランスの変化であり，その背景にある要因の一つとして注目されるのは，福祉国家体制の下で「管理社会化」「官僚機構の肥大化」批判の言説に象徴さ

れるような,「国家」がわれわれの必要とする共同性を全面的に担うことへの懐疑や異論が, 必ずしも市場志向ではない立場からもつきつけられるようになってきていたことである[11]。

したがって, 新自由主義／ワークフェアの席捲する情勢に対するオルタナティブを展望するための鍵となるのは, ひとつには階級間の力関係の再転換, 換言すれば労働運動の再活性化であり, さらにもうひとつは,「市場」はもちろん,「国家」そのものとも異なる形で, 社会的凝集性を実現する共同性を再構築する可能性を示すことであろう。この2つは, 目標として新たな福祉国家の建設ということを措定したとしても, それを支える社会的基礎として欠くべからざる要素となると思われるからである。とはいえ, 今さら村落共同体や血族的な関係をベースにした伝統的共同体を再建しうる可能性は皆無であり, またそのようなことが好ましいわけでもない。われわれは今現にある「手持ち資産」を使いながら, 基本的人権原理のような近代的原理の良き部分をベースにした新たな共同性をいかに構築するか, ということを問われているのである[12]。

(3) 鍵としての「地域」と「職場」

そう考えたとき,「新たな共同性」を構築する基盤としてまず浮上するのは「地域」と「職場」であろう。もちろん「地域や職場を基盤とした共同性の再構築」といったところで, 言うはやすく, 現実にはさまざまな困難が想定されることは疑いない。だが, 現に今行われているさまざまな主体によるさまざまな取り組みのなかにも, そうした動きの芽は確かに存在すると思われるのである。例えば, 本書に結実した共同研究における主要な調査対象となった, 地方自治体による「自立支援」政策である。

ここまで本章では,「自立支援」「就労支援」といった名称で行われている施策について, 基本的にはワークフェアの一環と規定する論述を展開してきた。今ここにきて, そうした論旨をいきなり撤回しようというわけではない。にもかかわらず「自立支援」政策にこのような一定の積極的な意義づけを行

おうとしているのは，ある支配的な政策潮流のなかから出てきた個別政策が，具体的な現実に適用され修正されるなかで，その支配的な政策潮流には包摂されえない要素を抱え込み，そこから逸脱した結果を生み出してゆくことは，一般的にもしばしば生起するし，それは目下の論件となっている政策領域においても例外ではないからである。例えば，北海道釧路市における生活保護受給者を対象とする自立支援事業はそのようなケースとして注目することができる[13]。

　この釧路における自立支援プログラムにおける特徴的かつ先駆的な施策として，これまでの研究でも注目されてきたのは，雇用労働での賃金稼得による「経済的自立」を目標としない「中間的就労」というカテゴリーを提起してきたことである。この「中間的就労」は，「半就労・半福祉」的な働き方に積極的な位置づけを与えることによって，いったん労働市場から退出し社会とのつながりをも喪失した主体が，労働市場に必ずしも再び全面的に組み込まれることがなくとも，地域社会に再包摂されることを可能とするコンセプトであり，新自由主義的な「全員就労」路線からは逸脱した方向性を示すものと評価されうるのである。

　ただこれをただちに，「市場」に対置すべき，地域を基盤とした共同性再構築の萌芽，とまで表現するのは，少なくとも現時点では過大評価であるとの誹りを免れないであろう。というのも，この「中間的就労」をめぐっては，釧路以外のさまざまな自治体や，さらには国によってもそのコンセプトが取り入れられるにしたがって，単に労働基準を合法的に下回って雇用できる道具となったり，一般の労働者にとっても労働条件引き上げの死錘として機能することへの批判や警戒感も高まりつつあるからである。そしてこうした批判や警戒には十分な根拠も存在する。それは，新自由主義的イニシアティブの下，「全員就労」が労働政策の基本として既定路線化するなかで，先にも述べたように，さまざまな形態による非正規労働者が労働市場に存在することが常態化する，いわゆる「雇用の多様化」が進行していることである。こうした状況の下で「中間的就労」が，本来的な趣旨をはずれて一人歩きする

ことが,「雇用の多様化」に拍車をかけ,労働条件や雇用の不安定化の促進に一役買うのではないか,という警戒が生じることは十分に理解しうる。

したがって,必ずしもワークフェア原理には包摂されない可能性をもったはずの「自立支援」の試みが,最終的にはワークフェアの枠組に再び回収されてしまうことを回避するためにも,「雇用の多様化」に対する,言い換えれば雇用の非正規化に対する歯止めをかけ,さらには押し戻してゆくという動きが並行して存在することは不可欠なのである。そのために最も重要な役割を果たさなければならないのが労働運動であることは言うまでもない。

その労働運動組織の力が先進国でおしなべて弱体化し,福祉国家全盛の時代とは労資の力関係が大きく変わったことが,新自由主義の制覇という歴史的現象の本質であることも既にみた通りである。こうした状況を再び転換し,労働運動の再活性化を図る上で最も重要な鍵となるのは職場における運動と組織の強化である。

日本においては職場を基礎とする労働組合組織を「企業別労組」「企業内労組」とただちに同一視する俗論が根強く存在し[14]、労働運動の強化を,「産業別」「職業別」組織の建設や「産業別」「職業別」労使関係システムの構築とイコールで結びつけるようなナイーブな認識もいまだ根強いことから,このことが理解されにくい状況にある。しかしながら,実は欧米において福祉国家の衰退をもたらした労資のパワーバランスの変化は,その集権的な産業別労使関係システムを通じた労働運動の影響力行使が限界につきあたったことの反映でもある。そしてその背景にある企業の多国籍化・グローバル化に対抗する必要が認識されつつあることなどから,日本での通念とは逆に,昨今,世界的には職場を基礎とする運動の強化こそが追求されているのである(岩佐［2015］,兵頭［2014a］)。そして何より,職場を基盤とする労働組合の組織強化とは,職場における共同性の構築とも結びついた課題であるという点でも,決定的な重要性をもっていると言わねばならない。

また,日本におけるコミュニティ・ユニオン,アメリカにおけるワーカーセンターなどの台頭に見られるように,地域社会における労働運動組織の役

割もまた重要性を増しつつあることにも注目されよう（遠藤編［2012］）。いずれにせよ，地方自治体による「自立支援」プログラムの一部にみられるような，ワークフェアの流れのなかから登場しつつも，必ずしもその枠にとどまらず，地域的な共同性の再構築へと向かう可能性を秘めた動きが，そうした可能性を現実のものとする方向へ進みうるか否かを占う上では，新自由主義下における労働条件悪化や雇用の不安定化に対抗する動きが，とりわけ労働運動がどこまでそのエネルギーを取り戻すかが重要な位置を占めていることは間違いないと思われるのである。

5. むすびにかえて

　本章の冒頭に掲げた2篇の言葉のうち，前者は，アマゾンの熱帯雨林地帯で，開発の波が迫り解体の危機にさらされながらも，なお昔ながらの共同体を保って暮らし続ける先住民族の姿をテーマとしたフォト・エッセイの一節であり，先住民自身の語りとして紹介されている言葉の一つである。そして後者は，言わずと知れた傑作アニメーション映画のなかで語られる台詞である。不思議な世界に迷い込んだ主人公の少女「千尋」は，その世界の住人「ハク」から，そこで生き延びるための助言としてこのように諭される。そしてこの言葉に従い，湯屋の主「湯婆婆」に頼み込んで「雇用契約」を結んだ彼女は，名前と自由を奪われ，奴隷に等しい状態で働かされることになるのである。

　この2つは，言うまでもなく，伝統的共同体と近代社会における，「働く」ことをめぐる規範的言説を象徴する言葉として引用したものである。もちろん，後者は所詮ファンタジーの世界での言葉であり，前者は，近代システムによる開発の波に飲み込まれつつ，なおそれに抗い，かろうじて存続してきた先住民の共同体からのメッセージであるがゆえに，伝統的共同体のありようを現実より美化する要素を含んでいる可能性はある。少なくとも，欧米や日本にかつて存在した伝統的共同体は，身分制の軛のもとにあり，かつ今日

に比較すれば生存してゆく上でのリスクもはるかに高い社会であり，決して，「失われたユートピア」として単純に描き出せるようなものではない。

　それでもこの２つの言葉を対比的に掲げたのは，それが資本主義システムのなかで働くということ，言い換えれば雇用労働に従事するということの，本質的な困難さを端的に表現するように思われるからである。本論で明らかにしたように，雇用労働とは，人間の類的本質からの大きな逸脱を前提としているという点でも，またその内在する矛盾という面からも，本来，異常な営みなのである。資本主義の成立に際して，人々を執拗に雇用労働という形をとった「就労」へと駆り立てる政策が必要だったのは，その働き方の異常さゆえである。その異常さに対して異議申し立てを行う運動の波がシステムを洗うなかから，働き方を少しでも人間らしいものへと近づける，少しでもそれを生活の論理に近づける制度が現出してきたのであり，それがすなわち「福祉国家」と呼ばれてきたもののもう一つの本質である。

　そのような異議申し立ての声と力が弱まり，それゆえにこそ，福祉国家の諸制度が軋みを上げるようになれば，雇用労働の異常さ困難さは再び顕在化してくることになるし，その一方で，市場を核とする社会統合を維持するためにも，福祉国家や家族によって形成されてきた，雇用労働の論理の届かない「結界」に退避していた人々を，雇用労働の場に再び追い込むことが意識的に追求されるようになる。それがワークフェアの本質である。

　「就労」を中心的課題のひとつとして掲げる「自立支援事業」もまた，そうしたワークフェアの一環として生まれてきたことは間違いない。しかし，そうした事業が，現実に生きる一人一人の対象者に丁寧に寄り添う姿勢を強めるほどに，雇用労働に内在する困難に向き合わざるをえない局面も生まれてくるはずである[15]。こうして，ワークフェアから派生した政策にかかわる人々（実施主体の関係者のみならず対象者やその周囲の人々も含む）が，そのような局面で悩み格闘するなかで発する声や意志が，雇用労働のもつ本質的な困難への異議申し立ての動きと共振するときにこそ，われわれは，そうした困難を克服し，新しい共同性のなかで「働く」道を発見できるのでは

ないだろうか。

【注】
1) この点に関しては，柳澤［2004］，米津［2009］およびカステル［2012］282-283頁を参照のこと。
2) 新自由主義のこのような定義はハーヴェイ［2007］による。
3) わが国においてはときとして「「正規」「非正規」間の処遇格差は日本独特の労働問題であり，欧米では「正規」「非正規」の区別は前近代的な身分差別とみなされ禁止されているため，そのような問題は存在しない」といった言説が見受けられるが（典型的な例としては橘［2014］），これは完全な誤解ないしは歪曲である。アメリカではフルタイム・パートタイム間にさえ時間単位の賃金も含めた大きな処遇格差が厳然と存在しているほか，臨時・派遣・個人請負などさまざまな形での非正規雇用が企業のコストダウンのため存分に活用されており（仲野［2000］など参照），ヨーロッパにおいては，EU労働法レベルでは異なる雇用形態間での同一労働同一賃金が一応原則化されているが，各国の制定法を含めた実態レベルでは，さまざまな例外条項などを通じてその原則が適用されていない部分も多く，労働組合にとって非正規活用による労働条件切り下げや雇用不安定化との闘いは重要な課題となっている（岩佐［2015］，水町［2011］など参照）。賃金をはじめとする労働条件や雇用の安定性といった面で「正規」と区別され差別された「非正規」労働者の存在とその拡大は，今や世界共通の問題である。
4) 同書は，スウェーデン・マルメー大学の経済学者ダニエル・アンカルローによる叙述として，次のような一文を引用している。「社会政策は，もはや市場の暴走に対する歯止めとして見られるのではなく，むしろ，市場を強化するための存在だと説明される。競争力，教育，柔軟性がキーワードとなり，社会保障制度は名前をかえて給付金への依存と呼ばれるようになる。この戦略の中で社会政策はますます脱商品化という外見を失い，ますますあからさまな再商品化に取って代わられる——つまり，労働市場への依存がますます進行しているのである」（ヴォール［2013］209頁）。
5) この「ワークフェアか，アクティベーションか」という争点については，本章とは異なる見解を提示するものではあるが，福田［2014］がわかりやすい整理を行っており，参考となる。
6) 野村正實は，東畑精一の学説を援用しつつ，戦後日本の雇用構造について，「完全雇用」とは異なる「全部雇用」と規定すべきであると主張している（野村［1998］）。この「全部雇用」概念は，本章で提唱した「全員就労」とも重なり合う可能性のある重要なコンセプトであると思われるし，戦後日本において「完全雇用」は実態としては一貫して不存在であったという指摘も傾聴に値するものであるが，野村も，戦後日本において「完全雇用」をあるべき状態とする考え方が社会的に共有され，それが高度成長期に達成されたと見なされていたことについては承認している（同前40頁）。

7) これに対して，戦後日本の政治経済体制を「土建国家」あるいは「開発主義国家」と規定し，福祉国家とは根本的に異なる体制であったと捉える見解も存在する。こうした観点に立てば，日本においては福祉国家からワークフェア国家への転換ということは問題とはならず，一貫してワークフェア的性格をもった体制であったということになる。こうした主張に対する批判としては赤堀・岩佐編［2010］などを参照のこと。
8) 日本の新自由主義化の時期については，これまで有力であった1980年代の中曽根政権期を起点とする説の他，欧米より「周回遅れ」の2000年代初頭起点という異説も存在する。筆者はこれらに対して，前出のハーヴェイの新自由主義論をベースとした批判的検討の上で，1975年起点説を唱えている。詳しくは兵頭［2010］を参照されたい。
9) 生活保護「適正化」政策と「自立支援」政策の概要と歴史的な流れについて把握するには小池［2014］による整理が有益である。ただし，同論文におけるワークフェア概念は本章のそれよりは狭く定義されており，本章で言う「ハードなワークフェア」政策に相当する。
10) 本項の見出しとして掲げた「労資関係」(capital-labor relation) という用語は，国家レベルにおける階級間の政治的力関係を指す概念として使用しており，労働組合（ないしは個別の労働者）と個別企業・業界とのミクロな権力関係や相互行為の関係，または労働組合と企業・財界および政府との間での団体交渉や三者協議システムを媒介とした制度的関係を指す「労使関係」(industrial relations) 概念とは区別して用いている。
11) ケン・ローチ監督の映画作品『レディバード・レディバード』(1994年) などは，左翼の側からこうした観点で福祉国家を批判し，その非人間的側面を告発した表現の好例である。
12) この点は，「リベラリズムとコミュニタリアニズム」問題に深くかかわる論点であると考えられるが，ここでその問題に立ち入ることはできない。さしあたり青木［2008］などを参照のこと。
13) 釧路市の自立支援事業については，鈴木［2011］および高橋［2011］を参照。
14) こうした捉え方の誤りについては，兵頭［2006］を参照のこと。
15) そのような可能性の存在を示唆するケースとしては，本論で言及した釧路の事例の他にも，稲月・垣田・堤［2014］が詳細に分析する福岡県北九州市の伴走型支援事業，さらに「静岡方式」として知られる，静岡県のNPOを主体とする就労支援の取り組み（津富他編［2011］を参照）などを好個の例として挙げることができよう。

【参考文献】
青木孝平［2008］，『コミュニタリアン・マルクス』社会評論社
赤堀正成・岩佐卓也編［2010］，『新自由主義批判の再構築』法律文化社
稲月正・垣田裕介・堤圭史郎［2014］，「若年生活困窮者への伴走型就労・社会参加支援」奥田知志他『生活困窮者への伴走型支援』明石書店

岩佐卓也［2015］,『現代ドイツの労働協約』法律文化社
アズヴィヨン・ヴォール［2013］,『福祉国家の興亡』(渡辺雅男訳) こぶし書房
埋橋孝文［2007］,「ワークフェアの国際的席捲」埋橋編『ワークフェア──排除から包摂へ？』法律文化社
遠藤公嗣編［2012］,『個人加盟ユニオンと労働 NPO』ミネルヴァ書房
ロベール・カステル［2012］,『社会問題の変容』(前川真行訳) ナカニシヤ出版
加瀬和俊［2011］,『失業と救済の近代史』吉川弘文館
唐鎌直義［2011］,「社会保障の今日的課題と改革構想」『日本の科学者』46 巻 10 号
小池隆生［2014］,「生活保護「改革」を考える」小池他編『検証「社会保障改革」』自治体研究社
小松隆二［1989］,「日本資本主義の形成と社会政策」西村豁通・荒又重雄編『新社会政策を学ぶ』有斐閣
鈴木奈穂美［2011］,「釧路市の自立支援プログラムと社会的排除／包摂概念」『専修大学社会科学研究所月報』582 号
高橋祐吉［2011］,「釧路調査覚え書き」『専修大学社会科学研究所月報』582 号
武川正吾［1999］,『社会政策のなかの現代』東京大学出版会
橘玲［2014］,「「派遣」をめぐる議論はなぜいつも下らないのか」http://www.tachibana-akira.com/2014/11/6618
土穴文人［1990］,『社会政策制度史論』啓文社
津富宏・NPO 法人青少年就労支援ネットワーク静岡編［2011］,『若者就労支援「静岡方式」で行こう !!』クリエイツかもがわ
仲野組子［2000］,『アメリカの非正規雇用』桜井書店
野村正實［1998］,『雇用不安』岩波新書
デヴィッド・ハーヴェイ［2007］,『新自由主義』(渡辺治監訳) 作品社
兵頭淳史［2006］,「日本の労働組合運動における組織化活動の史的展開」鈴木玲・早川征一郎編『労働組合の組織拡大戦略』御茶の水書房
兵頭淳史［2010］,「日本における新自由主義の起点に関する考察」法政大学大原社会問題研究所・鈴木玲編『新自由主義と労働』御茶の水書房
兵頭淳史［2014a］,「「G 企業」時代における労働政策と労働組合」町田俊彦編『雇用と生活の転換』専修大学出版局
兵頭淳史［2014b］,「組織化と制度的オルタナティブ戦略」『唯物論と現代』52 号
福田直人［2014］,「ドイツにおける福祉と就労の融合」『大原社会問題研究所雑誌』669 号
降旗節雄［2006］,「過渡期世界と唯物史観の再検討」降旗編『市場経済と共同体』社会評論社
水町勇一郎［2001］,『労働社会の変容と再生』有斐閣
水町勇一郎［2011］,『「同一労働同一賃金」は幻想か？』(RIETI Discussion Paper

Series 11-J-059）
宮本太郎［2009］,『生活保障』岩波新書
安川悦子［1982］,『イギリス労働運動と社会主義』御茶の水書房
柳澤旭［2004］,「労働契約の基本的諸問題——法と政策との関連において（2）」『山口経済学雑誌』53巻3号
米津孝司［2009］,「労働法はなぜ強行法なのか」『日本労働研究雑誌』585号

第3章
若者の現在と就労支援の課題
―「働くこと」を再考するために―

高橋 祐吉

1. 就労が困難な若者たちの現状

(1) 絡まりあう二つの不安

　本章の課題は，就労が困難な若者たちに対する就労支援の課題を探りながら，働くことの意味をあらためて捉えなおしてみるところにある。そこでまずは，就労が困難な若者たちがどのような状況に置かれているのかを概略でもいいから眺めてみたいのであるが，考えてみればすぐに気が付くように，就労が困難であるとかないとかといった区別は，あれこれの指標をあてはめればすぐに明らかになるようなものではない。若者たちの世界に就労が困難な者たちが層として存在していることは間違いないとしても，後に詳しく触れるように，彼や彼女らはそれ以外の若者たちから画然と区別されて，つまり，誰の目にも見えるようなわかりやすい形で存在しているわけではないからである。そうだとするならば，就労が困難な若者たちの現在を知る手掛かりとして，彼らのバックグラウンドをなしているはずのわが国の若者たちの全般的な状況を，まずは一通り俯瞰しておくことも無駄ではなかろう。

　その点で参考になりそうなのは，2013年に実施された「我が国と諸外国の若者の意識に関する調査」（調査対象は13歳から29歳までの男女）である。調査結果のポイントは平成26年版の『子ども・若者白書』に紹介されているが，それを眺めていて筆者が関心を抱いたのは，以下のような点であ

図1　若者たちの自分自身への満足度

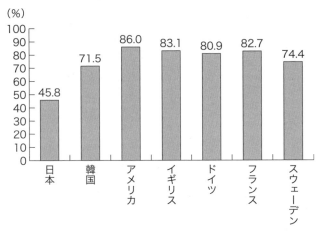

注：「次のことがらがあなた自身にどのくらいあてはまりますか。」との問いに対し、「私は、自分自身に満足している」に「そう思う」「どちらかといえばそう思う」と回答した者の合計。

る。わが国の若者は諸外国の若者と比較してみると、①自己を肯定的にとらえている者の割合が低く、自分に誇りを持っている者の割合も低い（図1参照）、②うまくいくかわからないことに対し意欲的に取り組むという意識が低く、つまらない、やる気が出ないと感じる者が多い、そして③自分の将来に明るい希望を持っていない、といったことであり、本稿ととりわけ関連が深いであろう職場の満足度に関しては、④わが国の若者の職場に対する満足度は、諸外国と比べて低いだけでなく（図2参照）、働くことに関する現在または将来への不安が多くの項目で高くなっている、といったことである。

　わが国の若者が、全体として見ると上記のような状況にあるということであるならば、就労が困難な若者たちの場合は、①～④に示された性向がさらに増幅されている可能性がかなり高いのではないかと推測される。つまり、①のように自己肯定感が低いことの結果として、②や③のように意欲も希望も持てない状況が生み出されており、それらに加えて、この間野放図なまでに広がった労働環境の悪化が、④のように働くことへの不満と不安を高めて

図2　若者たちの職場への満足度

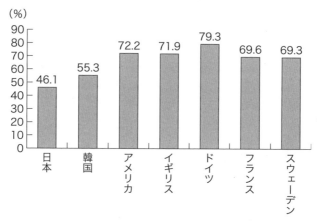

注：「あなたは，今の職場に満足を感じていますか。」との問いに対し，「満足」「どちらかといえば満足」と回答した者の合計。

いるようにも思われるのである。そのことを裏書きしているのが，就労が困難な若者たちと日々接している人々の発言である。

　例えば，「NPO法人文化学習協同ネットワーク」（略称：協同ネット）の代表理事である佐藤洋作の言うところを聞いてみよう。この協同ネットが実施する若者支援事業には，毎年300人ほどの若者が登録するとのことであるが，彼らの多くは「不登校やひきこもりを体験しながらも必死に教育機会を求め，仕事にも挑戦する若者」たちであるにもかかわらず，社会に出ることの不安や人間関係の不安から仕事探しに向かっていくことができず，孤立したまま立ち止まっているという。また，ひきこもりの若者たちの多くは，「教育からの排除」の過程を通して，「仕事からの排除」を「自分の資質や努力不足」として受け止めているという。こうした若者たちに対して，佐藤は「他者と出会い，肯定的関係性を結び，この自分でも生きていけるという実感を生み出し，次の社会参加や求職活動に向かう居場所」をつくりだしていくことが重要なのではないかと指摘している（『しんぶん赤旗』2011年11月26日）。

気になるのは，ここで指摘されている「社会に出ることの不安」や「人間関係の不安」というものの内実であろう。先の佐藤は，『ニート・フリーターと学力』(明石書店，2005年)に「〈不安〉を超えて〈働ける自分〉へ――ひきこもりの居場所から」を執筆しているが，そこで彼は，就労困難な若者たちの不安の実像を次のように描いている。彼が重視しているのは，不登校やひきこもり経験のある若者たちの場合,「働く環境そのものへの不安」と「自分は働けるのかという自分自身への不安」という二つの不安が相互に絡まり合っている現実である。その結果,働くことへの漠然とした不安が広がって，若者たちが働く世界に身軽に踏み込んでいくことを難しくしているというのである。絡まりあった二つの不安が，就労の壁になっているとでも言えようか。

　では，「働く環境そのものへの不安」とは何か。この不安とは，「労働現場を覆う能力主義的競争への恐れであったり，自分が望まない仕事への強制的従事や，長時間労働などの非人間的な職場環境への忌避感情」であり，「きびしい雇用状況や進行する階層格差のなかで，自分は恵まれない周辺的な労働に追いやられるのではないか，それどころか就労の道が開かれないのではないか」という漠然とした不安をも伴いながら，いよいよ働くことへの不安が深まってきているという。こうした不安は，劣悪な労働環境が定着していくなかで広がり強まっており，多くの若者の間に共通して存在する不安のようにも思われるので，比較的理解しやすい。

　もう一つの,自分は働けるのかという「自分自身への不安」とは何か。「さらに深刻なのは，〈自己への不安〉と言ってもいいような心理状況の広がりである。若者たちはきびしい労働環境を前にして尻込みしているだけでなく，そもそも〈働ける自分〉をイメージすることができず，あるいはそのイメージをつくり上げることで『いっぱい，いっぱい』であって，とても仕事の世界へと目を転じることなどできないでいると思われる。こうした〈自己への不安〉が労働環境の悪化によって増幅させられていることも，若者たちの求職活動を妨げる壁になっている」のだという。「〈働ける自分〉をイメージす

ることができない」との指摘は，なかなか興味深い。先に指摘した自己肯定感の希薄化がもたらした結果であろう。

　では，こうした状況から彼らが抜け出していくためには，どのようなことが求められるのであろうか。佐藤が強調するのは，社会像の再構築と仕事観の再構築である。社会像の再構築とは次のようなことである。「彼らのなかでは居場所の非競争的な価値観と社会の競争的な価値観があまりにも二項対立的にとらえられているから，居場所と社会のあいだには深いクレバスが横たわっていることになり，その結果，その困難のゆえに居場所から社会へと渡っていく勇気をもち得ない…（中略）…だから，社会への参加体験や社会の実態にふれる学習機会を提供することをとおして，彼らがもう少しやわらかで多元的な奥ゆきのあるものとして学校や社会の現実像に出会うことなくしては，居場所から学校や社会へと渡っていく道はひらけてこない」という。

　もうひとつの仕事観の再構築とは，世の中の「普通の働き方」に対する問い直しのことである。「確かに新しい働き方への胎動は生まれているが，しかし，彼らに現実味をもって伝わるほど成熟しているわけではない。あるいは，おとなたちからオルタナティブな方向を探ってみないかと言われても，展望を切りひらくのは君たち自身だと言われてしまうと，やはり踏み出す自信などもてるはずはない」。ここでも，「〈普通〉とオルタナティブが単純な二項対立図式でとらえられている」のであるが，それがために若者たちは「普通の働き方」へと渡っていけないのだというのである。もしかすると，「〈普通〉に働くことがあまりにも一面的に競争主義的なものであったり非人間的なものとしてイメージされているから，そこに強烈な忌避感情が駆動してしまう」のかもしれない。世の中の「普通の働き方」のレベルがあがり，そうした働き方が当然視されればされるほど，その反作用ででもあるかのように，就労が困難な若者たちが数多く生み出されていく，そんなふうにも感じられるのである。

　佐藤が提起した社会像の再構築や仕事観の再構築という問題は，実のところ，現代日本社会の根幹に横たわっている「難問」を照らし出しているよう

にも思われる。グローバル化と情報通信技術の発達によって,「万能感」にでも覆われたかのように見える現代社会においては,人間像までもが誇大に膨らまされた挙句に,「できる人」でなければならないといった強迫観念が広がっている(髙垣忠一郎『生きることと自己肯定感』新日本出版社,2004年)。軽佻かつ浮薄なメディアの世界には,「コミュニケーション能力を磨き,即戦力としてグローバルに活躍し,会社が頼りないなら起業」せよといったメッセージが溢れかえっており,そうした風潮にあおられながら「できる人」への願望が広がっているのであろう。そんなものは常見陽平が言うように(『「できる人」という幻想』NHK出版新書,2014年)まったくの「幻想」にすぎないのではあるが……。

　髙垣の言う「万能感」の問題点について付言しておくと,無意識のうちに『万能感』に憑りつかれると,「なんでも『できて当たり前』だから『できない』ことが負い目になり,罪悪感となって重くのしかかることになる,そういう社会に適応しその気分に同調すればするほど,『できる』人間でなければならないという強迫観念にかられ,少しでもできないことがあると自分を価値のない人間,『ダメな人間』として負い目や罪悪感を持ちやすくなる。自己愛的な『自己肯定感』(自分の美しさや有能感に依拠した自己肯定感)に傷がつくことになる」。「自分なんて,何の価値もない」と自己を嫌悪している人に限って,「自己愛」にとらわれており,「『自己愛』にとらわれ,自分を高く評価したいからこそ,それがままならぬことによって『自己嫌悪』に陥る」ことになるのであろう。

　こうした「万能感」に溢れた社会に何とか「適応」しようと悪戦苦闘している若者たちにおいてさえ,先に見たように自己肯定感に恵まれぬ空虚さを抱え込んでいるようであるから,「自己否定感」を強く抱くことによって社会への適応を早々と諦めてしまった若者たち,つまり「万能」でも「誇大」でもないし,当然ながら「できる人」でもないと自己を規定してしまった若者たちにとっては,学校から移行していく社会や卒業後に従事することになる仕事の世界のハードルは想像以上に高く,かなり縁遠いものとして受け止

められているであろうことは否定できない。言い換えると,「できる」若者たちから縁遠くなってしまった「できない」若者たちにとって,「できる」人々が活躍する世界のハードルはますます高くなり,そしてまた高くなったそのハードルが,「できない」若者の「自己否定感」を一層強めているようにも思われるのである。

(2) 就労が困難な若者たちの現在位置

こうした「二つの不安」に覆われることによって働くことに困難を抱えた若者たちは,世間ではフリーターやニート,ひきこもり,若年無業者(後に紹介するように,最近では若年無業者を含めた孤立無業=スネップなどという新たな概念も登場している)などと呼ばれることが多い。そうした流行り言葉による安易なラベリングの独り歩きが,若者問題に対する世間の理解を妨げているとの批判もあり,流行りものには同調しないでいたいと願う筆者などは,そうした批判に共感するところ大なのであるが,それはともかくとして,まずは彼らがいったいどこにどのような形で存在しているのかを明らかにしておかなければならない。就労が困難な若者たちを理解するためには,彼らの現在位置を示す見取り図が必要なのである。

宮本みち子の『若者が無縁化する——仕事・福祉・コミュニティでつなぐ』(ちくま新書,2012年)には,2010年の「労働力調査」にもとづいて作成された図3が載っている。若者の定義というものは,時代によってもまた社会によっても変わりうる。いま就労支援という問題関心からわが国の若者を定義してみるならば,年齢の下限は義務教育を修了して就労可能となる15歳からとみていいだろう。その上限ははっきりしないものの,フリーターやニート,ひきこもりの年齢が上昇していることなどもあって,近年の政府統計の多くは34歳としている(後に詳しくふれる「ネットワーク静岡」の場合などは,支援の対象を「概ね40歳未満」としている)。

そこでいま15〜34歳層を若者として定義してみると,2010年の「労働力調査」によればその年齢層に属する人口は2,855万人となる。そのうち,

図3 労働力としてみた若者の区分

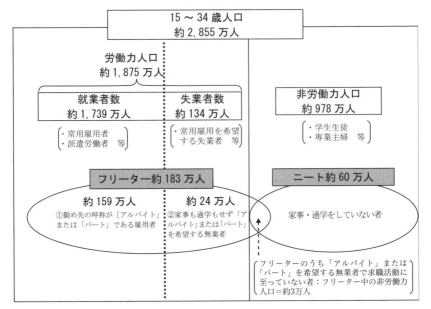

出所：総務省統計局「労働力調査」（基本集計，詳細集計）
注：数字は年平均。四捨五入の関係で内訳と合計が一致していない場合がある。
　　15～34歳人口は，労働力調査（基本集計）2010年平均で使用しているデータにあわせている。

　働いているすなわち収入になる仕事を少しでもした就業者と，働いてはいないが職探しをしている失業者を合わせた労働力人口は1,875万人で，それ以外の働く意思を持たない非労働力人口が978万人である。労働力人口とされた1,875万人を大別すると，就業者が1,739万人，失業者が134万人となり，このうちの就業者1,739万人の内訳をみると，他者に雇われて働いたり企業の役員をしている雇用者が1,535万人であり，そうではない非雇用者（個人事業主である自営業主，内職者，自営業主の家族である家族従業者）は204万人という数字になる。

　雇用者として括られた若者のなかには，さまざまな雇用形態の者がいる。雇用者1,535万人を大別すると，正規の職員・従業員が1,121万人，非正規の職員・従業員が414万人となる。非正規で働く414万人のなかには，

勤め先での呼称がアルバイトやパートの者がいるが，そのなかから就学中の者や主婦を除くとその数は159万人である。この他に失業者のなかにも，アルバイトやパートで働くことを希望して求職活動をしている者が21万人いる。さらに，求職活動をしていないので非労働力人口に含まれてはいるものの，家事も通学もしていないので「その他」に区分されている60万人の若者のうち，アルバイトやパートで働くことを希望している者が3万人ほどいることがわかっている（もちろん正社員や非雇用者で働くことを希望している者もいるはずなので，働くことを希望している者が3万人しかいないというわけではない）。上記の159万人と21万人と3万人を合計した183万人が，いわゆるフリーターと呼ばれる若者たちである。

　フリーターとして括られた者たちには，アルバイトやパートで働いている者だけではなく，そうした雇用形態で働くことを希望している失業者や非労働力人口も含まれており，現にパートやアルバイトで働いている者だけをさしてフリーターと呼んでいるわけではない。ここ10年ほどのフリーター数の推移を示したのが図4である。フリーターの性別の内訳を見ると，男性が80万人なのに対して女性が103万人となるので，フリーターは女性の方が男性よりも多い。また年齢階層で区分してみると，15～24歳層が86万人なのに対し，25～34歳層が97万人となり，25～34歳層の方が多数派となっている。こうした現象は2007年から生じており，今後さらに25～34歳層の割合が高まっていくことが予想される。もちろん35歳以上の者にもフリーターはいるはずであるが，その数は今のところ不明である。フリーターというとわれわれは「若い」「男性」をイメージしがちなのであるが，実像はだいぶ違っている。

　ところで，先に指摘したように，非労働力人口978万人のなかには，家事も通学もしていない若者が60万人おり，これらの若者はわが国で俗にニートと呼ばれたりする若年無業者層である。年齢階層別の内訳をみると，15～19歳層が9万人，20～24歳層が15万人，25～29歳層が18万人，30～34歳層が18万人となる（若者には含めていないが，35歳以上層に

図4　フリーター（パート・アルバイトとその希望者）数の推移

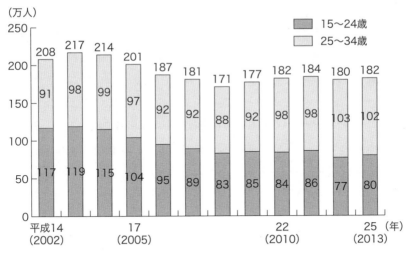

出所：総務省「労働力調査」
注：ここでいう「フリーター」とは，男性は卒業者，女性は卒業者で未婚の者とし，①雇用者のうち勤め先における呼称が「パート」か「アルバイト」である者，②完全失業者のうち探している仕事の形態が「パート・アルバイト」の者，③非労働力人口で家事も通学もしていない「その他」の者のうち，就業内定しておらず，希望する仕事の形態が「パート・アルバイト」の者である。

も無業者はおり，その数は35〜39歳層で21万人になる）。若年無業者として括られた60万人のなかには，就業を希望していない若者も含まれているが，先ほど紹介したように，求職活動はしていないがアルバイトやパートで働くことを希望している3万人（この数はフリーターでもカウントされるとともに，ニートでもカウントされている）を含めて，なかには働きたいと思っている者がかなりの数存在する。つまり，60万人の若年無業者は，就労に対する希望の有無で分類すると，玄田有史が『働く過剰』（NTT出版，2005年）で言うところの「希望型」（就労の希望を表明しているが，求職活動はしていない者）と「非希望型」（就労の希望を表明していない者）に分けられることになる。

　本章での問題関心から15〜34歳層を若者と定義したが，彼らが就労に困難を抱えることになった原因は，当然ながら突然15歳になってから生ま

れたわけでもないであろうし，また逆に，35歳になればその原因がひとりでに解消されていくというものでもないだろう。就労の困難に結びつくような状況は，すでに15歳以前から準備されていることも多いはずだし，また逆に35歳を過ぎても継続している場合も多いのではなかろうか。そうなると，就労が困難な若者を生み出した問題の構図は，年齢で区切られた若者の定義よりも上下にかなり広がっていくはずである。下の方では幼児・子供期の虐待やいじめ，発達障害などであり，上の方では壮年期にまで続いてしまったひきこもりや精神障害などである（図5参照）。

世間的な年齢からみれば「大人」であったとしても，不安定な就業や失業，あるいは無業の状態にあるために，親への依存なしでは生活できない，すなわち経済的に自立することが難しい人々も多い。いわゆる「大人」になることが困難な人々が存在するのである。そのこと自体が彼らを，そしてまた彼らの親を苦しめる一因となっているのではあるが，それはさておき，こうした人々は世間が常識的に受容している「大人」ではないので，「若者」に含めることも可能ではあろうが，年齢基準を重視してきたこれまでの社会通念からすると，彼らを「若者」と呼ぶことにはやはりいささか抵抗がある。フリーターやニートも，これまでは「若者」と深い関わりを持って論じられてきたので，こうした呼称にも違和感がないわけではないが，「若者」と呼ぶよりも違和感は少ない。35歳以上のフリーターやニートが，中高年フリーターや中高年ニートと呼ばれているのも，そうした事情の故なのであろう。

このような現実，すなわち中高年のひきこもりや中高年のニートの増大現象をも反映して，最近になって先の玄田らは「スネップ」（SNEP = *Solitary Non-Employed Persons*）という新たな概念を提唱している。その意味は，就業せずに孤立している人々のことで，「孤立無業者」とも呼ばれたりする。定義としては，20歳以上59歳以下の在学中の者を除く未婚者で，ふだんの就業状態が無業の者のうち，家族以外で一緒にいた人が連続2日間なかった人々のことを指す（こうした「スネップ」は，家族と一緒にいた時間を有する「家族型孤立無業」と，ずっと一人でいた「一人型無業」，無業者では

図5 困難を抱える若者たち

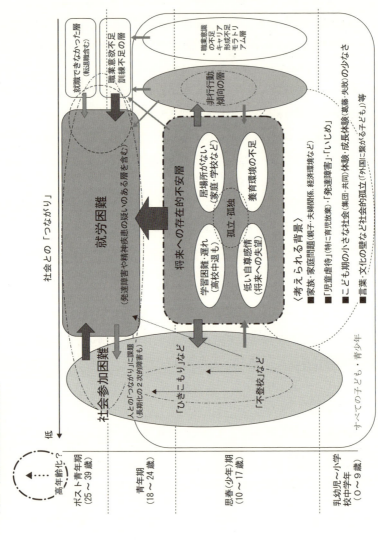

出所：関口昌幸「自治体は若者支援をどう展開してきたか」(『Business Labor Trend』2011年10月号)

あるが孤立無業ではない「非孤立無業」のタイプに分かれる）。人間関係が失われた「孤立」状態が，人々から働く意欲や希望を奪い，「無業」状態にとどめさせる要因になっており，だからこそ，ニートという「求職活動をしていない状態」ではなく，スネップという孤立している状態，つまり人間関係の貧困を問題にしなければならないのだという。

　総務省の「社会生活基本調査」の推計によれば，1996年には無業者のうちの30％にも達しなかったスネップの割合が，2006年には100万人を超えて60％近くにまで上昇しているらしい。無視できない数字であろう。つまり今日の日本社会においては，「無業」であることが，かなり容易に「孤立」や「無縁」に結びつきやすい状況にある，そんな警告が発せられているのである。言い換えれば，「若者」問題の「大人」問題化であり，そしてまた「就労」問題の「社会」問題化である。若者の就労支援をめぐる問題は，こうして日本社会の抱える深刻な問題へと接続していくことになり，新たな構図のなかで再解釈されなければならないことになる。先に，就労が困難な若者をめぐる問題は，「現代日本社会の根幹に横たわっている『難問』を照らし出している」と述べたのは，こうした現実とも関わっているように思われるからである。

(3) 「ひきこもり」・「ニート」調査から見えてくるもの

　フリーターは，就労という観点からみればひとまずは働いている（あるいは働く意思や希望を示している）ので，就労困難な若者はニートやひきこもりやスネップに含まれる若年無業者などと呼ばれる若者に集中していることになる。そうした若者の実像を探るために，この間実施されたいくつかの調査を紹介しておくことにしよう。まず最初に，2011年に実施されたユニークな調査から取り上げてみたい。その調査とは，大阪府の豊中市で実施された「若者等の自立・就労実態（ひきこもり）調査」である。調査報告書を一読してみると，これがなかなかに興味深いのである。

　この調査の概要を記した文書には，「『不登校』『高校中退』『ひきこもり』『フ

リーター』『ニート』『ワーキング・プア』『ネットカフェ難民』など，若者の不安定な状況は，さまざまな形で話題になって」おり，とりわけ「1990年代以降，雇用環境の変化に伴い，若者の中で失業者，無業者，非正規労働者の占める割合が大きくなってから」は，雇用問題が重要な課題となってきたこと，こうした「若者をめぐる議論や対策の広がりとともに，雇用・就労に関する実態把握の必要性が高まってきたことから，今回，内閣府の調査を参照し，当市における実態把握を試みる」ことになったことなどが記されている。

　この豊中市の調査は，無作為抽出された15歳から39歳までの調査対象者4,819名に対して，調査員が訪問して調査票を留置し同様にして回収したもので（回収率は38.3％），自治体の調査としては本格的なものである。そこから得られた結果で筆者が注目したのは，以下のような事実である。調査結果によれば，豊中市においては「ひきこもり群」とされる若者は2％，「ひきこもり親和群」とされる若者は5％となり，これを推計値で示せばそれぞれ2,340人，6,220人ほどの人数となったのであるが，地域就労支援事業における若者の相談実績は年間でも60人程度で，しかもそのうち「ひきこもり」と考えられたケースがわずかに11件でしかなかったことを考えると，「顕在化していない相談・支援ニーズは広がっており，関係機関による相談・支援体制の充実が求められている」というのである。

　それともう一つは，「ひきこもり」に対する支援のあり方である。2010年に厚生労働省が発表した『ひきこもりの評価・支援に関するガイドライン』も指摘していることではあるが，「疾患や障害を要因とするケースへの支援，ストレスの強い環境条件を改善する支援といった重層的な支援，保健・医療・福祉・教育・労働などの各分野における包括的な評価と支援が必要」になっており，また「家族支援も欠かせない取り組み」となっていると述べられている。取り組みはまだ緒に就いたばかりであるにせよ，こうした調査が実施されたこと自体が，「ひきこもり」の若者に対する支援の必要性と緊急性を浮き彫りにしたことは間違いなかろう。

表1 ひきこもり群の定義と推計数

	有効回収数に占める割合（％）	全国の推計数（万人）	
ふだんは家にいるが，近所のコンビニなどには出かける	0.40	15.3	狭義のひきこもり 23.6 万人 [4]
自室からは出るが，家からは出ない	0.09	3.5	
自室からほとんど出ない	0.12	4.7	
ふだんは家にいるが，自分の趣味に関する用事のときだけ外出する	1.19	準ひきこもり 46.0 万人	
計	1.79	広義のひきこもり 69.6 万人	

出所：内閣府（2010）「若者の意識に関する調査（ひきこもりに関する実態調査）」
注：1）15〜39歳の5,000人を対象として，3,287人（65.7％）から回答を得た。
　　2）上記ひきこもり群に該当する状態となって6カ月以上の者のみを集計。「現在の状態のきっかけ」で統合失調症または身体的な病気と答えた者，自宅で仕事をしていると回答した者，「ふだん自宅にいるときによくしていること」で「家事・育児をする」と回答した者を除く。
　　3）全国の推計数は，有効回収数に占める割合に，総務省「人口推計」（2009年）における15〜39歳人口3,880万人を乗じたもの。
　　4）狭義のひきこもり23.6万人は，厚生労働省「ひきこもりの評価・支援に関するガイドライン」における推計値25.5万世帯とほぼ一致する。

　豊中市の調査は内閣府の調査（2010年に実施された「若者の意識に関する調査（ひきこもりに関する実態調査）」のことで，この調査は全国の15歳以上39歳以下の5,000名を対象として実施された）を参照しながら実施されており，「ひきこもり群」や「ひきこもり親和群」の定義もそれにならっているのであるが，では内閣府の調査では「ひきこもり群」や「ひきこもり親和群」はどのように定義されているのであろうか。それを示したのが表1である。ここでは，「狭義のひきこもり」と「準ひきこもり」を合わせたものが「広義のひきこもり」すなわち「ひきこもり群」とされており，その出現率は1.8％ということである。

　総務省の2009年の「人口推計」によれば15〜39歳人口は3,880万人ということなので，「ひきこもり群」は約70万人（「狭義のひきこもり」が23.6万人，「準ひきこもり」が46.0万人）と推計され，そしてまたこの推計値が広く報道もされたわけである。この「ひきこもり群」の周辺に存在す

ると思われる「ひきこもり親和群」は，その出現率が 4.0% ということなので，推計値は 155 万人という規模となる。「ひきこもり群」の倍以上の数である。これらの数字はかなりラフな推計ではあるけれども，「ひきこもり群」が 70 万人，「ひきこもり親和群」が 155 万人というこの数字の大きさに，大方の人はまずは驚かされるのではなかろうか。

しかしながら，最近ではこの数字はかなり過少であると指摘されているようである。先の数字は 15 〜 39 歳の年齢層に限定されていたのであるが，現実には 40 歳以上のひきこもりがかなりの数存在し，その存在が埋もれていることがわかってきたからである。池上正樹によると（『大人のひきこもり』講談社現代新書，2014 年），この間さまざまな自治体でひきこもりに関する実態調査が行われるようになってきており，多くの場合その 5 割が，少ないところでもその 3 割が，40 代以上であるという結果が得られているからである。そうであれば，30 代までの「ひきこもり群」と「ひきこもり親和群」の合計が 225 万人であったことからすると，少ない方の 3 割をとった場合でも，40 代以上の「ひきこもり群」と「ひきこもり親和群」はおおよそ 100 万人にも達することになる。

池上は，同書のなかで「働けるのに働こうとしない」ニートと対比してひきこもりを論じており，こうしたニート論には同意できないが，ひきこもりに関する次のような指摘は傾聴に値する。「『ひきこもり』という状態に陥る多様な背景の本質をあえて一つ言い表すとすれば，『沈黙の言語』ということが言えるかもしれない。つまり，ひきこもる人が自らの心情を心に留めて言語化しないことによって，当事者の存在そのものが地域の中に埋もれていくのである。ひきこもる当事者たちの多くは，本当は仕事をしたいと思っている。社会とつながりたい，自立したいとも思っている。しかし，長い沈黙の期間，空白の履歴を経て，どうすれば社会に出られるのか，どのように自立すればいいのかがわからず誰にも相談できないまま，ひとり思い悩む」のだという。

「ひきこもり群」の多くは就労困難層ということになるが，池上の指摘を

表2 群別に見た若者たちの職業観

		計	はい	どちらかといえばはい	どちらかといえばいいえ	いいえ	無回答
①自分の能力を生かせる仕事に就きたい	ひきこもり群	100.0	48.6	43.2	5.4	0.0	2.7
	ひきこもり親和群	100.0	76.3	21.5	1.1	0.0	1.1
	一般群	100.0	68.9	26.5	1.0	0.8	2.7
②いつか必ず自分にふさわしい仕事が見つかると思う	ひきこもり群	100.0	27.0	24.3	32.4	10.8	5.4
	ひきこもり親和群	100.0	43.0	26.9	18.3	9.7	2.2
	一般群	100.0	33.6	40.6	18.2	4.7	3.0
③いつか自分の夢を実現させる仕事に就きたい	ひきこもり群	100.0	35.1	32.4	13.5	13.5	5.4
	ひきこもり親和群	100.0	54.8	26.9	10.8	6.5	1.1
	一般群	100.0	45.5	38.1	8.8	4.2	3.5
④仕事をしなくても生活できるのならば,仕事はしたくない	ひきこもり群	100.0	18.9	27.0	13.5	37.8	2.7
	ひきこもり親和群	100.0	37.6	24.7	14.0	21.5	2.2
	一般群	100.0	15.4	20.4	26.1	34.8	3.2
⑤定職に就かない方が自由でいいと思う	ひきこもり群	100.0	10.8	10.8	27.0	45.9	5.4
	ひきこもり親和群	100.0	10.8	11.8	24.7	50.5	2.2
	一般群	100.0	3.2	8.9	22.9	61.9	3.2
⑥働かない人は,なまけているのだと思う	ひきこもり群	100.0	10.8	35.1	27.0	21.6	5.4
	ひきこもり親和群	100.0	24.7	19.4	22.6	31.2	2.2
	一般群	100.0	25.5	33.4	24.2	13.4	3.5
⑦経済的に自立してはじめて一人前だと思う	ひきこもり群	100.0	40.5	48.6	2.7	2.7	5.4
	ひきこもり親和群	100.0	51.6	24.7	11.8	10.8	1.1
	一般群	100.0	52.3	32.6	7.3	5.1	2.7

出所:大阪府豊中市(2011)「若者等の自立・就労実態調査」
注:回答者数は,ひきこもり群=37名,ひきこもり親和群=93名,一般群=1,645名である。

踏まえてみると,就労困難層＝就労意欲喪失層であると断定することは意外に難しくなる。まずは彼らが抱いている労働観を探ってみる必要があるだろう。しかしながら,全国調査である内閣府の調査には,残念ながらそうした調査項目はみあたらない。そこで,もう一度先の豊中市の調査に戻ってみると,ここには労働観について7つの設問項目があり,その結果は表2に示してある(ここに示された3群は,母集団の違いがかなり大きいので,3者を比較する場合にはその点を考慮しなければならない)。

　この調査結果から浮かび上がってくる大事なポイントは,以下のような事実である。つまり,「一般群」と比較すると,「ひきこもり群」や「ひきこも

り親和群」の労働観が否定的な傾向を示していることは間違いないものの，その違いはあくまでも相対的なものだということである．つまり，「一般群」のなかにも就労に対して否定的な回答が存在しているだけではなく，逆に「ひきこもり群」や「ひきこもり親和群」のなかにも，就労に対して肯定的な回答が無視できない割合で存在しているからである．とりわけ注目すべきは，後者の事実であろう．

例えば，「ひきこもり群」であっても，「自分の能力を生かせる仕事に就きたい」という意見に「はい」と答えた者は50％弱もおり，「いつか必ず自分にふさわしい仕事が見つかると思う」には27％の者が，そして「いつか自分の夢を実現させる仕事に就きたい」には35％の者が「はい」と答えている．また同様に，「仕事をしなくても生活できるならば，仕事はしたくない」という意見に対して，「いいえ」と答えた者は38％，「定職に就かないほうが自由でいいと思う」にも「いいえ」と答えた者が46％もいるのである．こうした結果を見ると，彼らを就労意欲を喪失した若者として一括りにするわけにはいかないようにも思われる．

加えて指摘しておけば，「ひきこもり群」の若者のうちで現在「家事手伝いをしている」や「派遣会社などに登録しているが，現在は働いていない」，あるいは「無職」と答えた者を対象に，これまでの就労経験を尋ねた結果を見ると，正社員として働いた経験のある者は少ないものの，契約社員や派遣社員，パート，アルバイトまで含めると約7割は就労した経験があることもわかる．こうした事実は，「ひきこもり」群に含まれる若者の間にも，潜在的であったり弱かったりするにせよ，就労意欲を持った者が少なからず存在していることを示している．「ひきこもり」に対するわれわれのステレオタイプな認識を，改めなければならない調査結果だと言うべきなのではあるまいか．

ここまで縷々述べてきたようなことは，厚生労働省が2007年に実施した「ニートの状態にある若年者の実態及び支援策に関する調査研究」でもすでに指摘されていることである．厚生労働省は，「若者自立・挑戦プラン」（2003

年）にもとづいて，2005 年には「若者自立塾」（2009 年の事業仕分けで廃止された），2006 年には「地域若者サポートステーション」を設置するなどして，若年無業者の自立支援や就労支援を実施してきたものの，15 歳から 34 歳の無業者，いわゆるニートの状態にある若年者に関しては，こうした状態にいたる経緯や生活状態，職業意識などの全体像が明らかになっていなかったため，「若者自立塾」や「地域若者サポートステーション」を訪れる若者を調査対象として，この調査を実施したのだという。

　本稿との関連で注目すべきなのは，以下のような指摘であろう。わが国の場合は，「当初から若者の貧困や社会的排除への世間の関心は低く，むしろ中間層出身の『働きたがらない若者』現象への関心が高かった。働くことを先延ばししたり，自由を確保したいためにフリーターを選択している若者，離転職を繰り返す若者の増加を『ニート』という概念を使って議論するようになり，『働く意欲を喪失した豊かな社会における病理現象』が関心の中心になっていった」というのである。ひところ一世を風靡した「パラサイト・シングル」なども，こうした世間の関心を先取りし，また強めるのに一役買ったようにも思われる。

　ところが，このニート調査によって彼らの実態が徐々に解明されてくると，「働きたがらない若者」の存在が深刻な問題となっているのではなく，「選択したのではない無業者，非正規雇用，失業，無業の間を行き来している不安定就労者」の増大が問題なのであり，彼らこそが支援の対象とされるべき者であるという現実が浮かび上がってきたのである。「彼ら，彼女らは早期離学，低所得家庭出身，心身の疾病・傷害，社会的孤立の状態など，さまざまな困難を抱えている若者」なのであり，そうした彼ら，彼女らを「放置すれば貧困は固定化し，その数が増加していくことで社会の統合性が脅かされることになる」というのである。

　こうした理解を踏まえて，社会との間に保持している関係性の程度や就労の程度によって若者を層化して示したのが図 6 である。「コアにいるのは，社会との関係性を断ち切り（断ち切られ），活動のレベルの低い状態にある

図6 自立支援の対象となる若年層

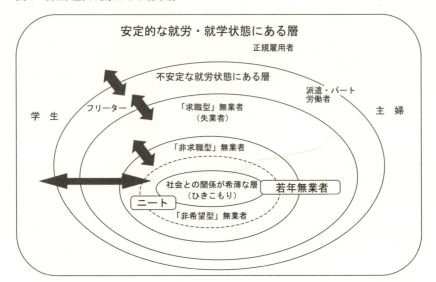

出所：厚生労働省（2007）「ニート状態にある若年者の実態及び支援策に関する調査研究」
注1）「求職型」：無業者（通学，有配偶者を除く）のうち，就業希望を表明し，求職活動をしている個人
 2）「非求職型」：無業者（通学，有配偶者を除く）のうち，就業希望を表明しているが，求職活動はしていない個人
 3）「非希望型」：無業者（通学，有配偶者を除く）のうち，就業希望を表明していない個人
 4）「ニート」：ニートという概念が最初に生まれたイギリスでは，「NEET」（Not Employment, Education or Training）とは「16～18歳の，教育機関に所属せず，雇用されておらず，職業訓練に参加していない者」と定義され，日本のような「働く気のない若者」というイメージはないといわれている。

若者である。しかし，多くの場合，若者は各状態を行き来している」のである。その「動的なプロセス」に注意を払う必要があるとの指摘に，まずは注目すべきであろう。就労が困難な若者たちは，無業者として固定的に存在しているのではなく，「失業，フリーター，『ニート』の境界線は固定的ではなく，行き来している可能性が高い」ようなのである。

（4） 流動する若者たち

こうした就労困難な若者たちの流動的な状況は，失業問題におけるフロー分析を思い起こさせる。これは，労働者の就業状態を就業，失業，非労働力

図7 就業者,失業者,非労働力人口のストックとフロー

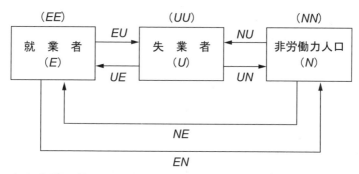

出所:古郡鞆子『働くことの経済学』有斐閣,1998年,98ページ。

の三つに区分し,失業への移行頻度や失業状態の継続期間などについて分析するものである。就業者や失業者,非労働力人口の量的な大きさ(=ストック)は,短期的にはそれほど大きく変わるものではない。しかし,それぞれの中身は,ある状態から他の状態へと常に変動しているのが普通である。例えば2012年に完全失業者が263万人いたという場合,同じ人々が1年をとおして失業し続けていたということではなくて,実際には多くの異なる人々が失業者のプールを出たり入ったりしているのである。失業が発生する仕組みを明らかにするためには,労働市場における人々の流れ(=フロー)を明らかにしなければならないのであり,そのためのツールがフロー分析なのである。

図7は,労働市場におけるストックとフローの関係を示したものである。四角で囲まれた部分はストックを,矢印はフローを示している。ストックは,就業者($E = employee$)と失業者($U = unemployed$)と非労働力人口($N = not\ in\ labor\ force$)に分かれる。まず失業者であるが,このうちある者は運よく就職できて就業者となり(UE),またある者は職探しをあきらめて非労働力化する(UN)。他方では逆に,就業者であった者が職を失って失業者になったり,あるいは非労働力人口であった者が職探しを始めたが見つけられず失業者になるようなケースもある(EUあるいはNU)。同じように,就業者か

ら非労働力人口になる者（EN）や非労働力人口から就業者になる者（NE）もいる。もちろんなかには，同じ状態を維持し続ける者もいる（UU, NN, EE）。こうした人々の状態の変化の大きさをフローと呼んでいる。

　就業者と失業者と非労働力人口の間を流動する人々の典型的な例としては，女性があげられるだろう。就業者としての女性の多くは，出産を機に専業主婦となって非労働力人口へと移動するのであるが，その後多くの主婦がパートタイム労働者として労働市場に再参入し，就業者に転ずるからである。だから，女性の労働を論ずる場合には非労働力人口の動向にも関心が払われてきたのであるが，若者の非労働力人口について関心が払われるようになったのは，それほど昔のことではない。実態を見てみよう。2012 年の非労働力人口は，男性が 1,506 万人，女性が 2,940 万人となり，両者を合わせると 4,446 万人となるのであるが，その内訳は，就業希望者が 467 万人，就業内定者が 87 万人，就業非希望者が 3,890 万人となる。就業希望者である 467 万人のうち，15～34 歳層は 213 万人（男性 73 万人，女性 141 万人）にものぼっているのである。『労働経済白書』（平成 24 年版）が謳うような「持続可能な全員参加型社会」の構築を展望するのであれば，非労働力人口に含まれている就業希望者層の存在を無視するわけにはいかないであろう。

　ではここで，就労が困難な若者たちに焦点を当てながら，ストックとフローを考えてみよう。就業者で彼らと関連しているのはフリーターであったり，名ばかり正社員であったり，あるいはまた正規・非正規を問わず「脱法的」な企業で働く労働者であったりする。こうした若者たちは，まともな労働条件を求めて頻繁に転職する，あるいはせざるをえない。転職がうまくいけばいいが，それがかなわなければ失業者になる。若者たちの高い失業率はそのことを示している。なかには，失業期間が長期化する過程で次第に求職意欲が弱まり，求職意欲喪失者となって非労働力人口に流入する者もいる。あるいは，就業者としての体験があまりにも過酷であったがために，心身の健康を損ねてしまい，失業者を経験せずに非労働力人口に流入する者もいるであろう。

これまで若者たちの多くは，学校から労働の世界に比較的スムーズに移行してきたようであるが，今日ではこの移行プロセスにさまざまな亀裂が生じており，就職活動に失敗して学校を修了した時点で失業者になるケースもあるし，あるいは，学業不振やいじめなどの不幸な学校体験から自信を失い，不登校やひきこもりのような状態に陥って，学校を修了した時点から非労働力人口のままでいる者も存在する。このようにして非労働力人口のプールに流入してきた若者のなかには，就労を希望する者もいれば希望しない者もいるので，就労を希望する者の場合は，適切な就労支援があれば就業者に転ずることもある。見取り図を示せば，おおよそこんなことになろう。

　上記のような「動的なプロセス」を把握することは，ニートに対するステレオタイプな認識を改めるうえで，かつまたニートを含めた若者全体に関わる労働問題を解決することがいかに重要であるかを認識するうえで，もちろん大事なことではあるのだが，それとともに見過ごすことができないのは，先のニート調査が指摘しているように，「活動しなくなったニート状態の若者のなかに，複合的な問題を抱えた者が多いことが推測される」ことであろう。つまり，不利な条件をもった「もっとも脆弱な層」であるが故に，労働市場においても不利な立場に置かれてしまい，結果としてニート状態に陥っており，そこから抜け出せなくなっている可能性があるからである。

　先の図6には，「非求職型」の無業者や「非希望型」の無業者がいることも示されている。「活動しなくなったニート状態の若者」たちとは，これらの「非求職型」や「非希望型」の若者たちのことである。彼らは確かに数は少ないものの，だからといってその存在を無視してはならないだろう。「『非希望型』には低学歴，低所得家庭出身者がもっとも多い」という現実，言い換えるならば，貧困が世代的に再生産され，親の貧困が子どもの就労の希望をさえ剥奪しているかのような社会的排除の深刻な現実が，あらためて想起されなければならないのではあるまいか。

(5) 若者の就労とキャリア教育

かつて本田由紀らは,『「ニート」って言うな!』(光文社新書, 2006 年) において, 一時流行したニートを就労意欲を喪失した若者のように捉える構図を痛烈に批判した。世間の関心がニートに集中することによって, 若者を取り巻く労働市場の問題が彼らの就労意欲の問題へと矮小化されてしまうことを危惧し, 取られるべき対策は「不活発層」と「不安定層」を一緒くたにしたニート対策などではないとしたうえで, この間増大した「不安定層」への対応策として,「『学校経由の就職』というルートだけが特権的な有利さを味わえるような状況を変革するとともに, すべての若者が厳しい労働市場環境を生き延びてゆくための支えとなる,『職業的意義』の高い学校教育を作り上げていくことが不可欠」であると指摘した。

つまり,「学校経由の就職」に依存しない労働市場を構築していくためには,「学校を離れた後, 一定期間の試行錯誤や模索を経たあとで安定的な就業にいたるというルートが, 若年労働市場の正当な道筋として確立される必要がある」し, こうした市場においては,「労働力需給のマッチングに際して, 若者自身の職業能力がもっとも重視される基準となるべき」であり,「具体的で一定程度明確な輪郭を持つ専門的職業能力としての知識とスキル」を獲得できるように教育課程を再編していくことが必要だというわけである。新規学卒者の定期一括採用システムにのれなければ, 安定的な雇用が保障されないというわが国の若年労働市場のあり方が問題とされており, その改革の手掛かりとして職業能力の獲得の必要性が論じられているのである。

「学校経由の就職」は「特権」であり,「非典型雇用に対する処遇を現在よりも手厚くすることによって, 正社員の処遇を一定程度切り下げる」こともやむを得ないといった主張などは, 今日問題となっている限定正社員制度などとも底流で共鳴しあうところもあるように思われるので, にわかには賛同しかねるものの,「『職業的意義』の高い学校教育」の提唱については考えてみなければならない内容が含まれているのではなかろうか。

そのうえで指摘しておきたいのは, 次のようなことである。昨今はキャリ

ア教育やその一部をなすインターンシップなどが中学校や高等学校だけではなく大学においても定着した感があるが，こうしたものが「『職業的意義』の高い学校教育」の提唱に応えるものででもあるかのように思われているとすれば，それは大きな誤解であろう。そもそもキャリア教育なるものが，現に存在する「不安定層」に着目しているかどうかにさえ疑問符が付く。

　児美川孝一郎によれば，文部科学省の推奨するキャリア教育は下記のような問題点を内包しているという（『権利としてのキャリア教育』明石書店，2007年）。第一に，「企業の採用行動や政府の労働力政策といった構造的要因を問わずに，若者たちの意識や意欲，能力の問題に主要な関心を集中させ」ていることであり，第二に，「キャリア教育の内容として重視されるのは，少なくとも小・中・高の学校教育に関する限り（一部の専門高校を除けば）専ら子どもたち・若者たちの『勤労観・職業観』をどう育成するかという点に収斂して」いるために，「職業教育（専門教育）の充実という視点が著しく弱い」ことであり，第三に，「現時点で重視されているのは，専ら中学校での職場体験学習の推進」であるが，これが「慎重に準備され，十分な教育的な意図と配慮のもとに実施され」ているとは言い難いことであり，そして第四に，「キャリア教育へのカウンセリング手法の導入が，今日の『若年雇用問題』をつくりあげている『構造的要因』への注目をますます削いでしまう」危険を内包していることである。

　このように見てくると，わが国におけるキャリア教育は，「態度」主義的であり「道徳」主義的であり，そしてまた「適応」主義的であるといってもいいだろう。そうした傾向がかなり強いのである。働くことを「労働」ではなく「勤労」と，その際の条件を「労働条件」ではなく「勤労条件」と，そしてまた働く人々を「労働者」ではなく「勤労者」ととらえてもいるような社会（日本国憲法27条1項では「すべて国民は，勤労の権利を有し，義務を負ふ」とされ，第2項では「賃金，就業時間，休息その他の勤労条件に関する基準は，法律でこれを定める」とされ，そして28条では「勤労者の団結する権利及び団体交渉その他の団体行動をする権利は，これを保障する」

とされている)においては、こうした傾向がまとわりつきやすいようにも思われるのである。

　これはたんなる語感やニュアンスの問題のように思われるかもしれないが、実はそうではない。『広辞苑』によれば、「勤労」は「心身を労して勤めにはげむこと」とあるが、ここからもわかるように、勤労のアクセントは「勤めにはげむ」という態度を強調するところにこそある。そのために、働くことを社会のなかに位置づけて、それを労使関係的な視点から考察し認識することを弱めているようにも思われるのである（書店のビジネス書コーナーに昨今氾濫している「仕事」本のほとんどは、当世風の「勤労」本である！）。戦前のわが国では、「勤労」は「勤労報国」とセットにされており、職分としての労働のみが強調された「皇国勤労観」なるものがまことしやかに説かれてもいたのである。手元にある和英辞典では勤労は work であり labor であるにすぎないが、勤労をめぐるわが国の歴史はもう少し複雑な様相を呈しているというべきだろう。

　例えば、労働科学の研究者であった桐原葆見が戦前に書いた『女子勤労』（東洋書館、1944年）を繙いてみると、「人間は働くことが幸福なのです。働くことによって意志と能力とが発達するのであります。それ故に働くことは道徳です。而して吾々は働くことによってこそ生きる悦びと感激を持つことができるのであります。而してこの戦争によって、勤労はまことに日本国民の尊い義務であり、栄誉であって」云々と説かれている。戦争をグローバル競争に、日本国民を会社人間化したサラリーマンにでも置き換えてみると、何やら今でも通用しそうな気配さえ漂っている。働くことに「態度」や「道徳」や「適応」がまとわりついてくる淵源は、こうしたところにもあるのではなかろうか。

　話がいささか脇道にそれたが、こうしたキャリア教育が、「不安定層」の自立を可能にするような「『職業的意義』の高い学校教育」とは縁遠いことは明らかなので、本田らの主張は今でも色褪せてはいない。しかしながら他方では、本田らは世間に流通したニート言説を批判するのに急で、就労に困

難を抱えた若者たち，すなわち「不活発層」とされる若者たちの実像に迫ろうとしていたわけではないことにも思い至る。彼らは別建ての問題領域に隔離されていくなかで，若者からもそしてまた「不安定層」からも切断されてしまっているからである。「不活発層」の場合は，たとえ「『職業的意義』の高い学校教育」が実現したとしても，それでもって彼らが救われることはない。あらためて就労支援の意義が問われる所以である。

　先の著作において，宮本みち子は次のような興味深い指摘をおこなっている。彼女は，「本田の批判自体に異存はないが，重要な問題が見落とされていることを指摘しておきたい。もっとも脆弱な層である不就業の状態にある若者は，職業教育の充実だけでは救済できない重層的な困難を抱えている。働く意欲を失ったケースも少なくない。そのため，雇用対策が効果を発揮するには，家族支援と福祉や医療も含めた包括的な支援が必要である。つまり，ニート問題は労働に関する問題に矮小化できないという点に注意すべきである」と言うのである。就労が困難な若者たちの自立支援，そしてまた就労支援の独自の意義を，あらためて強調しているわけである。

　この指摘は，本田批判としては当たっているのであるが，ただ「ニート問題は労働に関する問題に矮小化できない」という宮本の指摘についてはあらためて検討してみなければならない問題が含まれているようにも思われる。本田らの言う「不活発層」については，キャリア教育はもちろんのこと労働市場の改革にも収まりきらない問題群を含んでいることは間違いないのであるが，後に詳しくその活動内容を紹介する「ネットワーク静岡」の場合などは，就労に特化してニート的な状態に置かれた若者の支援に取り組んでおり，本田らとは別な角度からではあるが，「労働に関する問題」を強く意識しているからである。

　あるいはまた，秋田県の北端にある人口3,900人ほどの藤里町において，100人近いひきこもりの若者を「発見」し，彼らの力を活用して町おこしに取り組み始めた社会福祉協議会事務局長菊池まゆみの，以下のような述懐も興味深い。「『家に閉じこもってばかりじゃいけないよ。頑張って外に出なけ

ればいけないよ』。私自身がいろいろな若者に繰り返し，言い続けてきた言葉だった。『でも，どこへ？』。その問いに答えられなかったから，居場所を作ろうとしていた。高齢者デイサービスをまねた若者版デイサービス？ そんな所へ誰が行きたいと思う？ 健康な体を持っていれば，いや，持っていなくても，人は自分が役割を担える居場所を求める。よね（高校一年生の時からひきこもっていた人物の名前─引用者注）の履歴書を眺めて，つぶやいた。『そうだよね，働きたいよね』」（『ひきこもり町おこしに発つ』秋田魁新報社，2012年）。慰安のための空間としてのただの居場所ではなく，「自分が役割を担える」ような居場所が必要なのであり，それが働く場だと指摘しているようにも思われる。「心の悩みを聞こうなんて，これっぽっちも思わない」（『朝日新聞』2013年9月18日）で，就労支援に取り組んでいるところが何とも興味深いのである。後に触れるような，社会的包摂のための就労の試みとでも言えようか。

　さらに付け加えておけば，筆者の居住する横浜市では，市長が2014年の新年インタビューで次のように述べたと報道されている。「市内に15～39歳のひきこもりが8千人いる現状を踏まえ，『若者への就労支援は特に注力してやっていきたい』」（『朝日新聞』2014年1月4日）。こうした発言にも，就労支援に対する関心の広がりが感じられるのであるが，その同じ横浜で，不登校の子供がのんびりできるフリースペースを作り，そこのスタッフとしても働く不登校の子供を抱えた主婦は，「一番の懸案は就労の場。週1日，1, 2時間からでも働ける，しかも近場の受け皿をどう見つけるのか」（『しんぶん赤旗』2014年2月14日）と述べていることにも注目させられる。ここからわかることは，就労支援が困難を抱えた若者に対する働きかけにとどまらず，就労の場を確保したりつくりだすことでもなければならないという現実である。

2. 就労支援はどのように展開されているのか

(1) 交錯する「排除」と「包摂」

　筆者も若者の労働の世界にはそれなりの関心を払ってはきたが，その関心は，労働市場や労務管理，労働組合の視点からのものであったので，労働市場に登場もしていない無業の若者には，世間並みの関心しか払ってはこなかった。学生たちが彼らを別世界の人間とみなしてきたように，私もまた自らの専門領域に籠もりながら彼らを別世界の人間とみなしてきたわけである。だが，彼らとてその多くは労働の世界と無縁に存在してきたというわけでもないし，また無縁に存在したいと思っているわけでもない。その意味では，労働の世界との接点は確実に存在する。

　彼らの「リアル」をここで少しだけ垣間見てみよう。この間手にした湯浅誠他編著『若者と貧困』（明石書店，2009年）には，底辺校と呼ばれる高校に勤務する教師の次のような発言が紹介されていた。「(以前は)『てのひらから砂がこぼれ落ちていくように生徒がやめていく』というのを実感したが，今から思うとまだ『てのひらからこぼれ落ちていく』という感触があるだけでもましだった。現在受け持っている学年の生徒たちは，ほとんど『こぼれ落ちる』という感触もなく，学校をやめていく。もう退学・長欠は日常茶飯事になってしまっている」というのである。何とも寂寞たる教育現場の光景なのではあるまいか。底辺校では，たとえ卒業までこぎ着けたとしても，安定した将来が見通せるわけではない。そうであれば，「不透明な未来を見据えながら，日々の授業を受ける意味を見出すことはむずかしい」ということにもなるのだろう。やめた生徒たちは，学校外の世界に確かなつながりがあるわけでもないので，学校をこぼれ落ちることによって孤立を深めていくことになる。まさに教育からの排除である。

　こうした高校中退は，「人生の分岐点」だと指摘するのが，青砥恭の『ドキュメント高校中退』（ちくま新書，2009年）である。就業状況を見ただけでも，

高校を卒業したかしないかで（高校中退者の最終学歴は中卒ということになる），その後の人生のコースが大きく異なってくることがわかると述べたうえで，「子どもが教育から排除されれば，その後に続く人生の可能性が奪われる。貧困は子供たちから学ぶこと，働くこと，人とつながること，食べるなど日常生活に関することまでも，その意欲を失わせている。彼らから話を聞いていくと，ほとんどの若者たちが，経済的な貧困にとどまらず，関係性の貧困，文化創造の貧困など生きる希望を維持できない『生の貧困』に陥っている。それが親の世代から続いている」と指摘している。こうした「生の貧困」は，家族資源の乏しい若者に集中しがちであり，それはまた世代的にも再生産されていくことになる。教育からの排除は家族資源からの排除と接続しているのである。

無業の若者のなかにはホームレスとなった者もいるが，飯島裕子／ビッグイシュー基金の『ルポ若者ホームレス』（ちくま新書，2011年）には，以下のような指摘がある。彼らを取材してきた飯島が言うには，「最初から労働を忌避していたという人はいない。労働忌避の傾向は，ホームレス歴が長い人ほど高まる傾向にある。就職が決まらない，あるいは採用されても劣悪な条件の仕事しかないことが原因で『働かない，働けない』状態に陥っているということができるだろう。若者ホームレスは，学歴がない，キャリアを積めていない，コミュニケーション能力に乏しいなど，労働市場に参入されるための"能力"に乏しく，すでにスタート時点で大きな不利を背負っている」のである。さらには，「彼らの多くは仕事での"成功体験"や"楽しいと思った経験"がほとんどなく，過酷な労働やパワハラ，イジメなどによって，働くことに対して自信が持てない人が少なくない。そうした過去に加え，ホームレスという状態にあることで，『働きたくても働けない』状況に陥っている人もいる」ようなのである。まさに労働の世界からの排除とでも言うべき事態である。

こうした「リアル」を踏まえてみると，若者たちが直面している就労の困難は，自立の困難でもあり，それはまた，社会の基底をなす家族―教育―職

業の連鎖のなかに埋め込まれた構造的な問題のようにも思えてくる。市場化された社会から排除されている若者たちは，排除されているが故に市場においては見えにくくなる。そしてまた，市場化された世界に生きる多くの普通の人々は，見えないものをあえて見ようとはしない。だから見えないままなのであろう。阿部彩は，社会的排除について以下のように述べている。この「概念は，資源の不足そのものだけを問題視するのではなく，その資源の不足をきっかけに，徐々に，社会における仕組み（例えば，社会保険や町内会など）から脱落し，人間関係が希薄になり，社会の一員としての存在価値を奪われていくことを問題視する。社会の中心から，外へ外へと追い出され，社会の周縁に押しやられる」という意味で社会的排除なのであり，この概念は「人と人，人と社会との『関係』に着目した」ものなのだという（『弱者の居場所がない社会』講談社現代新書，2011年）。

　しかしながら，先のような市場化された世界のみでもって世間が成り立っているのかと言えば，実はそうではない。世間というものの間口や奥行きは意外にも広く，そこには言うまでもなく市場化されない世界も含まれているし，それが重要な役割を果たしたりもするのである。排除された世界が広がって徐々に可視化されるようになっていくと，普通の人々のなかにもそうした世界を見ようとする人々が生まれ，さらには支援しようとする人々さえ出てくるからである。そうした支援のためのさまざまな運動の蓄積が，社会として包摂していくための理念（例えば「一人ひとりを包摂する社会」）と政策を生み出していくことになる。このような運動と理念と政策は，包摂をめざした社会の実現に向けて相互に補完し協力し合うことになる。ここに社会的排除の対概念としての社会的包摂が登場してくるのである。

　先の阿部によれば，「私たちは，幾重にもいくつもの小さな社会に包摂されながら生きている。重要なのは，このような幾重もの『小さな社会』が，ただ単に生活を保障したり，いざというときのセーフティネットの機能を持っていたりするだけではない点にある。これらの『小さな社会』は，人が他者とつながり，お互いの存在価値を認め，そこに居るのが当然であると認

められた場所なのである。これが『包摂されること』である」という。「包摂されること自体が人間にとって非常に重要」なことなのだと強調しているわけである。

では、「人が他者とつながり、お互いの存在価値を認め、そこに居るのが当然であると認められた場所」とはどのような場所であろうか。「小さな社会」も社会である限りは恒常性を持ち、そこでは各人が役割とでもいうべきものを持つことになるはずである。そんなふうに考えていくと、「小さな社会」は徐々に就労の場へと接近していくようにも思われる。それはともかく、排除しようとするのも世間であり普通の人々であるが、逆に包摂しようとするのもまた世間であり普通の人々である。勿論のことながら、両者はまったく同一なのではない。前者においては企業の成長や競争や効率といったリーディングな価値規範が強く内面化されているが、後者ではそれほどでもない。社会の中心部は企業社会化しているが、周辺部は非企業社会のまま残されており、非企業社会のありようは、企業社会の価値規範を相対化する役割を果たしているようにも思われる。

それはともかくとして、どういうわけなのか、人間社会においては社会を社会たらしめるために「共同」や「共有」や「共助」といった価値規範にもとづく統合機能が必ず働くようなのである。リーディングな価値規範で覆われれば覆われるほど、社会の持続可能性が失われるといった不安が広がるからなのであろうか。包摂の動きは、社会的統合の危機に対する反作用のようにも見えなくはない。「ネットワーク静岡」の就労支援なども、そうした包摂の動きのひとつに他ならない。今はやりの表現を使うならば、信頼や規範やネットワークに支えられた「社会関係資本」として機能しているとでも言えばいいのであろうか。

(2) 「ネットワーク静岡」の成り立ち

就労が困難な若者たちに対する就労支援の実情を知るために、2012年に浜松市のパーソナル・サポート・センター、静岡市の静岡地域若者サポート

ステーション，それに沼津市の静岡県東部青少年就労支援センターを訪問した。浜松市と静岡市の場合は，その事業を受託しているのは「ネットワーク静岡」であり，沼津市の場合も運営しているのはやはり同じ「ネットワーク静岡」である。こうしたことからも推察されるように，「ネットワーク静岡」は，静岡県における若者の就労支援においてきわめて重要な役割を果たしている。この NPO 法人の理事長を務め，後にふれる「静岡方式」を提唱するとともに今日まで就労支援の活動を牽引してきているのが，静岡県立大の津富宏である。

まず，「ネットワーク静岡」の沿革について簡単にふれておくと，この団体は 2002 年に発足し，翌年から若者に対する就労支援を開始して，2004 年には NPO 法人化している。その翌年には「静岡方式」の原型ができあがり，2006 年には IPS（*Individual Placement and Support* ＝援助付き雇用）と出会ったという。その後 2011 年には浜松市のパーソナルサポート事業を受託し，さらには静岡県の「絆」再生事業の一端を沼津で担い，翌 2012 年には静岡地域若者サポートステーションの業務を静岡で受託している。現在就労支援の対象にしているのは，フリーター，ニート，ひきこもり，発達障害，精神障害などの概ね 40 歳未満の青少年であり，市民ボランティアからなるスタッフ数は，登録サポーターがおよそ 50 名ほどいるということである。

なお，上記の沿革に登場する IPS について付言しておけば，これはアメリカで 1990 年代に就労支援のために開発されたプログラムで，わが国では「個別職業紹介とサポートによる援助付き雇用」と訳されている。IPS においては，就労は精神障害に関して治療効果がありノーマライゼーションをもたらすと考えられているようで，その最終目標はリカバリーすなわち復帰である。精神障害を持つ人々が，生活の自立度を高め，社会において新しい役割を獲得し，その結果，精神保健が提供するサービスへの依存を減らしていくことができるのだという。ここでは，働くことはそうした目的を達成するうえでの大きな手段であると考えられている。

この IPS の特徴を整理してみると，施設内での就労前の訓練やアセスメン

図 8　「静岡方式」による就労支援の展開図

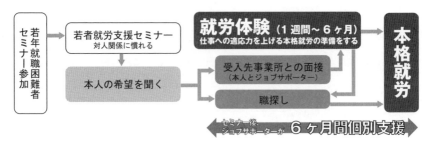

トは，本人の仕事に取り組む意欲を減退させ逆に弊害になることがあるということで，それらを最小限に抑えながら，たとえ短期間や短時間の部分的な就労であってもまずは一般の仕事に就き，そこでさまざまな体験をすることによって，仕事内容や自らの適性，関心，ニーズなどを知ってもらう，という考え方に立っていることであろう。本人の希望にもとづいて行動し，実際に働くことがエンパワーメントになるのであり，そのために支援するといった考え方は，先の津富も繰り返し強調しているところであり，「ネットワーク静岡」の就労支援の根幹に据えられた考え方なのである。

　では「ネットワーク静岡」による若者就労支援の実際は，どのようなものなのであろうか。その具体的な展開は，津富自身によって『若者就労支援「静岡方式」で行こう‼――地域で支える就労支援ハンドブック』（クリエイツかもがわ，2011 年）に詳しく紹介されているので，それを参照してもらう方がわかりやすいのかもしれないが，収集した資料やヒアリングの結果なども加えて，筆者なりにそのエッセンスを簡潔に整理してみたので，以下に紹介しておこう。就労支援の概略については図 8 を，またその詳細な展開については図 9 を参照されたい。

第3章 若者の現在と就労支援の課題

図9 「静岡方式」による就労支援の年間プログラム

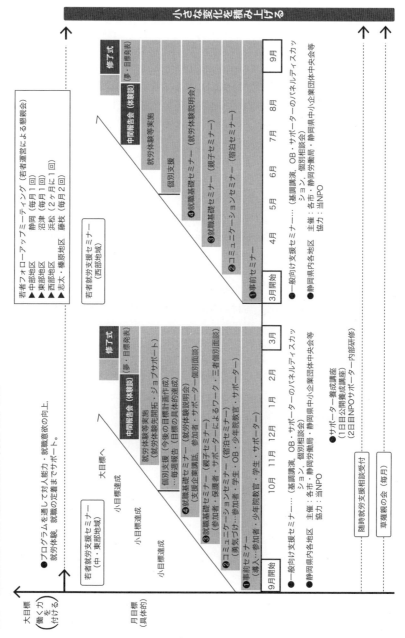

(3) 就労支援の展開

① 就労支援セミナーの開催

　「ネットワーク静岡」の就労支援の基本は、毎年3月と9月に開かれる「若者就労支援セミナー」である。募集は20名で、「概ね40歳未満で、現在就職しておらず、全てのプログラムに参加できる」者が対象となる。支援期間は基本的には6ヶ月間であり、これが節目となるが、6ヶ月を超えて長期にわたることもあるという。支援の中心は伴走支援（一人ひとりに付き添って行われる個別の支援のことであり、個別支援と称されることも多いが、ここではその内容を重視して伴走支援と呼ぶ）にあるが、その導入部分にあたるのが4回の集合セミナーである。当初は、集合セミナーを行ったのちに希望者にだけ伴走支援を提供することにしたようであるが、セミナーには参加しても伴走支援を申し出た者はわずかだったという。つまり、先に進むか進まないかという判断を若者に委ねてしまうと、多くの若者はためらって「進まない」と決断するようなのである。その反省にたって、それ以降は集合セミナーと伴走支援をセットにして提供しているのだという。

　伴走支援の前に集合セミナーを行うのは、セミナーを申し込んだ若者たちをただちに職場に連れて行くことは難しいからである。自分も「何とかできそうだ」という気持ちをもってもらうのが、集合セミナーの目的である。他の就労支援団体もそうであろうが、ここでも支援を求めている若者から自発的にアプローチしてもらうのは簡単ではない。まずは、就労支援が行われていることを知ってもらわなければならない。そのために、自治体などの依頼を受けながら、若者の就労をテーマとした一般向けの就労支援セミナーを開催してる。本人はひきこもっていて動けないことが多いので、このような一般向けの就労支援セミナーには、親が参加することが多い。親がセミナーに参加してから、その後本人と接触できるようになるのだという。最近手にしたとある雑誌に、「労働相談にたどり着く人は、労働相談を必要としていない」

という一文があったが，言い得て妙である。たいへんなのは，相談に一人ではたどり着けない若者をどうやってたどり着かせるかである。

一般向けのセミナーでは，まず津富から，働くことに困難を抱えている若者を取り巻く社会状況や静岡県内の就労支援の現状についての説明，「ネットワーク静岡」の紹介があり，その後OBやOGからの体験談の発表，そしてサポーターによる個別相談という形でおこなわれている。「若者就労支援セミナー」は，現在のところ，静岡労働局から静岡県中小企業団体中央会が受託し，さらに「ネットワーク静岡」に再委託されている。静岡でも中央会はよく知られた組織なので，中央会から委託されているというメリットは大きいようである。

「若者就労支援セミナー」への申し込みにあたっては，親ではなく，本人の意志を確認しているという。本人に「働きたい」という意志がなければ，就労支援そのものが成立しないからである。「働きたくても働けないのではなく，本人が働きたくないのであれば価値観の問題です。それを変えるのは私たちの役割ではありません」と，津富は言う。以前，親による申し込みを受け付けたところ，直前になって多くのキャンセルが出たため，本人の意志を確認するようになったのだという。「セミナーに参加しますか」という問いに肯定的であると思われる意思表示があれば，どんな若者でも参加を受け付けているとのことである。

② 集合セミナーへの参加

就労支援のプログラムは，まずは集合セミナーから始まる。集合セミナーは，①事前セミナー，②宿泊セミナー（コミュニケーションセミナー），③就職基礎セミナー（親子セミナー，就労体験説明会）からなり，1ヶ月の間に連続して4回ある。終わりを見せることで頑張ることができるので，日程はあらかじめ示しておくことが大切なのだという（図10参照）。ハイライトは2回目の宿泊セミナーであろう。宿泊セミナーを乗り切った若者の場合，その後脱落することはほとんどないという。

図 10　就労支援セミナーへの参加を呼びかけるチラシ

平成23年度若年者地域連携事業（静岡労働局委託）

受講者募集！

～若者の明日を応援する～　“若者就労支援セミナー”

対人能力と働くための自信を高める!!

人と接するのがちょっと苦手で仕事をするのが不安、やりたい仕事や自分にあった仕事が見つからない、といった「働くこと」に悩みを抱えている若者のためのセミナーです。

このセミナーは、就職や仕事に関する難しい勉強会ではありません。同じ悩みを持つ仲間や学生スタッフとの共同作業などを通じて、話すことや人間関係に自信をつけて、「頑張ってみよう！」「働いてみようかな？」と前向きな気持ちを引き出すセミナーです。セミナー修了後も、経験豊富なサポーターがいつでも応援してくれますので、就労体験や就職に関するどんな相談でも受けられます。これまで多くの若者がこのセミナーを通して新たな道に進んでいます。

セミナーに参加して、皆で一緒に働くための一歩を踏み出してみませんか？

◎対　象：概ね40歳未満で、現在就職しておらず、全てのプログラムに参加できる方
◎募集定員：20名（先着順）　＊申込締切　平成23年9月2日（金）

次の5つのプログラムを通して、対人能力・就労意欲の向上から、就労体験、就職先での定着までをサポートします！

（プログラム1）**事前セミナー**

日時：9月10日（土）13:00～17:00
会場：『静岡県産業経済会館』　3階 第一会議室（JR静岡駅北口より徒歩15分）
静岡市葵区追手町 44-1　TEL: 054-273-4330
内容：セミナーの説明、他の参加者や学生スタッフとワークショップ（共同作業）を行います。

（プログラム2）**コミュニケーションセミナー（宿泊セミナー）**

日程：9月18日（日）～19日（月・祝）（一泊二日）　9:30 現地集合
会場：『静岡県立焼津青少年の家』　焼津市石津 2259-408　TEL: 054-624-4675
参加費：3,300円（1泊4食の宿泊料・食事代の実費　＊26歳未満の方は3,000円）
内容：ゲームやワークショップにより人と接することや話すことへの抵抗や不安を解消して、やる気や前向きな気持ちを引き出します。他の参加者や学生スタッフと2日間、寝食をともにすることで、自然にコミュニケーションが高まり自信がつきます。

（プログラム3）**就職基礎セミナー１**

日時：9月25日（日）13:00～17:00
会場：『静岡県産業経済会館』　3階 第一会議室
内容：保護者を交えたワークショップ、サポーターと本人・保護者との三者面談を行います。

（プログラム4）**就職基礎セミナー２**

日時：9月29日（木）13:00～17:00
会場：『静岡県産業経済会館』　3階 第三会議室
内容：就労体験受入れ先企業による説明会、個別面談を行います。

（プログラム5）**就労体験などの個別サポート・６ヶ月間支援**

内容：就労体験などを通じて、職場に対応できる力を身に付けるため、個別にサポートします。

1回目のセミナーが事前セミナーと名づけられているのは、「お試し」の気持ちで気軽に参加してもらいたいからだという。セミナーでは、少年院から現役の教官を招き、ワークショップを行ってもらっている。ワークショップというのだから、一方通行的な知識や技術の伝達ではなく、参加者が自ら体験しながら、グループ内の相互作用の中で何かを学びあったり創り出したりする場にしたいということなのだろう。少年院には、グループディスカッションやSST（*Social Skill Training* ＝対人関係における挨拶や依頼、交渉、自己主張などからなる社会技能を身につけるための訓練をいう）など、さまざまな集団活動のプログラムがあるが、ワークショップにしたのは、人と話すことのできない若者でも参加できるからだという。

　事前セミナーの参加者はおよそ60名で、その内訳は若者が20名、社会人サポーターが10名、残りの30名が大学生のスタッフである。少年院のワークショップの定型は、アイスブレイク（初対面同士の抵抗感をなくすためのワーク）を行ってから、その後特定のテーマに関して意見交換するというものである。事前セミナーの終了時に、次回行われる宿泊セミナーの案内をしつつ、調査票を手渡して、記入のうえ宿泊セミナーに持ってきてもらうように依頼しているという。

　次のセミナーは、事前セミナーの1週間後に行われる2日間の宿泊セミナーである。この宿泊セミナーは、学生スタッフおよそ30名が企画・運営にあたっており、彼らには、この組織の創設当時から手伝ってもらっているとのことである。津富が学生スタッフにいつも言うことは、「心をつかう」ことと「気をつかいすぎない」ことだという。傷つけるのではないかと過度に遠慮するぐらいなら、相手の懐に飛び込んだ方がよいという考え方なのであろう。今の学生にはいじめられた体験をもつ者も多い。元気なように見えていても、人とつながることのできないつらさをよく知っており、彼らでなければこの合宿を企画、運営することはできないのだという。学生以外の参加者は、事前セミナーとほぼ同じである。

　宿泊セミナーのプログラムには、就労支援を以前に受けたことのある先輩

に話を聴くという企画もある。通常，先輩二人がインタビューに応じたり，対談したり，質問を受けたりして，就労支援を受ける前の気持ちや受け始めた時の気持ち，そして，どのようにして現在に至ったのかを話すのである。この企画は参加者からの評価がもっとも高いという。伴走支援に向けてのスタートともなる２日目は，６ヶ月後の目標を考えてもらいそれに助言しあったりすることになる。そして最後に，参加した若者全員に宿泊セミナーの感想や今後の決意を話してもらう。宿泊セミナーの終了時点で，一人ひとりの若者を担当するサポーターがひとまず決定される。次回のセミナーに担当サポーターに来てもらうためである。

就職基礎セミナーは，親子セミナーと就労体験説明会からなる。親子セミナーは宿泊セミナーの１週間後に行われる。ここからは学生スタッフがいなくなって，雰囲気は一変するようだ。以前はこの親子セミナーをやっていなかったが，就労支援の趣旨を理解しない親が，「ただ働きをするくらいならやめなさい」と，せっかくの子供の努力を無にしてしまうことが何度かあったため，親の理解を得る必要を感じて始めたのだという。親子セミナーの前半は，宿泊セミナーに引き続きワークショップであり，後半は担当サポーターによる三者面談である。目的は就労支援の仕組みと趣旨を理解してもらうことであり，親子関係を調整することである。就労体験説明会は，親子セミナーの３〜４日後に行われる。ここでは講義形式となり，主要な内容は，企業や社会福祉法人などの就労体験先からの話である。さらに，サポーターからの就労体験の意義についての話もある。この就労体験説明会で集合セミナーはすべて完了することになる。

③ 伴走支援の開始

集合セミナーを終えて，いよいよ伴走支援が始まる。スタートから約１ヶ月後に，サポーターは若者と相談しながら６ヶ月間の目標（長期目標）とそれをブレークダウンした各月の目標（短期目標）を，ひとまずの目安として作成する。通常は，仕事や生活，健康といった大きな項目ごとに目標を立

てることになる。6ヶ月後に「正社員になっていたい」という若者もいるし，「アルバイトをしていたい」という若者もいる。そこで，「じゃあ，そのために何から始めようか？」と，尋ねていくのだという。津富は，「立ち止まることは歓迎しない」が，試行錯誤は歓迎するという。

　サポーターは，「若者の潜在力が引き出されるように手助けをする」という思いがあれば，「若者と関わる姿勢は自分で決めてよい」ということになっているので，なかにはいささか強引なサポーターも存在するらしい。会ったその日に，求人情報誌を開き何カ所か選ばせて，「俺が履歴書を書いてやる」と言って，その場で電話させるサポーターもいるという。津富によればそれでも構わないという。立ち止まっているよりもずっといい，と思っているからであろう。「チャレンジってこんなに気軽なんだ」，「変化ってこんなに簡単なんだ」と若者たちに気付いてもらえるだけで意味があるということのようである。

　伴走支援が始まると，サポーターは若者と連絡を取りながら，彼らの背中を押し続けることになる。支援の内容は，本人の願望や状態に応じて多岐にわたっている。就労体験先の開拓・連絡・調整，ジョブコーチ（障害者の就労に際しての職場適応援助者のこと）的な支援，各種制度の利用支援（例えば新卒者支援，トライアル雇用，就職活動の支援，就労体験や就労開始後の定期的な相談，家族との話し合い，他の機関（ジョブカフェや障害者職業センター）への紹介）などである。トライアル雇用とは，ハローワークの紹介によって，特定の求職者を短期間の試用期間を設けて雇用し，企業側と求職者側が相互に適性を判断した後，両者が合意すれば本採用が決まるという制度のことである。試用期間中は企業側に対して奨励金が支給され，若年者が本採用にいたった場合には，若年者等正規雇用化特別奨励金が支給される。

　就職活動ができるならばその支援を行うことになるが，それが難しければ，できる限り早く就労体験につなげていくことになる。その際本人の希望をできるだけ尊重するが，やりたいことがわからない若者の場合には，サポーターから選択肢を示すことになる。就労体験は，受け入れ先と相談のうえで，最

初は週3日，1日に数時間程度から始め，徐々に増やしていくことになる。期間は3ヶ月を目標にしているとのことである。そして，もしも可能であればそこでの就職につなげていくのだという。就労体験も困難だと思われる若者の場合には，ごくごく基本的な生活習慣の改善から始めることになる。

浜松市のパーソナル・サポート・センターが，企業に就労体験への協力を呼びかけたビラには，「働きたくても働けない人たちに，働くことを体験する場を提供することで『働く喜び』を知ってほしい」と思っているが，そのためには「職場の中で学ぶことにより，実践的なマナーを覚えることが一番早い方法」なのだと記されている。「働く喜び」としてあげられているのは，「返事が元気よくできるようになった」，「挨拶がきちんとできるようになった」，「みんなと同じ活動や作業ができるようになった」などの例である。費用は発生しないので，「就労体験を通してスモールステップを踏み，社会参加のきっかけとなる場の提供をお願いします」，「短時間でも受け入れていただき，職場の実践の中で，小さな成功体験を積ませてください」との文言もある。

3ヶ月程経過した頃に「中間報告会」が開かれることになる。そこでは，自らの目標の進捗状況とこれからの抱負について，若者自身から話してもらうことになる。進捗状況はさまざまであるが，この時点ですでに3分の1ぐらいの若者は働き出しているという。一緒にスタートした「同期」の頑張りに刺激を受けたり，自分の考え方を振り返る機会ともなるのだろう。さらに半年経った頃に「修了式」が開かれ，半年間の成果を報告してもらうことになる。この時点では，おおよそ8〜9割の若者が，働き出しているかあるいはそこまでいかなくても就労体験に踏み出しているという。多くの若者は話し方だけではなく姿勢や視線も変わり，魅力的になっているという。

「ネットワーク静岡」の就労支援の特徴は，この時点までで20名中1〜2名しか途中で「脱落」する者がいないことだという。支援の成果はかなり高いようにも思われる。「脱落」する若者の場合，「ネットワーク静岡」を就職斡旋機関だと勘違いして申し込んでしまい，就職を斡旋してくれないのな

ら用はないということで，集合セミナー開始早々に連絡が取れなくなるパターンか，就職が決まったので支援はいらないというパターンのいずれかだという。どちらも，そもそも就労支援をそれほど必要とはしていない若者たちだったのであろう。

　「修了式」で支援は終わるわけではない。6ヶ月経ってもまだ働き出せない若者もいる。また，働き出せたとしても，働き続けるうちにはいろいろな苦労もあるので，勤め先を辞めてしまう前に支えることも重要な活動となる。「就職」支援ではなく「就労」支援でなければならない所以である。しかしながら，担当のサポーターのところに若者が累積していけば，支援の手が回らないといった事態が生ずる。そこで生まれた仕組みが「フォローアップミーティング」である。このミーティングは，「ネットワーク静岡」の支援を受けているか，受けたことのある若者を対象にして，静岡県内の4ヶ所で開かれている集まりである。ここに参加する若者には，働いている若者もいれば働いていない若者もいる。2〜3年経つと働いていた者が職を失ったり，働いていなかった者が働き出すようなことも起こる。若者たちはこの「フォローアップミーティング」に参加することで，ともにこの社会を生きていく仲間であることを理解していくのだという。

3. 就労支援から「もうひとつ」の「ほどよい」働き方へ

(1) 就労の意義はどこにあるのか

　ところで，先のニート調査の結果によれば，アルバイトが多く離転職を繰り返してはいるものの，8割近くの若者が職歴をもっていた。聴き取り調査などからは，「『人間関係が苦手』，『手先が不器用』，『計算や字を書くことが苦手』などの事情が，職場の人間関係のトラブルといったネガティブな体験につながり，苦手意識がさらに増幅されて就労が困難な状態に追い込まれていく様子がうかがわれる」というのである。人間関係上のつまずきという点では，学校段階でのいじめの問題も無視できないという指摘もある。こうし

た現実を見るならば,「職場適応能力」が不足していると本人を非難するだけでは問題は解決しない。だとするならば, 彼らの置かれた状況を踏まえた支援が求められることになるだろう。ニート状態から脱出するうえで効果的であったと思われる支援には, いくつかの共通項があるという。それらをまとめてみると以下のようになる。

①個々の状態を見立てたうえでの対応
②本人の状況に合わせた小さなステップを上ることによる自己評価の向上
③規則正しい生活習慣や仕事を継続するための基礎体力の確保
④コミュニケーションの苦手意識への対応
⑤就労体験を通じた社会への手応えの付与
⑥訓練終了後や就職後のアフターケア

まがりなりにもニート状態から脱して, 今の仕事に就くことができた若者は, その仕事を「難しくなさそう」だと感じるとともに,「急がされない」し「怒られない」職場だと受けとめているという。私にとって興味深かったのは, これとは逆の状況とその結果としての自信喪失が, おそらくは学校段階から生まれており,『難しく, 忙しい, 厳しい』環境に適応しにくい彼ら・彼女らは, それまでの挫折体験による低い自尊感情を内面化し,『生きていく』という意味の基本的欲求さえ希薄なまま成人に達した若者たちではなかろうか。『体力』と『規則正しい生活習慣』を持てず,『気持ちの流れるままのルーズな生活時間』を送っているのも, 適応性の弱い彼ら・彼女らに手を差し伸べる存在がないまま放置された結果であるともいえる。適応性の弱さの核にあるのは,『人との関係作りの弱さ』,『ネットワークの狭さ』という特徴であるが, それは個人化する現代社会の負の側面を顕著に持ってしまった若者といえるのではないかと思われる」との指摘である。さらには,「若者が自立するためには, ヒューマン・ネットワークが必要であり, しっかりとした帰属意識, 自尊感情, 社会経験の蓄積が生きる力となる」といった指摘にも, 共感するところ大であった。

こうした指摘を今更のようにこと改めて縷々紹介してきたのは, 上述した

「ネットワーク静岡」の就労支援が，ほぼ上記のような認識に立ったうえで，より明確に就労をターゲットに据えて活動を展開していたからである。ではなぜ就労がターゲットになるのか。その背景には，理事長の津富が少年院の教官だったという事情もあるだろう。ハンドブックのなかで彼が言うには，「少年院から出た非行少年にとって，仕事に就けるかどうかは，人生の分かれ目と言ってよい。少年院を出て，仕事に就いた少年の再犯率は10％を切り，仕事に就かない少年の再犯率は50％を超える。仕事に就くか就かないかで，その後の人生が大きく変わる」のだと。

　そしてまた，こうした状況は当然ながら非行少年に限られるわけではないのであって，「あらゆる若者に当てはまる」はずだとも言う。彼は，「仕事は完全栄養食のようなもの」であるとまで述べるとともに，そのメリットとして，①プライドが保てる，②毎日行くところがある，③生活にリズムができる，④人間関係が広がる，⑤お金が手に入り，生活に余裕ができる，⑥社会常識が身につく，⑦（深みがある仕事なら）生きがいになる，ことなどを指摘している。あまりにも単純かつ明快すぎる指摘なので，もしかするとかえって見逃されやすいメリットなのかもしれない。就労するということは，日常生活における自立や社会生活における自立をともなわざるをえないということなのだろう。

　たしかに，働くことには（たとえそれが賃労働という形式を取ろうとも）こうした契機が埋め込まれていることを否定することはできない。もちろん，労働条件や職場の環境，仕事の内容によっては，こうした契機が否定されることもしばしばあるから，就労を全面的に肯定していればそれですむわけではもちろんない。にもかかわらず，津富が，「どんな人間でも働ける」という信念を抱いたり，「働けない若者に会ったことがない」と断言したりするのは，先に指摘したように，就労というものが「しっかりとした帰属意識，自尊感情，社会経験の蓄積」をもたらし，それが「生きる力」となることを，「ネットワーク静岡」の就労支援によって生まれたこれまでの成果によって確信しているからなのかもしれない。

たまたま『THE BIG ISSUE JAPAN』175 号を手にしていたら，そこにはひきこもり問題の第一人者で精神分析医の斎藤環が登場し，次のようなことを語っていた。彼によれば，「思春期以降，親密な人間関係を一度ももたずに 30 歳代に至ってしまうような人があまりにも多い」ので，「一生に一度でいいから，親しい人間関係を経験してもらいたい」と願っているのだという。彼の場合は，究極の目標に置いているのは就労ではなく「自発性を呼び戻すこと」なのだが，それは「人の意欲や欲望は社会性がもたらすもの」であり，「いったん人間関係から外れてしまうと，まともな意欲も欲望ももてなくなる」からだと述べる。そのうえで，「しかし不思議なことに，親しい人間関係を持った人は，ほぼ例外なく就労を望むようになる」と斎藤は言うのである。

　では，この「不思議」はいったいどこから生まれてくるのであろうか。労働問題の領域からいささかはみ出してしまったこうした問題について，残念ながら今の私にはすぐに回答できそうもない。ぼんやりと思うことは，「親しい人間関係」を通じて「社会性」をもつことになった人は，生きることに「自発的」になり，その結果，自立して生きるためにあるいはまた仕事による「社会的承認」を求めて（近代社会においては出自や身分によって「社会的承認」を得ることはできないのである），津富の主張するような「完全栄養食のようなもの」としての仕事を求めることになる，そのようなことなのであろうか。先の表 2 に示したように，「ひきこもり群」や「ひきこもり親和群」に含まれる若者たちであっても，その多くは「働きたくない」とか「このままでいい」などと思っているわけでは決してない。このことは，潜在的にではあっても彼らもまた「親しい人間関係」を通じて「社会性」をもち，「自発的」に生きたいと願っているということなのかもしれない。

　そんなことを考えていたら，先の斎藤が『「社会的うつ病」の治し方——人間関係をどう見直すか』（新潮選書，2011 年）で，次のようなことを述べていることを知った。「ネットワーク静岡」の考え方とも通底した興味深い指摘なので，ここで紹介しておきたい。彼は言う。「就労はなによりも生

きる糧を得るための活動ですが、それだけではありません。私は仕事の目的として『食べていくため』のほかに『他者から承認されるため』が重要であると考えています」。つまり、「食べていく」ことができるならば「生存の不安」が解消されるように、「他者から承認される」ならば「実存の不安」が解消されるというのである。就労は、ここにいう二つの不安を解消しうる可能性を持っているということなのであろう。以前筆者は、「『働く』ことは収入を得るための『手段』でもあり、社会的承認を受けるための『契機』でもあり、自己実現のための『領域』でもある」と述べたことがあるが（町田俊彦編著『雇用と生活の転換──日本社会の構造変化を踏まえて』専修大学出版局、2014年）、働くことを複眼的にとらえることが重要なのであろう。

「就労を通じての社会参加は、それがうまくいっている間は、個人の自尊心を安定させ、自己愛（「自分という存在が大切である」という感覚のこと──引用者注）システムの作動に寄与します。なぜなら仕事は『生存の不安』を解消すると同時に、他者との関わりをもたらし、他者からの受容と承認を通じて、自己愛を支えてくれるからです」と述べていることからもわかるように、斎藤は「労働を通じての承認」にこだわっており、「福祉によって就労の義務を免除されることが安心をもたらすのも確かですが、その一方で、本人の自己愛を傷つけ、労働以外の活動に関わっていこうという意欲すらも奪っているような気がしてならないのです」とも述べている。何とも興味深い指摘なのではあるまいか。

（2） 就労体験はなぜ重要なのか

「ネットワーク静岡」の就労支援が特徴的なのは、「支援のための場」が「実際の職場」あるととらえられており、そこにできるだけ早く連れていこうとしていることだろう。ひきこもりの若者や支援団体に対する取材経験のある永富奈津恵は、「静岡方式」を紹介した先のハンドブックのなかで、次のように指摘している。「たいていの若者支援機関では、若者の意欲が明確に意思表示されないため、まずは『支援のための場』で、仲間をつくり、コミュ

ニケーション能力や適切な人間関係を構築できるスキルを身につけてもらうことからはじめる。その間に，若者と話し合いながら，目標を定め，それが『就労』であるなら，擬似的な職場訓練・仕事訓練を行なってから，就職活動の手助けをしていく」ことが多いのである。

これに対して「ネットワーク静岡」の就労支援の場合はどうだろうか。そこには，「少しずつステップを踏んでいくようなまどろっこしさはない。『就労』というゴールが，若者たち共通の目標として設定されていて，そこにいち早くたどり着くためには，何をしたらいいのかを考えている。だから，4回の集合セミナーを経ただけで，すぐに職場で就労体験を行なってもらうのだ。それは，『支援したあと実際の現場に出る』と，『実際の現場に通いながら支援を受ける』の違いだと言ってもいい」のかもしれない。就労というゴールを明確にした新しい支援の形である。

こうした「ネットワーク静岡」の就労支援のあり方は，「泳げない若者をいきなり海に放り出すようなものにも見える」ので，筆者なども当初はいささか「乱暴」なのではないかと思ったりもした。正直に言えば，就労がそんなに大事なのかといった疑問も抱いていたからである。しかしながら，「ネットワーク静岡」の場合は，「『支援のための場』で職場訓練・仕事訓練を受けるといっても，それはあくまで擬似的なものだから，『畳の上での水練』的なものにならざるを得ない。いくら畳の上で，泳ぐためのイメージトレーニングを行なっても，泳げるようになるとは限らない」のであれば，「その訓練は，実際の職場で行なうのが手っ取り早い」し，「より実践的であり，より効果的な訓練になるはず」だという考え方なのである。あくまでも徹底した現場主義なのである。

永富も指摘しているように，「たいていの若者支援機関が，こうした手法をとれない理由」もわかる。まずは，職場にいる若者を個別に支援するだけの人員がいないということであり，さらには，「何もできない若者を理解し，受け入れてくれる雇用主を確保することが難しい」ということである。この二つの問題を，「ネットワーク静岡」では「ボランティア」と「地域」で乗

り切ろうとしている。現在登録している50名ほどのボランティアは，若者と寄り添う伴走者，すなわちサポーターとなる。就労体験を依頼する職場の雇用主との関係では，地域におけるつながりが頼りである。「サポーター自身が持っている地域コネクションを総ざらいしてみると，就労体験の場所が必ず見つかる」のであるが，それは，「サポーターたちが本業を持って，地域社会に根づいて生活している」からこそ可能になるのだという。

　ここで指摘されている二つの問題領域，すなわち伴走者と職場の確保は，「ネットワーク静岡」に限らず若者就労支援に際して必ず問われることになる重要なポイントである。就職を継続的な就労に結びつけていくためには，伴走型の支援が必要なのであるが，では誰が伴走者となるのか。「ネットワーク静岡」では，ボランティアであるサポーターの募集は，現役のサポーターが随時，知り合いに声をかけて行うほか，年に一度の「サポーター養成研修」で行っているが，サポーターとして残ってくれる人の割合は高くはなく，講座参加者の1割程度なのだという。ハンドブックには，サポーターの座談会も収録されているが，そこには以下のような悩みも吐露されている。

　支援を求めてくる「若者一人ひとりが『例外』といった感じなので，一般化できない。つまり，マニュアル化できないんですよ。だからサポーターは，そのつど，考えて，迷いながらやっていくしかないでしょうね」。サポーターが「『何をやるか』が個人に任せられている支援方法だから，一人ひとりが暗中模索しなければならない。それが重荷だったのかもしれませんね。少しずつ人が減っていきました」。「『勉強のため』に参加しようと思う人は多くても，目の前にいる困っている若者と接しながら，やれることをやっていくしかないという現実を目の当たりにすると，みなさんボロボロと辞めていく」。「私たちから見て，『この人はサポーターに向いているんじゃないかな』と思うような人ほど逃げていくんですよ。『まったく自由に支援していいんだ』と言われても，そこにはやはり責任があるわけで，責任感が強い人ほど辞めてしまうような気がします」。

　こうしたこともあって，サポーターのための「ガイドライン」がつくられ

たが，私にはサポーターの養成は依然として大きな課題となっているようにも思われた。サポーターが維持できそしてまた増えていかなければ，支援を求める若者を受け入れることも，継続的な就労支援も難しくなりかねないからである。それどころか，就労体験先もサポーターたちのネットワークにかなり依存しているようでもあるので，そうした場の確保と維持が困難になってくるかもしれない。就職先や就労体験先の確保については，サポーターはどんなふうにみているのであろうか。そのあたりの発言を記してみる。

「大企業を中心に求人が少なくなっているだけで，零細企業は今だって人手がほしいんです。ただ，人を育てるゆとりがない。どんな人材がほしいかは具体的なんです。私たちとしては，企業が望むピンポイントの人材を紹介していけばいい。そうでなければ，あとは経営者の『情』に訴えますね」。「日ごろから，町内会などの会合にまめに顔を出して，広いネットワークをつくっておくんです。若者がどこかを希望するなら，そこに自分の人脈がないか，必死に探します。見つかったら，経営者や人事の担当者に，まずは『就労体験させてほしい』とお願いするんです。いきなり就職ではなく，必ず就労体験からはじめさせてもらう」。サポーターが，伴走支援だけではなくて，こうした就職先や就労体験先を確保することも求められることになるので，やはりたいへんな仕事として受けとめられる可能性は十分にある。

「ネットワーク静岡」という組織は，津富宏といういささかカリスマ性のある人物（彼は「静岡方式」を編み出した理論的な指導者でもあり，ボランティアのサポーターを集めるオルガナイザーでもあり，さらには彼らへの良きアドバイザーでもあった）の強力なリーダーシップの下に集まった，伴走支援にあたるサポーターや宿泊セミナーで活躍する学生たちから成り立っている。三者ともにそれぞれの活動に「やりがい」を感じているようで，サポーターたちもそのことをわれわれに強調していたのであるが，彼らが（とりわけ津富などは）いささかハードワークな状態にあるようにも思われた。

まったくの個人的な感想にすぎないが，「ネットワーク静岡」は津富の存在なしでは考えにくいような気もしたのである。彼の八面六臂の活躍には頭

が下がったが，そのうえあえて言えば，その存在の大きさが「ネットワーク静岡」の弱点でもあり，今後克服すべき課題となっているのかもしれない。津富とサポーターたちの発揮している良心的で献身的な努力に頼るだけでは，こうした活動がこの先行き詰まってしまうことも考えられなくはない。組織としての継続性を確保していくことが，今後の大きな課題となっているようにも思われたのである。だとするならば，「ネットワーク静岡」の果たそうとしている「社会関係資本」の機能に着目して，国や自治体が側面から支援していくことが，これまで以上に求められているのではなかろうか。

　もうひとつの問題は，就労をめざす若者たちの就職先や就労体験先がうまく見つかるかどうかということである。浜松市のパーソナル・サポート・センターでは，「潜在求人」あるいは「非公開求人」の開拓に力を入れているとの話であった。企業の方からすると次のような状況にあるのだという。ハローワークに求人票を出したり，求人誌や新聞などに求人広告を出したものの，思うように応募がなかったり思うような人が来ないことが多い。そのために，人手不足ではあっても採用活動に消極的になっているらしい。だから，数ヶ月前の求人に直接アプローチするのだという。こうした求人開拓のメリットは，競争率が圧倒的に低いので，すぐに面接まで進める可能性が高く，仕事が決まりやすいというのである。

　では就労体験の場合はどうだろうか。この場合には，若者が自分のできる範囲（日数や時間）で体験が始まるので，最初から一人分の仕事の遂行を求められるわけではない。体験は後片付けの仕事などから始まることもある。まさにスモール・ステップアップである。このメリットは，体験者の方からすると，大きな負担を感ずることなく仕事を体験できることであり，企業の方からすると，時間をかけて若者の適性を見極めることができることである。就労体験の場合は，伴走者としてのサポーターの支援が受けられることも，若者の精神的な負担を軽減しているかもしれない。しかしながら，サポーターによれば，「今までまったく働けなかった子が，働く練習として就労体験できるようになったんですよ。それなのに，『なんでうちの子をタダ働きさせ

るんだ』と言われてしまう。働けるようになったらなったで『うちの子をワーキングプアにするつもりか』と苦言を呈される」こともあるのだという。

　こうした反応は，もしかすると，たんなる親の「無理解」によって生まれているとだけは言えないのかもしれない。つまり，今日のわが国のように雇用されて働くことが主流となった雇用社会においては，働くことは必ず支払いを受けるペイドワークでなければならず，また働くからには，受け取ったペイのみでもって自分自身の生活が維持できなければならないとの「常識」が，広く深く社会に浸透しており，そうした「常識」に親もまた強く縛られているようにも思われるからである。親の「無理解」に孕まれた問題の根は，意外にも深いのではあるまいか。就労が，日常生活における自立や社会生活における自立の可能性を孕んでいることが，「常識」の世界では忘れられがちなのであろう。

　もちろん言うまでもないことではあろうが，サービス残業と呼ばれる不払い労働が蔓延したり，働いても自らの生活を維持することさえままならないワーキング・プアが増大している社会においては，先の「常識」が溶解しつつあるようにも見えるわけで，その意味では，「常識」とその「常識」を支えるための働くルールはしっかりと堅持されなければならない。当然のことであろう。しかしながら，就労困難な若者たちの自立を考える場合には，この「常識」をあてはめるだけではすまないように思われるのである。

　彼らの場合には，短期のうちに正規雇用で就労することは難しいので，アンペイドな就労体験，段階的就労，中間的就労，部分就労など，さまざまな働き方の組み合わせが求められるのである。言葉の本来の意味での，言い換えれば働く側にエンパワーメントをもたらしうるような「多様な働き方」が必要となるのだろう。この間急速に広がってきた「就業形態の多様化」や「非正規雇用」（これを，日本的現実を無視して「非典型雇用」と称する向きもあるが，正規雇用と非正規雇用との間に厳然とある身分差別を軽視するものであろう）のほとんどは，企業側にとって意味のある「多様な働き方」であり，企業の側から期待される「非正規雇用」に過ぎないのであって，「高コ

スト体質」の是正を最優先させたそれらの働き方が、就労困難な若者たちの自立を促す役割を果たしうるようには思われない。

先に紹介した『「社会的うつ病」の治し方』で、斎藤は「軽いうつ病やひきこもりのように、障害は持たないが正規の就労をするのはハードルが高い人々に対する、ほどよい就労支援の場所がほとんど存在しないという現状は問題です」とも述べていた。彼は、宮本太郎の『生活保障』（岩波新書、2009年）を援用しつつ、「社会的包摂を考えるなら、単なる経済支援では不十分」であり、「労働を福祉の問題として考える発想」をベースに、「社会福祉としての就労支援」を考えるべきだとの考えに立っているからである。「ほどよい」働き方としての中間的就労、「ほどよい」就労支援の場所としての「中間労働市場」の必要性が、こうしたところからも浮かび上がってくるようにも思われるのである。

(3)　「もうひとつ」の「ほどよい」働き方とその条件

これまで紹介してきたような、就労が困難な若者たちに対する就労支援の試みは、支援の結果としての「出口」における就労が意識されていることからすれば、ワークフェアのなかに位置づけることが可能なのかもしれない。埋橋孝文によれば、ワークフェアとは「何らかの方法を通して各種社会保障・福祉給付（失業給付や公的扶助、あるいは障害給付、老齢給付、ひとり親手当など）を受ける人びとの労働・社会参加を促進しようとする一連の政策」（『ワークフェア——排除から包摂へ？』法律文化社、2007年）であるという。就労支援を受けている若者たちの多くは、未だ「各種社会保障・福祉給付」の受給者ではない場合がほとんどなので、一見ワークフェアの対象外のようにも見えるが、放置されれば「各種社会保障・福祉給付」の受給者となる可能性が高まるはずであり、言ってみれば予防的なワークフェアということになるのかもしれない。

同じくワークフェアと呼ばれていても、促進される「労働・社会参加」のありようによっては、さまざまなバリエーションがありうる。埋橋の別の著

作を繙いてみると，彼はワークフェアをハードなそれとソフトなそれに分けて考察している(『福祉政策の国際動向と日本の選択』法律文化社, 2011 年)。そこで論じられているハードとソフトの区分を紹介してみると，ハードなワークフェアは，「失業保険や公的扶助の給付期間の短縮化と受給に際しての就労要件の厳格化」によって就労に対するインセンティブを高めるものであり，ソフトなワークフェアは，「教育訓練によってエンプロイアビリティ(雇用可能性・雇用力)を高め」ながら，労働市場への参加を促進していくものであるとされている。

もっとも，埋橋も注意を喚起しているように，「こうしたワークフェアの区別はある意味では『相対的』なものであり」，「その時々の経済——雇用情勢——の変化に応じて，ハードなワークフェアとソフトなそれとの間での『揺らぎ』が観察される」し，「また，対象者の別に応じて，つまり，若年者か老年者か，失業者かそうでないか，障害をもっているかまたその程度，シングルマザーかどうか，その場合の扶養児童の数，年齢などに応じて，実際にとられているワークフェア政策の中身が異なっている」のであり，その意味では，「ワークフェアの種類は，それぞれが断絶したまったく異質のなものではなく，連続した一連の政策ライン上のどこかに位置する」ものなのである。

わが国における就労支援の現場でこれまで期待されてきたのは，先の二分法でいえばソフトなワークフェアである。いま手元にある社会福祉士養成のためのテキストである『就労支援』(ミネルヴァ書房, 2010 年)を広げてみると，次のような興味深い記述がある。「社会福祉における就労支援は，個人的，社会的事由で生活上の困難を有する対象者に，その就労を支援することによって，問題や課題の解決，改善を図ることである。そして，失われた，あるいは侵害されている諸権利の回復，擁護を実現しなければならない。言い換えれば，就労支援に対する基本的視点は，さまざまな職業的困難を有する人々(現時点では，就労の意志を持たない人々も含む)に向き合う際に，就労支援を単に『求職者』と『求人者』のマッチング作業としてとらえ

ないことである。職業紹介的,斡旋的な活動はときに就労支援の一部をなすことはあっても,目標そのものではない」というのである。

　他にも,「就労を目的化するのではなく,生活を再構築するうえでの手段としてとらえていく」とか,就労支援の基本的な視点は,「『働かせる』のではなく,『働きたい』を支援する」ところにあるとか,あるいはまた,「『権利の回復』としての就労支援」,「『生活支援』としての就労支援」といった捉え方が重要であるといった文言も登場する。これらの指摘からもわかるように,福祉の現場においては少なくとも理念としては,ソフトなワークフェアの視点から就労支援を位置付けようとしているのである。就労支援の具体的な展開を考えると,こうしたソーシャルワークとしての視点のみで「出口」としての就労が可能になるとは思われないが,就労支援の根底に置かれるべき政策思想は,やはりこうしたものであるべきだろう。

　就労支援が実りあるものとなるには,「出口」の開発と創造の試みは欠かせない。ではワークフェアとの関係では,そうした試みはどのようなものとして評価できるのであろうか。埋橋は先の2011年の著作で,「ワークフェアのアポリア(本来的な困難)」について以下のように述べている。「ワークフェア政策の動因は労働の側にある」(つまり,1980年代からの経済・雇用情勢の悪化が,歳入面からの圧力を生み,また,失業保険や公的扶助,障害年金の受給者増が,歳出面からの予算制約を強めたためである)と考えられるが,「ワークフェアとは福祉から労働へと問題を『投げ返す』」ことを意味する。しかしながら,投げ返される側の雇用情勢は悪化しているので,ここに「ワークフェアのアポリア」が生ずるというのである。したがって,「投げ返す」だけでは問題が解決しないことはある意味では当然なので,現在のワークフェアの焦点は,「投げ返した後の所得面でのフォロー」や「就労そのものの位置づけ」にシフトしているのだという。筆者の関心は「就労そのものの位置づけ」なのであるが,ここに登場するのがILOの提唱するディーセント・ワークである。

　「働きがいのある人間らしい仕事」と訳されるディーセント・ワーク(そ

図11 ワークフェアとディーセント・ワークの関係

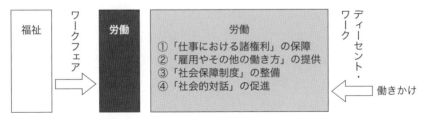

出所：埋橋孝文『福祉政策の国際動向と日本の選択』法律文化社，2011年，124ページ．

の内容は，①「仕事における諸権利」の保障，②「雇用やその他の働き方」の提供，③「社会保障制度」の整備，④「社会的対話」の促進からなる）は何故に重要な意味を持っているのであろうか。「ワークフェアは就労することを第一義的目的とし，その労働の中身あるいは労働を取り巻く環境を問うものではない。その意味で『労働』はブラックボックス化されている」わけだが，これに対してディーセント・ワークは労働のあり方を問題にしており，ブラックボックス化された労働の世界を，事後にではなく事前に規制することによって低賃金と仕事の不安定性を軽減し，ワーキング・プアの発生を最小限にしようとしているからである（図11参照）。新自由主義の政策思想は，ブラックボックス化された労働の世界に対する事前の規制を緩和し，それを事後的に規制すればよいと考えるのであるが，そのこと自体がブラックボックス化を広げ深めてきたようにも思われる。ディーセント・ワークは，そうした流れに対する対抗軸ともなりうるのではなかろうか。

ディーセント・ワークの内容をわが国の実情に即して具体的に展開しているのが，西谷敏の『人権としてのディーセント・ワーク――働きがいのある人間らしい仕事』（旬報社，2011年）である。詳細はそれを参照してもらいたいのであるが，そのうえで，ではディーセント・ワークを実現するための政策は，地域における就労支援とどう結びついてくるのであろうか。一般的には一国レベルの政策として理解されがちなディーセント・ワークであるが，大事なことは先の①～④に示された諸課題が地域レベルにおいても部分

的には具体化されうることであり，そのことを通して，労働の世界のブラックボックス化を弱めていくことができるということであろう。言い換えるならば，労働の世界をブラックボックス化したままで就労支援による成果を追い求めるのがハードなワークフェアであるとすれば，ブラックボックス化を弱めるような試みにまで踏み込もうとするのが，ソフトなワークフェアだということになるのかもしれない。

　地域におけるソフトなワークフェアとしての就労支援の可能性については，福原宏幸の論考である「就職困難者問題と地域就労支援事業」（先の『ワークフェア──排除から包摂へ？』に所収）が参考になる。彼は地域における就労支援について次のように述べる。「地域就労支援は，当事者の主体性を尊重してなされること，そして就労を妨げている様々な要因を雇用や福祉などの自治体各担当部署・制度と地域のもつ社会的資源を総合的に活用しながら進められる。すなわち，政府のワークファーストに対し，地域就労支援策は『就労のための福祉』（welfare for work）を提起したものであると考えられよう。このことから，地域就労支援策は，政府によるワークフェア政策に対して『もうひとつのワークフェア政策』を対置しようとするものといってよい」と。福原は，大阪の自治体の事例をもとにこう述べるのであるが，自治体における就労支援が彼の指摘するような可能性を孕んでいることは間違いないものの，現実の展開如何ではハードなワークフェアに変質する可能性ももちろんある。

　ところで，先に斎藤が指摘していたような「ほどよい」働き方としての中間的就労，「ほどよい」就労支援の場所としての「中間労働市場」が必要であるといった考え方は，長時間の慢性的な残業や過大なノルマをともなった働き方を「あたりまえ」の働き方とはしないという考え方でもある。「もうひとつ」の「ほどよい」働き方は，たとえ部分的であったり潜在的であったりするにせよ，今日の企業社会のありように対する批判を含んでいるようにも思われるのである。「あたりまえ」の働き方にかなり高いハードルが設けられると，そこには至り得ない若者たちの間に，あるいはまたそこから「脱

落」した若者たちの間に,「もうひとつ」の「ほどよい」働き方が絶えず求められることになるからである。就労支援とは,そうしたニーズに応えようとする試みでもあろう。

　例えば次のような事実を見てみよう。2001 年の厚生労働省労働基準局長通達(『脳血管疾患及び虚血性心疾患等(負傷に起因するものを除く。)の認定基準について』)によると,「発症前 1 か月間におおむね 100 時間又は発症前 2 か月間ないし 6 か月間にわたって,1 か月当たりおおむね 80 時間を超える時間外労働が認められる場合は,業務と発症との関連性が強いと評価できる」とされている。月 80 時間ということであるから,1 ヶ月の労働日を 20 日とすると,1 日 4 時間の時間外労働が続く状態では健康障害リスクが高まるというのである。そうであるとすれば,これを過労死ラインと呼ぶことも許されるであろう。周知のように,労働基準法では「休憩時間を除き 1 週間について 40 時間を超えて,労働させてはならない」とされているので,これに週 20 時間(1 日 4 時間,週 5 日勤務)の時間外労働を加えると,過労死ラインに達することになる。

　ところが,2012 年の総務省の「就業構造基本調査」によれば,年間 250 日以上就業する男性の正規労働者 1,310 万人のうち,週 60 時間以上働いている労働者は 297 万人もおり,その割合は 22.7％を占めているのである。これを 15 ～ 39 歳の若者に限定してみれば,先の数字は 590 万人と 152 万人になり,その割合は 25.8％にまで高まる。4 人に 1 人が過労死ラインを超えて働いているというのであるから,驚くべき数字と言わなければならないだろう。しかも,上西充子のインターネットでの紹介によれば,株式会社ディスコの調査(全国の主要企業を対象とした 2014 年の調査)では,調査に回答した 1,006 社の採用担当者のうちの 4 割以上が,月 80 時間の残業では「ブラック企業」(こうした表現についての異見は,先の『雇用と生活の転換』所収の兵頭淳史論文を参照されたい)には当てはまらないと考えているのだという。

　このような現実を眺めていると,わが国における労働の世界がどれほどブ

ラックボックス化され，またどれほどインディーセントな働き方が蔓延しているのかがわかろうというものである。大津和夫は，「近年，『ワーク・ライフ・バランス』（仕事と生活の調和）という言葉がよく使われる。が，若者のなかには，仕事と『生活』の調和はおろか，仕事と『生命』の調和が抜き差しならない状況にあるものも少なくない」と述べているが（宮本みち子・小杉礼子編著『二極化する若者と自立支援——「若者問題」への接近』明石書店，2011年），実に真っ当な指摘であろう。過労死を生み出し続けるわが国では，ライフは生活のみならず生命でもあったのであり，こうした社会における「あたりまえ」の働き方をディーセント・ワークの視点から包括的に見直さなければ，ソフトなワークフェアの成立する余地は狭まり，「もうひとつ」の働き方としての「ほどよい」働き方が許容される柔らかな社会は生まれない。

　「もうひとつ」の働き方としての「ほどよい」働き方をめぐる問題は，非正規雇用を「ブリッジ」（＝架け橋）ととらえるのか，それとも「トラップ」（＝罠）ととらえるのかといった問題とも接続している。宮本・小杉の先の著作には太郎丸博の論考「自立困難な若者の研究動向」が収録されているが，そこでは次のように指摘されている。「若者の自立と非正規雇用は密接な関係がある。というのも非正規雇用は若者にとってトラップ（罠）として機能することがしばしばあるからである。ヨーロッパでも非正規雇用の増大が社会的に注目され，非正規雇用はブリッジか，それともトラップか，という問題が研究者の間でも注目されている。ブリッジとは，無職の状態と，安定した正規雇用の間をつなぐ架け橋という意味で，いきなり正規雇用に就くのは無理でも，非正規雇用の職で働きながらスキルを高め，正規雇用へとつなげることができるという説がある。その一方で，いったん非正規雇用の職に就くとそこから抜け出すことは難しくなるという説がある。この場合，非正規雇用はトラップとして機能していることになる」。

　「日本ではブリッジ説を支持した研究はない。確かに，正規雇用に比べて非正規雇用の方が職に就くのは容易である。しかし，非正規雇用に就いたこ

とで，無職のままでいるよりも正規雇用への移動が容易になるという証拠はない。むしろフリーターといった否定的なレッテルを貼られて，正規雇用への移動が難しくなってしまうケースの方が多い」。しかしながら，「日本でも非正規雇用がブリッジとして機能するケースも存在する。例えば，ひきこもっていた人がいきなりフルタイムで会社員になるのは難しい。社会に慣れていくためには非正規雇用のワンステップが必要になるだろう。また，枠は限られるが，非正規雇用から正規雇用への登用制度を設けている企業や公共団体は多数存在する」。

最後に登場する「非正規雇用から正規雇用への登用制度」なるものが，いったいどこまでブリッジを意識しているのか筆者にはよくわからないし（トラップであることに対する批判を回避しようとして，なかば形式的に設けられた制度のように見える場合も多々ある），また，就労が困難な若者たちに対する就労支援においても，非正規雇用がブリッジ的な機能をどこまで果たしえているのかまだ不明なところもあるので，著者の主張ににわかには賛同できない。しかしながら，非正規雇用をブリッジとして機能させていくべきであるとの見解に，筆者としては興味がわく。「ネットワーク静岡」のこれまでの実践を眺めていると，非正規雇用が無職から正規雇用へのブリッジとして機能しているとはすぐには考えにくいのであるが，非正規雇用が非就労から就労へのブリッジとして機能していることは十分に理解できる。その意味で，非正規雇用はブリッジとしての役割を果たしていると言えるのかもしれない。

では，こうしたブリッジとしての非正規雇用が生まれる条件としては，どのようなものが考えられるであろうか。思い付くままに指摘してみると，次のようになるだろう。まず第一に指摘できることは，企業側がどのような若者に就労体験をさせ，あるいはどのような若者を採用しようとしているのか，事前にある程度知っていることだろう。伴走者としてのサポーターがおり，働く側の個別の事情が事前に伝えられていることが，この場合には大事なことなのではなかろうか。もしもそうした事前のやりとりがなければ，使い勝

手のいい低賃金の労働力としてのみとらえられたり，一般の労働者と同様に働くことを求められて，使えない労働力として切り捨てられることも十分に考えられよう。当然ながら，そこにはブリッジとしての可能性は存在しない。経営者にスモール・ステップアップの意義を理解してもらうためには，事前の情報交換は欠かせないのである。

　第二に指摘すべきことは，先のような若者が地域社会に生きており，彼らの就労体験先や就職先となる企業も，同じように地域に根付いた地元定着的な企業であるということだろう。全国の労働市場ではなく地域の労働市場であり，全国展開の企業ではなく地域の中小零細企業であること，このことも大事な条件なのではあるまいか。こうした条件がなければ，伴走支援を続けていくこと自体が難しい。就労支援は，地域に根付いているからこそ効果的に展開されることになると言ってもよい。両者が，そしてまたサポーターが，地域の目に見えるネットワークのなかに存在していることによって，トラップではなくブリッジたらしめる可能性が生まれてくるのかもしれない。

　そして第三に指摘しておきたいことは，企業の労務管理や労使関係，労働条件，さらには経営者の性格などが，伴走者を通じて企業外においても認識され，言ってみればそれらが可視化されていることであろう。伴走者が，若者たちだけではなく企業ともコンタクトを取っており，また仕事に就いた後も若者たちをフォローアップしていることによって，就労支援の「出口」のあり方にも関心が払われているのである。こうしたことも，非正規雇用がトラップとなることを防ぎうる条件になるのかもしれない。「就職」支援ではなく「就労」支援であるということの意味は，こうしたところにもあるのだろう。「ネットワーク静岡」の試みは，その可能性の一端を垣間見せているようにも思われる。

　就労が困難な若者たちに必要とされるのは，「もうひとつ」の「ほどよい」働き方なのであるが，そうした働き方の提起している問題の先には，わが国における「あたりまえ」の働き方の闇が浮かび上がってくる。就労支援の提起している問題の射程は，意外にも広いというべきなのではなかろうか。

【参考文献】

厚生労働省平成 24 年版『労働経済白書』
内閣府平成 26 年版『子ども・若者白書』
大阪府豊中市［2011］,「若者等の自立・就労実態調査」
藤里町社会福祉協議会・秋田魁新報社共同編集［2012］,『ひきこもり町おこしに発つ』秋田魁新報社
内閣府［2010］,「若者の意識に関する調査（ひきこもりに関する実態調査）」
厚生労働省［2007］,「ニートの状態にある若年者の実態及び支援策に関する調査研究」
青砥恭［2009］,『ドキュメント高校中退』ちくま新書
朝日雅也・布川比佐史編著［2010］,『就労支援』ミネルヴァ書房
阿部彩［2011］,『弱者の居場所がない社会——貧困・格差と社会的包摂』講談社現代新書
飯島裕子／ビッグイシュー基金［2011］,『ルポ若者ホームレス』ちくま新書
池上正樹［2014］,『大人のひきこもり』講談社現代新書
埋橋孝文［2007］,『ワークフェア——排除から包摂へ？』法律文化社
埋橋孝文［2011］,『福祉政策の国際動向と日本の選択』法律文化社
桐原葆見［1944］,『女子勤労』東洋書館
玄田有史［2005］,『働く過剰』NTT 出版
玄田有史［2013］,『孤立無業（SNEP）』日本経済新聞出版社
児美川孝一郎［2007］,『権利としてのキャリア教育』明石書店
斎藤環［2011］,『「社会的うつ病」の治し方——人間関係をどう見直すか』新潮選書
佐藤洋作［2005］,『ニート・フリーターと学力』明石書店
関水徹平・藤原宏美［2013］,『〜果てしない孤独〜独身・無職者のリアル』扶桑社新書
高垣忠一郎［2004］,『生きることと自己肯定感』新日本出版社
高橋祐吉［2013］,『現代日本における労働世界の構図——もうひとつの働き方を展望するために』旬報社
津富宏・NPO 法人青少年就労支援ネットワーク静岡編著［2011］,『若者就労支援「静岡方式」で行こう!!——地域で支える就労支援ハンドブック』クリエイツかもがわ
常見陽平［2014］,『「できる人」という幻想』NHK 出版新書
西谷敏［2011］,『人権としてのディーセント・ワーク——働きがいのある人間らしい仕事』旬報社
本田由紀・内藤朝雄・後藤和智［2006］,『「ニート」って言うな！』光文社新書
町田俊彦編著［2014］,『雇用と生活の転換——日本社会の構造変化を踏まえて』専修大学出版局
宮本太郎［2009］,『生活保障』岩波新書
宮本みち子・小杉礼子編著［2011］,『二極化する若者と自立支援——「若者問題」への

接近』明石書店
宮本みち子［2012］,『若者が無縁化する──仕事・福祉・コミュニティでつなぐ』ちくま新書
湯浅誠・冨樫匡孝・上間陽子・仁平典宏編著［2009］,『若者と貧困』明石書店

（追記）本章は，拙稿「静岡調査覚え書き──若者の自立と就労支援の課題」(『専修大学社会科学研究所月報』No.604) をもとにしながら，それを大幅に改稿したものである。

第4章

分権改革と自治体の就労支援策
―― 無料職業紹介事業と雇用創出基金事業 ――

町田　俊彦

1. はじめに

　自治体が主体となった固有の意味の（産業政策に埋没する雇用開発や対症療法としての雇用対策以上の）地域雇用政策は長らく不在であった（佐口［2004］209～213頁,［2011］6～12頁）。2000年代半ば以降,特にリーマン・ショック以降,自治体の就労支援策は積極化した。本論文では,無料職業紹介事業,雇用創出基金事業による雇用促進を中心に,自治体の就労支援策について分析する。自治体の就労支援策については,主に社会政策の研究者から先進自治体の取り組みの分析を中心に次々と研究成果が出されている（田端［2006］,大谷・澤井［2008］,東京市政調査会［2010］,筒井・櫻井・本田［2014］）。
　財政学の研究者が執筆担当する本章では,分権化および国・地方の財政関係に焦点を当てて自治体の就労支援策を全国的動向と先進的取り組みが注目されている大阪府豊中市について分析し,現段階での評価を試みたい[1]。

2. 自治体就労支援策の積極化の背景

(1) 雇用情勢の悪化

　自治体の就労支援策積極化の主因は,雇用情勢の悪化である。1990年代

初めにバブルが崩壊し，相次ぐ円高を契機とする製造現場の海外移転が進行すると，製造業雇用は急速に縮小したが，公共投資の拡大による建設業雇用の拡大が埋め合わせをした。しかし1990年代末に財政再建を最優先して消費税増税と公共投資の削減が断行されると，膨大な不良債権の未処理による金融システムの麻痺・貸し渋りと相俟って，日本経済はデフレに陥り，雇用情勢は悪化した。

公的資金の投入による金融システムの再生と中国の急成長に支えられた輸出急増を主因として，2000年代半ばに日本経済は好況局面に入った。雇用は拡大にむかったが，製造業への派遣の解禁など労働法制の規制緩和の下で，非正規労働者の増大と正規労働者の減少が進み，貧困・格差が拡大した。先進国で唯一，労働報酬総額の縮小が持続し，個人消費の低迷を主因としてデフレが続いた。デフレからの脱却が実現しないうちに，2008年秋のリーマン・ショックを契機として世界経済は不況局面に入り，日本経済においてデフレが深化するとともに，雇用情勢が再び悪化した。雇用情勢の悪化は，「派遣切り」に表れるとおり，1990年代末以降拡大が加速化した非正規労働者を直撃した。

雇用情勢の悪化に国のハローワークによる雇用の需給調整では十分に対応できず，自治体による雇用創出，職業訓練，無料職業紹介所による需給調整といった自治体の雇用政策の積極化が求められるようになった。

(2) 国・地方の財政危機とアメリカ型「ワークフェア」の強まり

2001年4月に小泉内閣が発足すると，同年6月の「骨太の方針2001」において，国債30兆円枠と「基礎的財政収支」（プライマリー・バランス）の黒字化という目標を掲げ，「構造改革」とともに財政再建を最優先する政策に舵を切った。財政再建の手法としては，財務省が狙う消費税増税ではなく，「小さな政府」指向の政策基調の下で社会保障費を中心とする歳出削減が採られた（町田［2008］141～150頁）。

社会保障費の削減を主軸とする財政再建最優先政策の下で，先進国に共通

した「ワークフェア（福祉から就労へ）」という流れのうちのアメリカ型の「ワーク・ファースト・モデル」（稼得層は福祉給付を受ける前にまず就労または職業訓練の受講を義務づけられる）が浸透してきた[2]。

　自治体が「ワーク・ファースト・モデル」を積極的に受容するのは，財源不足が加速化し，国に連動して財政再建最優先政策を進めているからである。2000年代半ばの第2次分権改革としての「三位一体の改革」により，国からの税源移譲額を大幅に上回る財政移転（地方交付税，国庫支出金）の削減が進められ，自治体の財源不足は一段と深刻化した（町田［2012Ⅰ］32〜33頁）。

　「ワーク・ファースト・モデル」に基づく就労支援策の典型が，2005年度より生活保護において実施されている「自立支援プログラム」である[3]。自立支援は，①就労支援，②日常生活支援（自分で自分の健康・生活管理を行えるようにする），③社会生活自立支援（社会的なつながりを回復・維持する）から成るが，通常の自治体が取り組んでいるのは①の就労支援である。

(3) 第1次分権改革と基礎自治体の無料職業紹介事業の解禁

　第1次分権改革と規制改革も，基礎自治体による就労支援策が積極化する契機となった（澤井［2008］62〜65頁）。戦後，戦前・戦時期に中央集権システムを支えてきた官選知事制が廃止され，都道府県が法人格をもつと，中央省庁は自治体を国の出先機関とする機関委任事務を乱発するとともに，政府管掌健康保険，職業安定業務，陸運業務などで地方事務官制度を導入した。2000年4月以降の一括法の施行による第1次分権改革では，職安法第9条の改正により，地方事務官制度が廃止された。職業安定業務に携わる職員は国家公務員に統一されて，労働省（現在は厚生労働省）の出先機関として府県労働局が設置された。

　こうして府県行政における雇用労働部局の権限が縮小する一方で，2000年4月に改正された雇用対策法では，第3条の2（現行第5条）が「地方公共団体は，国の施策と相まって，当該地域の実情に応じ，雇用に関する必

要な施策を講じなければならない」と新設され,地域雇用政策の主体として,従来からの府県に加えて基礎自治体としての市町村も法的に認められた。

規制改革の一環としての労働関係3法の改正により,労働者派遣法改正で派遣期間の上限を1年から3年に延長し,製造業への派遣を解禁して,非正規労働者とワーキングプアの急増をもたらした。併せて職業安定法改正により自治体が行う無料職業紹介は,2004年3月から許可制から届出制に改正され,解禁された。2004年度から自治体による無料職業紹介所の設置が相次いでいる。

3. 自治体の無料職業紹介事業

(1) 自治体の無料職業紹介所

自治体の無料職業紹介所については,医師確保,農林業振興,UIJターン,定住促進,産業・企業支援,就業困難者支援,若年者就労支援,中高年就労者支援など,地域での固有の課題に対応させて,ハローワークではカバーしきれない対象への紹介活動が始まりつつあるとして期待された[4]。

2012年度には無料職業紹介所は全国で355カ所設置されており,前年度比で7.6%減少している。新規求職申込件数は30,676件であり,前年度比で7.8%減少している。4カ月以上の期間を定めて雇用される者又は期間の定めなく雇用される「常用」雇用者についてみると,求人数は169,729人であるが,就職件数は6,696件にすぎない(表1参照)。1事業所当たりの常用就職件数は18.9人にすぎない。

産業別内訳をみると,常用求人数ではサービス業,医療・福祉,卸売・小売業,製造業の順であるが,常用就職件数ではサービス業,製造業,医療・福祉,公務の順となっており,医療・福祉と卸売・小売業で需給のミスマッチが目立つ。臨時日雇の就職件数においても第1位はサービス業であるが,農業・林業が第2位,公務が第3位になっている。

期待に反して自治体の無料職業紹介所で常用就職件数が少ないのは,求職

表1　自治体の無料職業紹介事業の実施状況—2012年度—

		求人	就職
常用 （人）	合計	169,729	6,696
	農業，林業	1,186	222
	製造業	18,544	1,150
	卸売・小売業	19,228	571
	学術研究，専門・技術サービス業	1,320	77
	宿泊業，飲食サービス業	11,515	352
	教育，学習支援業	2,266	425
	医療，福祉	25,256	675
	サービス業	55,168	1,498
	公務	3,067	574
臨時日雇 （人日）	合計	759,427	30,914
	農業，林業	11,793	7,496
	製造業	27,881	741
	卸売・小売業	22,411	377
	学術研究，専門・技術サービス業	77	2,185
	宿泊業，飲食サービス業	8,667	709
	教育，学習支援業	161,292	2,492
	医療，福祉	32,454	742
	サービス業	386,645	8,718
	公務	574	5,621

注：常用は，4カ月以上の期間を定めて雇用される者又は期間の定めなく雇用される者。
出所：厚生労働省職業安定局「平成24年度職業紹介事業報告の集計結果」

者を生活保護受給者等に限定している自治体が多いことによる。ただし後述する大阪府豊中市のように，ハローワークでは対応できない就職困難者の就労支援の中核として活用している自治体もある。

（2）　第3次分権改革[5]における国の出先機関改革とハローワーク特区

　2008年12月8日に行われた地方分権改革推進委員会第2次勧告では，（ⅰ）自治体が行う無料職業紹介を国に準ずるものとして法律上位置づける，（ⅱ）ハローワークのシステム・端末を地方の職員が利用することが盛り込まれた。2010年7月15日には，全国知事会で「国の出先機関原則廃止にむけて」がとりまとめられ，最重点分野としてハローワークの早期移管が要請された。第2次勧告の（ⅰ）と（ⅱ）については，2009年3月24日に政府の地方分権改革推進本部で決定された「出先機関改革に係る工程表」に

盛り込まれたが，現在まで実施に移されていない。

　2010年12月28日に閣議決定された「アクション・プラン～出先機関の原則廃止に向けて～」では，ハローワークについて，希望する自治体において，無料職業紹介，相談業務等を自治体の主導の下，国と地方で一体的に実施，特区制度の提案にも誠実に対応することとされた。当該一体的な実施を3年程度行い，その過程でもその成果と課題を十分検証することとし，自治体への権限委譲について検討するとされている。

　2011年12月26日，政府の地域主権戦略会議で，ハローワークについて，知事会の協力も得て，国・地方の一体的実施を全国的に進める，同時に特区制度を利用して，試行的に東西1カ所ずつハローワークが移管されているのと実質的に同じ状況をつくり，移管可能性の検証を行うとされた。ハローワーク特区は，厚生労働大臣と知事が協定を結び，協定に定めた業務の範囲内で知事が労働局長に指示できる仕組みであり，2012年10月より埼玉県と佐賀県でスタートしている。

　埼玉県では，駅前の県有施設に，相談から紹介までワンストップで支援する「ハローワーク浦和・就業支援サテライト」を設置した。2012年度には(ⅰ)ハローワークコーナー（国），(ⅱ)マザーズコーナー（国），(ⅲ)中高年コーナー（県が民間委託），(ⅳ)生活・住宅相談コーナー（県・さいたま市），(ⅴ)福祉人材コーナー（県が社会福祉協議会に委託）を設置している。2013年度には新たに若者と女性に対する支援窓口（新卒コーナー，若者コーナー─40歳未満及び正社員経験がない44歳未満が対象）を設置するとともに，障害者就職支援に関する県と労働局の情報共有や障害者の雇用拡大のための県内事業所への一体的なはたらきかけを推進することとした。2012年度の実績をみると，利用者数は10,349人で目標（8,000人）を上回っているが，就職者数は321人で目標（400人）を下回った。

　佐賀県（ハローワーク）では，(ⅰ)若年者就労支援（県のジョブカフェSAGAと国のハローワークSAGAの「ユメタネ」としての一体的運営），(ⅱ)障害者就労支援（障害者に対するチーム支援や県・ハローワークSAGAの

一体的運営），（ⅲ）福祉から就労支援（ハローワークから3市の福祉事務所への巡回相談）の取り組みを強化している。若年者就労支援では，受付から職業紹介まで切れ目のない就職支援の実施を目指して「総合受付」を開設し，就職困難層等には「さが若者サポートステーション」も参画してチーム支援を行っている。

2012年度の実績をみると，若者就労支援では「ユメタネ」利用者数は目標6,700人に対して実績は7,468人，正社員就職者数が目標500人に対して実績は646人と順調である。しかし就職困難者等への就労支援の実績は乏しい。若者就労支援におけるチーム支援による就職者数は24人，障害者のチーム支援による一般就労への支援の実績は8人，福祉から就労支援による生活保護受給者の就労者数は6人にすぎない。

全国知事会は，2010年11月発表の資料「ハローワークは地方移管でこう変わる」でハローワーク地方移管のメリットとして次の点をあげている。

(ⅰ) 就職だけでなく必要な支援を身近な場所で受けられる。福祉，住宅など求職者にとって真に必要な支援をワンストップで提供できる。

(ⅱ) 雇用創出から人材育成まで一貫した雇用政策を展開できる。雇用を生み出す産業の育成，それを担う人材の育成まで一貫した政策を展開できる。

(ⅲ) 他部局から応援職員を配置するといった弾力的人員配置で相談窓口の待ち時間をスピーディーに改善できる。

一方，労使代表と公益委員から構成される労働政策審議会は2010年4月，「出先機関改革に関する意見」を提出，次の理由からハローワークの業務の都道府県への移管は適当でなく，国が責任をもって直接実施する必要があり，これは先進国における国際標準であるとした。

(ⅰ) 都道府県域を超えた労働者の就職への対応や，都道府県域に限定されない企業の人材確保ニーズへの対応を効果的・効率的に実施する必要がある。

(ⅱ) 雇用状況の悪化や大型倒産に対し，迅速・機動的な対応を行い，離職者の再就職を進め，失業率の急速な悪化を防ぐ必要がある。

(ⅲ) 雇用保険については，雇用失業情勢が時期や地域等により大きく異なるため，保険集団を可能な限り大きくしてリスク分散を図らないと，保険制度として成り立たない。

(ⅳ) 「職業安定組織は，国の機関の指揮監督の下にある職業安定機関の全国的体系で構成される」とのILO第88号条約に抵触する。

日本労働組合総連合会は，2013年6月に地方分権改革有識者会議第1回雇用対策部会に「無料職業紹介に関する事務・権限の見直し等に対する連合の考え方」を提出し，雇用保障や労働者保護については，憲法第27条の勤労権に基づき，国が責任を負うべきであるとの考え方に基づき，国が責任をもって全国一体運営の下でハローワークを運営すべきであるとしている。

(3) 雇用対策における国・地方の連携強化

国は全国的ネットワークを通じて憲法に定められた勤労権の保障のためのセーフティネットの役割を果たすために，全国ネットワークの無料職業紹介，雇用保険制度の運営，雇用対策（障害者雇用率の達成指導など）を行う。自治体は，無料職業紹介を含む各種の雇用対策を実施することが可能であり，地域の問題に対応するための対策を実施する。2010年12月28日に閣議決定された「アクション・プラン〜出先機関の原則廃止に向けて〜」では，雇用対策における国・地方の連携強化は，国と自治体がこうしたそれぞれの強みを発揮し，一体となって雇用対策を進めることで，住民サービスの更なる強化を目指すとしている（厚生労働省職業安定局［2013.7］60〜78頁）。

① 一体的実施

希望する自治体において，国の職業紹介等と自治体の福祉等の業務をワンストップで一体的に実施する国と自治体との連携事業。2011年6月よりスタート，実施自治体数は2011年度末24，2012年度80，2013年度（予定）118と増加している。

一体的実施の例をみると，県との一体的実施では，青森県・青森県ハローワークにおいて「ハローワークヤングプラザ」（国），「ジョブカフェあおもり」（県），「あおもり若者サポートステーション」（国）の3施設を「ヤングジョブプラザあおもり」として，2011年11月から一体的運営を実施，若年者の就労支援の機能強化を図っている。福岡県とハローワーク福岡中央は，2012年4月から「福岡県中高年就職支援センター」を共同で運営している。主に中高年求職者を対象として，キャリアコンサルタントによる個別支援（県）と職業相談・職業紹介を行うハローワーク（国）による一体的支援を実施している。

区市町村との一体的実施では，埼玉県志木市が2011年4月に全国に先駆けて協定を結ぶ形で実現した。市庁舎1階に埼玉労働局の「ハローワーク朝霞」から職員を派遣してもらい，ふるさとハローワーク「ジョブスポットしき」を設置，障害者福祉・就労援助事業，生活困窮者福祉・就労援助事業等を一体的に実施している。埼玉県川口市では，市庁舎の生活福祉課窓口の隣に「就労支援コーナー」を設置，市と国の職員が連携しつつ，市役所を訪れる市民に対する福祉から就労までの支援をワンストップで実現している。新宿区・ハローワーク新宿の場合，福祉担当課が入居する区庁舎に「新宿就職サポートナビ」を開設，身近な区役所で完全予約制・担当者制で国の職員が対応し，福祉から就労までの一体的支援等を実現している。

一体的実施により，2012年度には全国では44,128人が就職している。うち2,202人は生活保護受給者等を支援対象とする取り組みで就職している。

② 雇用対策協定

国と自治体が，地域の雇用対策に一体となって取り組むため，「雇用対策協定」を結ぶ。2013年6月現在，2道県（北海道，奈良県），6市（横浜市，広島市，福岡市，北九州市，久留米市，宮古島市）で締結されている。北海道の雇用協定では，道の「ジョブカフェ北海道」と国の「ヤングハローワーク」の一体的運営やものづくり産業への人材確保支援に取り組むとしている。

③　ハローワークの求人情報のオンライン提供

　無料職業紹介事業を行う自治体等が希望する場合に，ハローワークの求人情報提供ネットワークからオンラインで求人情報を提供するもので，2014年度から実施している。特に生活困窮者に対する就労支援については，生活困窮者自立支援法において，ハローワークの求人情報の提供を希望する自治体に対し，オンラインでの情報提供を国に義務付ける規定を設けている。

(4)　分権改革と無料職業紹介事業

　分権化は世界的潮流になっている。留意すべきことは，主要先進国の分権システムには大別して2つのタイプがあることである（町田［2012 Ⅰ］121〜124頁）。1つは，アメリカ型で，地方財政調整制度がない（零細な特定補助金はある）ため，国による財源保障機能・財政調整機能は弱く，地域格差が大きい。行政基準は州または自治体ごとに決める「分離型」であり，州間・自治体間の行政格差が生じる。行政格差を縮小するために，強い課税自主権を支えにして，全国平均よりも地方税率を引き上げるために，州間・自治体間の税率格差が大きくなる。州間・自治体間が税率と行政水準をめぐって競争しあう「競争型」になる。一方，連邦制国家のドイツや単一制国家のスウェーデンでは，州・地方税を財源とする「水平方式」を含めて，財政調整制度が整備されているため，自治体間の行政格差と税率格差は小さい。地方政府の中央政府の政策決定への参加（ドイツでは連邦参議院への州の参加，スウェーデンでは中央政府と地方政府代表の交渉）を通じて，ナショナル・ミニマムを中央レベルで分権システムに適合的な方式により決定する「統一型」である。

　日本の分権論議においては，この2つのシステムのいずれを目指すのかが明確に意識されない「同床異夢」の状態になっているが，地方交付税の大幅削減を伴った「三位一体の改革」は「競争型」・「分離型」分権システムを目指していたといえよう。地域における教育，医療，福祉などの公共サービスの弱体化と個人間・地域間の格差拡大が進行しつつある現在，住民の「生

活」に視点を置くならば，目指すべきは「協調型」・「統一型」分権システムであることは明らかである。日本において「協調型」・「統一型」分権システムを構築する上で，最優先の政策課題は「税源移譲」と地方主権改革の一環として制度化された「国と地方の協議の場」を活用した自治体参加によるナショナル・ミニマムの再生である。

　無料職業紹介事業と分権改革の関連では，まず事業の実施レベルをどこに置くかが問題となる。住民へのワンストップ・サービスという利便性からみると，市町村レベルが適合的である。これは「分権」ではなく，「分散」と呼ばれる。全国知事会がハローワーク地方移管のメリットとしてあげている「就職だけでなく必要な支援を身近な場所で受けられる。福祉，住宅など求職者にとって真に必要な支援をワンストップで提供できる」については，ハローワークの地方移管により都道府県の窓口で対応するよりも，各市町村庁舎においてワンストップで対応する方が，住民にとってははるかに身近である。

　全国知事会がハローワーク地方移管のメリットとしてあげている「雇用創出から人材育成まで一貫した雇用政策を展開できる。雇用を生み出す産業の育成，それを担う人材の育成まで一貫した政策を展開できる」という主張についてみると，確かにハローワークは産業育成を通じる雇用創出という機能はもたない。しかし産業育成を通じる雇用創出は国の景気対策・成長政策等を通じて達成されるべきであり，ハローワークがその機能をもたないからといって地方移管への論拠とはならない。1990年代以降，都道府県の産業政策による雇用創出機能は急速に低下している。1980年代までは工場誘致が都道府県の主な雇用創出のための産業政策であったが，製造現場の中国などへの急速な海外移転により有効性を失っている。

　地域に集積した中小企業等からの求人を積極的に開拓するという点では，産業政策を通じてコンタクトがある都道府県の方がハローワークよりも優位性がある。この役割は，後に大阪府豊中市の取り組みで示す通り，事業が集積している都市自治体が無料職業紹介所の機能強化として取り組むべき領域

である。ひきこもりの若者，ひとり親，障害者といった就職困難層に対する就職支援では，ハローワークのような一般的需給調整だけでは対応できない。雇用創出基金事業等を通じて社会的企業等新たな雇用の場の創出を助成することが求められており，ここではNPO等とのつながりが強い市町村が中心的な役割を果たす。

　全国知事会のハローワーク地方移管論は，就労支援に「分離型」分権システムを導入しようとしているものであり，全国的に勤労権を保障するためにはむしろ「統一型」分権システムがふさわしい。雇用保障をナショナル・ミニマムとして位置付け，国は（ⅰ）景気対策・成長政策等による雇用創出，（ⅱ）障害者雇用促進法等の法令整備，（ⅲ）ハローワークによる全国ネットワークの一般的需給調整，雇用保険制度の運営，雇用対策（障害者雇用率の達成指導など），（ⅳ）自治体の就労支援に対する財政措置を担当する。自治体は（ⅰ）無料職業紹介所を通じる地域に根付いた企業の求人開拓と職業紹介，（ⅱ）雇用創出基金事業等を通じた雇用創出，特に就職困難層の就労に対応できる社会的企業等の育成，（ⅲ）産業労働部門と福祉部門の連携による生活支援・就労支援の一体的サービスを担当する。その上で雇用対策における国・地方の連携強化としての「一体的実施」という「協力」方式を強めることは，「統一型」分権システムにふさわしい。

4．雇用創出基金事業[6]

(1)　第1次・第2次雇用創出基金事業

　バブル崩壊後の経済停滞から脱しつつあった日本経済は，橋本内閣による消費税率の5%への引き上げの断行と財政再建政策（財政構造改革）による公共事業の削減により，1997年秋の山一証券・拓殖銀行の破綻にみられるとおり，デフレ・スパイラルと金融システムの麻痺に見舞われ，経済は停滞の度を強めた。雇用は縮小したが，職のない稼働年齢層の大半は生活保護の枠内で支援されることがないため，別建ての就労支援政策が導入された。

1999年6月,小渕政権は「緊急雇用対策及び産業競争力強化対策について」において,「緊急地域雇用創出特別基金事業」(第1次事業)を決定し,1999年度一般会計第1次補正予算案に盛り込んだ(11月16日成立)。予算額は2,000億円で,緊急地域雇用創出特別交付金として都道府県に配分,都道府県はその財源で基金を造成,2001年度末を時限として基金の取り崩しにより直営事業を実施するか,市町村事業を補助(補助率100%)する。

労働省は,行政改革の下での行政スリム化という政策に反しない政策とするために,(ⅰ)一両年で終わる事業,(ⅱ)基本的に民間委託,(ⅲ)雇用創出が図られる事業という枠組みを設定した。(ⅰ)との関連では雇用期間を6カ月に限定した。時限的な事業,地方負担を伴わない全額国費による事業,国費を財源とする都道府県による基金の造成という方式は以後の雇用創出基金事業に引き継がれる財政方式の原型となった。

2001年9月,小泉政権は「総合雇用対策」において,「緊急地域雇用創出特別基金事業」(第2次事業,予算額3,500億円)を決定し,7月8日提出の2001年度第1次補正予算案に盛り込んだ(7月21日成立)。雇用創出基金事業への800億円(中小企業特別事業委託分400億円,一般事業分400億円)の追加を含む2002年度一般会計第1次補正予算案を国会へ提出した(1月30日成立)。これにより予算規模は1999年度の雇用創出基金事業の2倍以上の4,300億円に増額された。

(2) 第3次雇用創出基金事業の開始
――ふるさと雇用再生特別基金事業と緊急雇用創出事業

2008年秋のリーマン・ブラザーズの破綻を契機とする世界金融危機・不況と小泉政権の構造改革による格差・貧困の拡大の下で,参議院選挙の敗北に見舞われた自民党政権は「生活」に視点を置いた政策を展開せざるをえなくなった。麻生政権は2008年10月,「生活対策」において,第3次雇用創出基金事業の第1弾「ふるさと雇用再生特別基金事業」を実施することとした。2008年度労働保険特別会計第2次補正予算で「ふるさと雇用再生

特別基金事業費」2,500億円が計上された（表2参照）。全額国費による事業であり，都道府県は交付された国費を財源として雇用創出基金としての「ふるさと雇用再生特別基金」を造成する。第3次事業を通じて，雇用創出基金をとり崩し，都道府県みずからあるいは都道府県支出金（財源は国費）の交付を受けた市町村が支出主体となる。

実施主体は自治体から民間企業，NPO等に委託する。雇用期間は原則1年であり，必要に応じ2011年度まで更新できる。事業費に占める新規に雇用された失業者の人件費割合は2分の1以上でなければならない。実施要領では「地域の継続的な雇用機会の創出を図る」という政策目的が掲げられている点が，第1次・2次雇用基金事業とは区別される特徴である。都道府県は委託事業のため新規に雇い入れた労働者を引き続き正規労働者として雇い入れた企業等に対しては，一時金として1人当たり30万円を支給する。事業は臨時的であるが，引き続き正規労働者として雇用することにインセンティブを与えようとしている。

さらに2008年12月19日，「生活防衛のための緊急対策」を決定し，緊急一時的な雇用・就業機会の創出による再就職支援対策として「緊急雇用創出事業」を実施することとした。離職を余儀なくされた失業者や未就職者を短期的に雇用する政策であり，2008年12月に創設された。2008年度一般会計第2次補正予算で1,500億円が計上され，2009年4月の「経済危機対策」の一環として2009年度一般会計第1次補正予算で3,000億円が積み増しされ，計4,500億円となった。都道府県は交付された国費を財源として「緊急雇用創出事業臨時特例基金」を造成した。

事業は自治体から民間企業，NPO等への委託だけではなく，自治体が直接実施することもある。雇用期間が原則6カ月（更新1回可）と短い。従って自治体が直接実施する場合であっても，正規公務員としての採用ではなく，臨時公務員等としての採用になる。事業費に占める新規に雇用された失業者の人件費割合は2分の1以上でなければならない。「ふるさと雇用再生特別基金事業」と「緊急雇用創出事業」の期限は2011年度末であり，第1次・

表2 リーマン・ショック後の雇用創出基金事業の概要

	ふるさと雇用再生特別基金事業	緊急雇用創出事業	重点分野雇用創造事業
予算額	2008年10月 　2008年度労働保険特別会計 　第2次補正予算　2,500億円 計2,500億円	2008年12月 　2008年度第2次補正予算 　1,500億円 2009年4月 　2009年度第1次補正予算 　3,000億円 計4,500億円	2009年12月 　2009年度第2次補正予算 　1,500億円 2010年9月 　2010年度予備費 　1,000億円 2010年10月 　2010年度補正予算 　1,000億円 計3,500億円
事業終了時期	2011年度末	2011年度末	2013年度末

	重点分野雇用創造事業		
	震災等緊急雇用対応事業	事業復興型雇用創出事業	生涯現役・全員参加・世代継承型雇用創出事業
予算額	2011年5月 　2011年度第1次補正予算 　500億円 2011年11月 　2011年度第3次補正予算 　2,000億円 計2,500億円	2011年11月 　2011年度第3次補正予算 　1,510億円 2014年2月 　2013年度第1次補正予算 　448億円 計1,958億円	2011年11月 　2011年度第3次補正予算 　1,510億円の内数
事業終了時期	2015年度末	2017年度末	2015年度末

	緊急雇用創造事業	
	起業支援型雇用創造事業	地域人づくり事業
国の予算措置	2013年2月 　2012年度第1次補正予算 　1,000億円	2014年2月 　2013年度第1次補正予算 　1,020億円
事業終了時期	2014年度末	2016年度末

出所：厚生労働省ホームページ「雇用創出の基金による事業」（2014年5月6日）より作成。

2次雇用創出基金事業と同様に時限的な政策である。

(3) 民主党への政権交代と第3次雇用創出基金事業
──重点分野雇用創造事業

　民主党は政権を獲得すると，2009年度第1次補正予算で導入された時限的な緊急人材育成事業（雇用保険失業給付を受給できない者への職業訓練・訓練期間中の生活支援のための給付―単身者月10万円，扶養家族を有する者月12万円）を，2010年6月に閣議決定された「新成長戦略」に基づき2011年度から求職者支援制度として恒久化するなど雇用対策を積極化した。

　2009年12月の「明日の安心と成長のための緊急経済政策」では「重点分野雇用創造事業」を創設，2009年度第2次補正予算で1,500億円が計上された。さらに2010年9月の「新成長戦略実現に向けた3弾構えの経済対策」において予備費1,000億円を積み増しした。さらに2010年度補正予算で1,000億円を計上し，予算額は計3,500億円になった。以後の雇用創出基金事業は，都道府県の「緊急雇用創出事業臨時特例基金」を積み増しし，「重点分野雇用創造事業」の枠内で事業の種類を拡大してゆく。

　2011年3.11震災前に制度化された「重点分野雇用創造事業」は，「重点分野雇用創出事業」と重点分野の雇用と結びつけるための研究を行う「地域人材育成事業」から成る。事業は自治体から民間企業，NPO等への委託だけではなく，自治体が直接実施することもある。「ふるさと雇用再生特別基金事業」と「緊急雇用創出事業」では対象とする事業分野は限定されていないが，「重点分野雇用創出事業」と「地域人材育成事業」では，介護，医療，農林，環境・エネルギー，観光，地域社会雇用およびこれらを支える教育・研究分野の7分野と各自治体が地域の成長分野として設定する重点分野と指定されている。雇用期間はいずれも1年以内である。事業費に占める新規に雇用された失業者の人件費割合は2分の1以上でなければならないが，「地域人材育成事業」では研修費用割合を5分の3以上としている。実施期間は2013年度末までである。

(4) 重点分野雇用創造事業の拡充による東日本大震災への対応

2011年3月11日に東日本大震災が発生すると，被災地では地場企業の倒産の激発等により雇用情勢が著しく悪化した。災害復旧事業を中心とする公共事業により雇用を拡大するとともに，被災地の求職者向けに雇用創出基金事業が拡充された。

「日本はひとつ」しごとプロジェクト・フェーズⅠで緊急措置として復旧事業などによる被災者へ雇用創出（約4.4万人）を行ったが，2011年4月にはフェーズⅡとして補正予算・法律改正等により，確実な雇用創出（20万人程度）を図ることとした。フェーズⅡの事業費（2兆5,440億円程度）の大半は復旧事業の推進によるものであるが，2011年5月成立の2011年度第1次補正予算では震災の影響等による失業者等の雇用機会を創出することを狙いとして，重点分野雇用創造事業に「震災等緊急対応事業」500億円を計上した。2011年11月に成立した2011年度第3次補正予算では2,000億円が積み増しされた。

被災者の一時的な雇用の確保，生活の安定を図ろうとするものであり，被災9県（青森，岩手，宮城，福島，茨城，長野，新潟，栃木，千葉）の災害救助法適用地域に所在する事業所に雇用されていた者及び当該地域に居住していた求職者が対象である。事業実施期間は2014年度末までである。2013年度補正予算では，事業の実施期間が2015年度末までに延長されるとともに，実施地域が被災5県（青森，岩手，宮城，福島，茨城）に縮小された。

実施主体における自治体から民間企業，NPO等への委託と自治体の直接実施，事業費における人件費割合2分の1以上は「重点分野雇用創出事業」と共通しているが，「緊急雇用創出事業」と同様，対象事業は限定されていない。雇用期間は1年以内であるが，被災者は複数回更新可能である。

2011年度第3次補正予算では，雇用創造事業の拡充として「雇用復興推進事業」が創設され，1,510億円が計上された。被災地において，被災者の安定的な雇用機会を創出することを狙いとしている。被災者の一時的な雇用

の確保を狙いとした「震災等緊急雇用対応事業」とは異なり，安定的雇用を創出しようとする点に特徴がある。実施期間は2012～2015年度である。

「雇用復興推進事業」のうち「事業復興型雇用創出事業費」は産業政策と一体となって，雇用面から事業所へ雇い入れに係る経費を助成する形で支援を行う。対象が将来的に被災地の雇用創出の中核となることが期待される事業と限定され，雇用期間が「期間の定めのない雇用等」として，雇用創出基金事業の中で唯一正社員等としての採用を指示しているのが特徴的である。被災者を雇用する場合に，1事業所当たり1億円を上限とし，1人当たりの助成額は国の目安で3年間計225万円，パートタイマーは計110万円である。

1,510億円の内数として「生涯現役・全員参加・世代継承型雇用創出事業」も創設された。被災地における生涯現役で年齢にかかわりなく働き続けられる全員参加型・世代継承型の先導的な雇用復興を支援する。そこで対象分野は若者・女性・高齢者・障害者が活躍できる事業とされている。雇用期間は原則1年以上とし，更新を可能とする。委託期間終了後も事業を継続し，正規雇用化に努める。

(5) 安倍第2次政権下の起業支援型雇用創造事業と地域人づくり事業の創設

2013年2月26日に「日本経済再生に向けた緊急経済対策」が策定された。同年2月に成立した2012年度第1次補正予算では緊急雇用創出事業の拡充として1,500億円が計上され，うち1,000億円は「起業支援型雇用創造事業」の創設に充当された。失業者を事業の対象とし，工場の閉鎖等により雇用情勢が著しく厳しいと都道府県が認める地域などが対象である。支援対象企業は起業後10年以内であって，本社が起業時と同一都道府県内に所在する企業。雇用期間は1年以内であるが，被災求職者は複数回更新可能。委託先の事業者が失業者を正規労働者として継続雇用する場合は，一時金（1人当たり30万円）を支給する。事業期間は2014年度末までである。2013年9月末時点での起業支援型地域雇用創造事業の計画をみると，事業数2,621,

雇用創出数20,807人，事業額629億円となっている。雇用創出数1人当たり事業費が301万7,337円と他の事業よりも高いのが特徴的である。他の事業と同様に，事業費に占める新規雇用失業者の人件費割合は1/2と規定されている。

　2013年2月に成立した2012年度第1次補正予算では1,468億円が計上された。うち448億円は「事業復興型雇用創出事業」の積み増し分である。残り1,000億円で「緊急雇用創造事業・起業支援型創造事業」が創設された。事業実施期間は2014年度末までである。

　2014年2月6日には「好循環実現のための経済対策」が策定され，緊急雇用創造事業の拡充等が行われた。財政措置としては2014年2月に成立した2013年度第1次補正予算で1,020億円が計上され，「緊急雇用創造事業・地域人づくり事業」が創設された。事業実施期間は2016年度末までである。

　地域経済を活性化し，「日本再興戦略」による経済成長を確実なものとするため，地域において，多様な「人づくり」により雇用の拡大など「全員参加」を可能とするとともに，賃金の上昇や家計所得の増大等処遇改善に向けた取り組みを行う。雇用拡大プロセスは失業者（無業者）の就職に向けた支援であり，雇い入れを伴うものと合同採用説明会，就職支援セミナーなど雇い入れを伴わないものがある。処遇改善プロセスは，在職者の処遇改善に向けた支援であり，定着支援に向けたメンタルトレーニング（若手社員向け），正社員化に向けた生産性拡大に関するコンサルティング，賃金上昇を目的とした海外販路拡大・グローバル人材育成のための研修費等である。

(6) 第3次雇用創出基金事業の実績

① 事業による雇用創出数

　第3次雇用創出基金事業のうち2011年度が事業終了期限とされた「ふるさと雇用再生特別基金事業」と「緊急雇用創出事業」の実績をみると，表3のとおりである。「ふるさと雇用再生特別基金事業」は2008～2012年度

表3 ふるさと雇用再生特別基金事業と緊急雇用事業の実績

		事業数	雇用創出数 (人)	事業額 (千円)
ふるさと雇用 再生特別基金 事業	2008年度	16	72	15,282
	2009年度	5,700	24,429 (57)	48,995,871 (17,100)
	2010年度	7,287	31,692 (1,036)	86,105,807 (310,800)
	2011年度	7,332	32,679 (5,609)	99,874,583 (1,682,700)
	2012年度	90	315 (329)	655,557 (98,700)
	08～12年度	20,425	89,187 (7,031)	235,647,100 (2,109,300)
緊急雇用創出 事業	2008年度	442	4,552	994,859
	2009年度	23,612	187,678	126,669,005
	2010年度	20,376	190,027	151,017,115
	2011年度	18,843	171,277	138,455,841
	08～11年度	63,273	553,534	417,136,820

注：ふるさと雇用再生特別基金事業の（　　　）内は一時金支給実績で事業額の内数である。
出所：厚生労働省ホームページ「雇用創出の基金による事業」（2014年5月6日）より作成。

　累計で20,425事業，雇用創出数89,187人で，1事業当たりの雇用創出数は4.37人である。雇用者1人当たり事業費は264.2万円である。この金額は事業主体に交付される金額であり，事業費に占める新規に雇用した失業者の人件費割合は2分の1以上と規定されているにすぎない。

　注目されるのは一時金支給の対象となった雇用創出数は7,031人で創出総数の7.9％にすぎないことである。この事業で採用した雇用者が引き続き正規労働者として雇われ，事業所に一時金が支給されるケースが少なかったことが示されている。

　「緊急雇用創出事業」は，2008～2011年度計で63,273事業，雇用創出数は553,534人でふるさと雇用再生特別基金事業よりはかなり拡大している。ただし，雇用者1人当たり事業費は75.4万円と3割以下にとどまっており，緊急・一時的雇用という事業の特徴を反映して，雇用期間が短いことが示されている。

表 4　重点分野雇用創造事業の実績と計画

		重点分野雇用創造事業計	重点分野雇用創出事業	地域人材育成事業	うち介護雇用プログラム	震災等緊急雇用対応事業
事業数	2009年度（実績）	30	26	4	—	—
	2010年度（実績）	9,461	7,674	1,787	532	—
	2011年度（実績）	13,998	10,472	1,625	461	1,901
	2012年度（実績）	22,109	5,545	744	249	15,820
	2013年度（計画）	12,909	7,493	—	—	5,416
雇用創出数（人）	2009年度（実績）	497	142	355	—	—
	2010年度（実績）	80,148	53,303	26,845	10,249	—
	2011年度（実績）	150,500	81,431	36,316	10,413	32,753
	2012年度（実績）	182,886	38,118	20,749	5,498	124,019
	2013年度（計画）	81,046	48,647	—	—	32,399
事業額（千円）	2009年度（実績）	112,239	62,426	49,813	—	—
	2010年度（実績）	101,195,646	60,688,647	40,507,000	14,955,461	—
	2011年度（実績）	202,780,447	112,891,504	61,753,319	16,540,466	28,135,624
	2012年度（実績）	232,501,527	50,562,299	34,858,268	8,710,385	147,080,960
	2013年度（計画）	172,665,192	101,639,163	—	—	71,026,029

注：2013年度計画は2013年9月末現在。
出所：厚生労働省ホームページ「雇用創出の基金による事業」（2014年5月6日）より作成。

　表4は事業復興型雇用創出事業等を除く重点分野雇用創造事業の実績と2013年度の計画を示したものである。重点分野雇用創造事業がスタートして2年目の2010年度から2011年度に事業数は9,461から13,998，雇用創出数は約8万人から約15万人，事業額は1,012億円から2,028億円に拡大した。

　2012年度には事業数は22,109，雇用創出数は約18万人，事業額は2,325億円にさらに拡大したが，震災等緊急雇用対応事業の本格化によるものである。重点分野雇用創造事業と地域人材育成事業では事業が縮小する一方で，震災等緊急雇用対応事業は事業数が15,820，雇用創出数が12万4,019人，事業額は1,470億円で重点分野雇用創造事業の3分の2前後を占めている。ただし12万4,019人の雇用創出数のうち被災9県は55,849人（うち被災求職者は46,129人）で半分以下であり，被災9県以外が68,170人（うち被災求職者1,534人）となっていた。震災対応という制度

の趣旨に反した予算執行が行われていたものであり，2013年度から開始する事業については「被災地」で「被災者」を対象とするように限定した。2012年度の雇用創出者1人当たり事業費は127万1,293円にすぎない。ふるさと雇用再生特別事業と同様に，事業費に占める新規に雇用した失業者の人件費割合は2分の1以上と規定されているにすぎない。

事業復興型雇用創出事業は，2011年度の支給労働者数341人，支給額1億円から2012年度支給労働者数14,462人，支給額126億円，2013年度支給労働者数51,967人，支給額475億円と拡大している。2013年度の1人当たり支給額は91万4,463円である。生涯現役・全員参加・世代継承型雇用創出事業は2012年度の事業数220，雇用創出数2,361人，支給額46億円から2013年度の事業数215，雇用創出数1,744人，支給額53億円と推移しており，小規模な事業である。

② 事業終了後の継続雇用・正規雇用

第3次雇用創出基金事業は大きな雇用創出効果を示しているが，各事業は一時的な性格を示しており，事業終了後の継続雇用，特に正規雇用という安定雇用とつながったかどうかが事業の重要な評価軸である。この点を調査しているのが労働政策研究・研修機構である（労働政策研究・研修機構［2014］，高見具広［2014］46〜54頁）。

アンケート調査を（ⅰ）雇用創出基金事業全体について全自治体の基金事業担当宛て，（ⅱ）ふるさと雇用再生特別基金事業，緊急雇用創出事業，重点分野雇用創造事業・地域人材育成事業について無作為抽出した10％の事業について各事業の基金事業担当者宛て，（ⅲ）事業委託先の基金事業担当者宛て，（ⅳ）基金事業の雇用者宛てに実施している。

雇用についての調査は（ⅲ）の調査（調査数7,566，回答総数4,463，回答率59.0％）で行われている。組織形態別内訳をみると，「民間企業」が51.5％で半数超を占め，「社団法人，観光協会，国際協会，商工会等」（13.5％），「森林組合，農業協同組合，農事組合法人，木材協会等」（8.2％）が続

く。「社会福祉法人」(6.0%) と「NPO」(5.7%) の比率は低い。委託先で過半を占める「民間企業」の業種別内訳では、「その他サービス業」(29.8%)、「建設業」(22.1%)、「情報・通信業」(17.3%) などの割合が高い。

雇用者の週就業日数の分布をみると、5～6日未満が78.2%、6日以上が5.6%を占めている。雇用者の1日の労働時間では、8～9時間未満が52.3%で最も多く、7～8時間が34.5%でこれに次ぐ。雇用創出基金事業は、事業期間内はフルタイム労働者としての雇用が大半であった。

平均賃金について月額で回答した委託先の分布をみると、15～20万円未満37.5%、20～25万円未満16.2%、25万円以上6.5%で、15万円以上が6割であった。低い賃金水準の委託先も無視できない比率を占めた。平均賃金について月額で回答した委託先では月額10～15万円が30.6%、10万円未満が6.2%を占めた。平均賃金について日額で回答した委託先では、7～8千円17.5%、6～7千円未満16.8%、5～6千円未満5.7%、5千円未満2.3%で8千円未満が42.3%を占めている。

事業期間終了後の継続雇用の状況は、(ⅲ) の調査によると「継続して雇用しなかった」が49.9%で最も多く、「一部を継続して雇用した」が30.7%で第2位であり、「全員を継続して雇用した」は11.0%にすぎない（無回答8.4%）。継続しなかった理由（多重回答）では、「事業を継続しなかったため」が68.6%で最も多く、「雇用する資金的余力がなかったため」27.4%、「雇用者自身が継続を希望しなかったため」7.1%の順になっている。継続雇用者の雇用形態は、「全員を非正社員として雇用した」が47.7%で最も多く、「全員を正社員として雇用した」24.3%と「一部を正社員、その他を非正社員として雇用した」24.6%が4分の1ずつを占める。

最終的に継続雇用された者の比率は明らかではないが、「全員を継続して雇用した」委託先の比率11.0%、「一部を継続して雇用した」委託先の比率30.7%からみて、4分の1程度と推測される。継続雇用者で正社員として雇用された者の比率は、「全員を正社員として雇用した」委託先の比率24.3%と「一部を正社員、その他を非正社員として雇用した」委託先の比率24.6

％からみて，3分の1程度と推測される。(iv) の雇用者調査（調査数4,265，回収総数2,131，回収率50.0％）によると，基金事業の雇用契約終了後，76.1％が就業しており，23.7％が非就業であった。就業している人のうち「雇用基金事業での仕事と同じ勤め先で働いている」は46.2％である。基金事業終了後の継続雇用者の割合は35.2％になる。

正社員として継続雇用された者の比率は約12分の1，約8.3％となり，先述した「ふるさと雇用再生特別基金事業」において正規雇用者として継続雇用され一時金支給の対象となった雇用者の比率7.9％とほぼ同率になっている。

雇用創出基金事業は，事業期間内においてはフルタイム労働者に近い労働条件を提供し，大規模に雇用を創出する役割を果たしていると評価できる。しかし事業が臨時的性格をもち，事業終了後に継続雇用されるのは約3分の1，正社員として継続雇用される者の割合が1割に満たない点に限界が現れている。

「全員を継続して雇用した」「一部を継続雇用した」を合計した割合（事業期間終了後の雇用継続割合）を委託先の組織形態別にみると，最大の割合を占める「民間企業」では42.2％と低く，継続雇用をしなかった理由では「事業を継続しなかったため」が75.8％ときわめて高い。業種別にみても，民間企業が携わる「情報・通信」では雇用継続割合が31.9％と著しく低い。一方，社会福祉法人とNPOでは，事業期間終了後の継続雇用割合が77.2％，61.4％と高い。受託事業分野別では，介護・福祉（72.3％），医療（64.8％），子育て（60.3％）で継続雇用割合が高い。

委託先アンケートにおいて，事業を受託した理由として最も多くあげられている理由が「自治体から要請があったから」であり，複数回答で41.1％を占める。「事業を通じていい人材を採用するきっかけとするため」が34.0％で第2位，「既存の事業の拡大を考えていたから」が29.7％で第3位になっている。注目されるのは，事業受託理由で「自治体から要請があったから」をあげた委託先では事業継続割合が39.6％と他の事業受託理由の事業継続

割合と比較して最も低くなっていることである。

　全額国費の予算消化を最優先して，民間企業等に事業を「丸投げ」した場合には，一時的に雇用を創出されたとしても，継続雇用につながらないことが示されている。その典型的事例が，東日本大震災の被災地3県の自治体が震災後に「震災等緊急雇用対応事業」として約25億円超を支出した「DIOジャパン」（本社）のコールセンターにおいてみられる（渡辺寛人［2014］74～75頁，「朝日新聞」2014年6月18日付）。10市町村で935人を雇用する計画で，実際は延べ1000人以上を雇用したが，研修期間中や営業開始後に雇い止め等による大量退職が出て，2014年5～6月現在の従業員数は約350人にまで減少している。例えば2013年7月に研修が終わった花巻市のセンターは，2014年6月末に1年足らずで撤退する見込みである。「DIOジャパン」は，「仕事の受注が計画通りいかなかった」と弁明しているが，当初から事業継続ではなく，単なる「補助金」狙いではなかったかとの疑念も生まれる。

5．大阪府豊中市における無料職業紹介と雇用創出基金事業

(1)　豊中市の概要

　豊中市は淀川分流の神崎川で大阪市の北に接する[7]。神崎川に注ぐ猪名川下流域の沖積平野，市街地のある豊中段丘，団地開発の著しい千里山丘陵の西斜面から構成される。

　豊能郡豊中町は1927年（昭和2）4月1日に町制を施行した。1936年（昭和11）10月15日，同郡麻田・桜井谷・熊野田3村を合併，市制を施行した（総面積18.18km^2）。戦後，1947年（昭和22）3月15日には中豊島・南豊島・小曾根の南部3村を編入した（総面積28.14km^2）。1953年（昭和28）7月1日の三島郡新田村の一部（大字上新田）の編入を経て，1955年（昭和30）1月1日の豊能郡庄内町の編入により，現在の市域（総面積36.60km^2）になっている。

1910年（明治43）箕面有馬電気軌道（現，阪急宝塚本線）の開通後，この地域では住宅地化が進行した。丘陵地に大阪大学・大阪音楽大学・刀根山病院・服部緑地などの文化・厚生施設がある。日本のニュータウン開発の先掛けとなった千里ニュータウンが丘陵地にある。神崎川沿岸低地は，機械・金属などの工場地区で，大阪市北部工業地域の外延部を形成している。大阪空港の一部が市西端にある。

　国勢調査人口の推移をみると，現在の市域になった1955年の127,678人から1960年199,065人，1965年291,936人，1970年368,498人と日本経済の高度成長期の15年間に3倍に増加した。安定成長期への移行期の1970～1975年には年平均増加数は高度成長期の約1万6,000人から約6,000人に縮小した。安定成長期に入ると，人口増加のテンポは目立って鈍化した。年平均増加数は，1975～1980年には958人に縮小し，1980～1985年には拡大に転じたが2,008人にとどまった。ピークはバブルが始まった1987年の417,182人（国勢調査に基づく10月1日現在の推計人口）であり，以後2005年の386,623人まで減少を続けた。2006年以降，人口は微増に転じ，2010年389,341人と増加した。

　住民基本台帳登載人口の増減をみると，2007～2011年に自然増加数（出生数マイナス死亡数）は534人から271人へ減少している。社会増減（転入数マイナス転出数）は2007年868人の減，2008年967人の増，2009人430人の減と変動的であったが，2010年5人の減，2011年579人の増と転入超過へ転換する兆しがみられる。

　豊中市と吹田市にまたがる千里ニュータウンの国勢調査人口は，1975年の129,860人から2005年89,571人に減少し，高齢化が進行した。豊中市域ニュータウンの人口も1975年の43,359人から2005年の27,823人に減少した。住民基本台帳人口（10月1日現在）をみると，千里ニュータウンの人口は2007年の89,212人が底であり，その後年次によって増減があるが，2011年には90,266人に高まっている。人口増への転換は豊中市域ニュータウンではクリアに現れており，2005年の27,823人を底として，

2011年の31,759人へ一貫して増加している。大都市郊外の1戸建てを中心とする大規模団地では人口減少，高齢化，空家の増加が続いているのに対して，公的賃貸住宅を中心とする千里ニュータウンでは積極的な建て替えにより，人口減少に歯止めをかけることができた。

　2012年4月1日，豊中市は中核市へ移行した。中核市は，1994年自治法改正により，従来の特別市，政令指定都市に加えて導入された制度である。要件は，①人口30万人以上，②面積100km^{2}以上，③人口50万人未満の場合には，中核性を有すること（昼夜間人口比率100％以上）であった。1999年の地方分権一括法により，③の要件は廃止された。2001年改正では人口50万人以上の場合には，②の面積要件がなくなった。さらに2006年の改正により，面積要件そのものがなくなり，①のみが明示された要件となった。

　豊中市は平均的には府内で3番目に高い個人所得水準を示している一方で，生活保護率は1992年以降，全国平均および大阪府平均を常に上回って推移している。比較的所得水準が高い中間層と，ある程度の規模の貧困層が同一市内に併存している点に豊中市の特徴がある。通常，所得水準が高いベットタウン都市では取り組まれていない就職困難層への雇用・就労支援に豊中市が積極的な経済的背景にはこうした特殊事情がある。

　豊中市の民営事業所は2011年に14,836あり，うち83.4％にあたる12,380は第3次産業であった。民営事業所では零細・小規模事業所のウエイトが高い。従業者30人未満の事業所のウエイトは事業者数で94.1％。従業者数で53.1％に達する。従業者4人以下の零細事業所だけをとっても，事業所数で60.4％を占める。豊中市は大規模事業所がきわめて少なく，零細・小規模事業所の集積が目につく点で，大阪市のベッドタウンと大企業の企業城下町という性格を併せもつ都市とは異なる。このような事業所の構造の下で豊中市の中企業を対象とする産業政策が充実し，後述するとおり，それが市の雇用政策の重要な基盤となっている。

(2) 雇用・就労支援事業のスタート

① 雇用創出基金事業の開始

　豊中市の一般会計当初予算をみると，労働諸費（失業対策事業費が計上されていないので，労働費の全額を占める）は 1999 年度には 1 億 5,669 万円で，うち 7,948 万円は一般職給与費（5 人，4,776 万円）を中心とする労働総務費であった（表 5 参照）。労政業務，中小企業勤労者互助会への補助，労働会館と働く婦人の家の管理運営が主な施策であった。

　2000 年度に労働諸費は 2 億 9,459 万円と前年度当初比で 1 億 3,790 万円，87.9％増加した。緊急地域雇用特別事業費 1 億 7,283 万円が新規計上されたことによる。財源は全額府支出金である。都道府県支出金には 2 つのタイプがある。第 1 は国が市町村に対して直接補助を行わずに，都道府県を通じて間接補助を行うケースである。「国費を伴う都道府県支出金」と呼ぶ。第 2 は都道府県が独自施策を行う際に市町村に補助するケースである。「都道府県費のみの都道府県支出金」と呼ぶ。緊急地域雇用特別事業費の財源としての府支出金は第 1 のタイプである。第 1 次地域雇用創出基金事業の国費であり，府費は投入されていない。使途は全額が委託料であり，相談・指導業務委託料が中心である。緊急地域雇用特別事業費は，2 年度目の 2001 年度には 1 億 129 万円に減少している。

　国の地域雇用創出基金事業が第 2 次事業に引き継がれた 2002 年度には，緊急地域雇用特別事業費は 1 億 9,721 万円と約 2 億円の規模に拡大した。その後，2003 年度 1 億 5,099 万円，2004 年度 1 億 4,597 万円と減少したものの，2003 年度にスタートした地域就労支援事業の予算規模は 2003 年度 361 万円，2004 年度 289 万円であったから，財政支出の面からみれば，2000 年代前半における豊中市の雇用・就労支援事業はほぼ国費による地域雇用創出基金事業に特化していたといえる。

　2005 年度から 2008 年度当初予算までは国の雇用創出基金事業の空白期

表 5　豊中市の労働諸費における雇用促進事業―1999 ～ 2009 年度―（単位：千円）

年	1999	2000	2001	2002	2003	2004
労働諸費計	156,692	294,592	193,354	283,361	238,640	228,421
(1) 労働総務費	79,484	70,893	78,599	72,461	75,928	70,244
財源：府支出金	―	―	63	34	3,202	2,644
：一般財源	79,484	70,893	78,531	72,427	72,644	67,518
①地域就労支援事業	―	―	―	―	3,608	2,893
②無料職業紹介事業	―	―	―	―	―	―
(2) 緊急地域雇用特別事業	―	172,830	101,293	197,206	150,986	145,970
財源：府支出金	―	172,830	101,293	197,206	150,986	145,970
(3) 労働会館費	15,844	15,946	13,462	13,694	11,726	12,207
(4) 働く婦人の家管理費	61,364	34,923	―	―	―	―

年	2005	2006	2007	2008	2009
労働諸費計	65,657	62,575	67,360	66,311	77,157
(1) 労働総務費	55,711	53,818	58,064	55,171	65,115
財源：府支出金	2,618	2,394	4,000	4,254	3,370
：一般財源	52,947	51,248	53,993	50,778	61,630
①地域就労支援事業	2,719	2,255	3,125	1,951	1,845
②無料職業紹介事業	―	―	749	816	612
③地域雇用創造推進事業	―	―	―	―	3,283
(2) 緊急地域雇用特別事業	―	―	―	―	―
財源：府支出金	―	―	―	―	―
(3) 労働会館費	9,946	8,757	9,296	11,140	12,042
(4) 働く婦人の家管理費	―	―	―	―	―

注：1) 労働総務費には上記①，②以外の費目が含まれる。
　　2) 労働総務費の財源には，府支出金，一般財源以外に，その他の財源（雑入など）がある。
出所：「豊中市各経済予算説明書」2000 ～ 2009 年度。

にあたる。豊中市においても，緊急雇用特別事業費は 2005 年度から予算計上されなくなり，費目としてもなくなった。労働諸費は労政業務など従来型施策を中心として 6,000 万円台へと大幅に縮小し，その中で雇用・就労支援事業は次に述べる地域就労支援事業と無料職業紹介事業として小規模な予算で行われた。

② 「地域就労支援センター」の設置

大阪府は，1999 年度に「自立・就労支援方策検討委員会」を設け，学識経験者，被差別部落住民組織の代表，大阪労働局，府内の市町村の代表などが委員となって，当初は，直接の課題となっている被差別部落の生活保護受

給世帯の「自立」を促進するため,就労政策を重視するという面が中心課題と受け取られていた[8]。委員会の検討の中で,新しい雇用・就労支援策の対象は,被差別部落の生活保護受給世帯だけではなく,母子家庭の母親,障害者市民,中高年者,在日外国人,さらに若年無業・不安定就業者など,多様に存在することが明らかになった。これらの働く意欲・希望がありながら,年齢や身体的機能,家族構成や出身地などの理由,雇用・就労を妨げる様々な阻害要因によって就労を実現できず,何らかの支援を必要とする人々を「就職困難者」ととらえ,個別ケアマネジメントを重視する支援の方法へとつながった。

同委員会は,2000年3月に「地域就労支援事業(仮称)の創設」を提言した。この提言を実施するために,大阪府は同委員会を「地域就労支援事業検討委員会」に改組し,その下で2001年度と2002年度に茨木市と和泉市において「地域就労支援市町村モデル事業」と「就職困難層就労実態調査」を実施した。それに基づき委員会は,「市町村版(仮称)雇用・就労支援計画」の策定,コーディネーターの活動拠点としての「地域就労支援センター」の設置,大阪府の市町村に対する財政支援などを提言した。大阪府は2002年度から18市町村と大阪府の補助を受けずに独自で実施している1自治体を対象に地域就労支援事業を開始し,2004年度には府内44市町村すべてがこの事業を実施した。豊中市では2003年度から「地域就労支援センター」を設置し,スタートした。

③ 無料職業紹介所の設置と地域就労支援事業のニーズ拡大

豊中市では2006年11月に無料職業紹介所を設置した。当初予算額は2007年度75万円,2008年度は82万円,2009年度は61万円であった。市による無料職業紹介の実施により,市内中小企業との関係が深まり,労働需要への対応を含め,労働市場に積極的に関与する可能性が広まった。無料職業紹介所は人材コーディネーター2人が求人や職業実習等の開発を行いながら,個々のマッチングほか企業合同面接会等を開催している。

地域就労支援センターと無料職業紹介所の設置により，豊中市の雇用・就労支援事業の中核となる2本柱が設定されたといえる。地域就労支援事業の実績をみると，2006年度には相談者数246人，就職者数111人であったが，2007年度には相談者数は445人，就職者数は172人に急増している。2006年11月に無料職業紹介を始めたことで，相談ニーズが一挙に拡大したという。2008年度末からはリーマン・ショックを契機とする世界同時不況の下で雇用情勢が悪化した。2009年度には地域就労支援事業の相談者数は469人と前年度を下回ったが（新規相談者数は336人で2人増加），相談（面談）予約の「1カ月待ち」状態が続いたことに示されるように相談体制が限界に達したことによる。

無料職業紹介事業では，2008年度から2009年度にかけて，新規求職者数が96人から832人に激増した。新規求人数が303人から1,335人に急増したものの，就職件数は29件から94件に増加したにすぎず，就職率（新規求職者数に対する就職件数の比率）は30.2％から11.3％へ低下した。

(3) 雇用・就労支援事業の本格的展開

① 「雇用・就労施策推進プラン」の作成と特徴

2010年度から豊中市における雇用・就労支援事業が本格化したが，その背景はリーマン・ショックを契機とする景気・雇用の悪化であった。そして，政策の方向づけをしたのが，2008年7月に策定された「豊中市雇用・就労施策推進プラン（基本方向）」である[9]。

その特徴は，第1に「地域特性を活かした就業等の促進」の若年者，女性，高齢者，障害者など就職困難層の就業促進，「雇用・就労施策に期待される効果」の「地域全体の自立就労支援機能の向上」に示されるとおり，福祉部門等と連携しつつ，労働部門にとどまらない包括的な雇用・就労政策の中核を担うことが目指されていることである。

第2に「雇用施策の考え方の変化」の中小企業振興としての雇用政策（労

働需要側＝産業・企業へのアプローチ等）や「雇用・就労施策に期待される効果」「地域全体の自立就労支援機能の向上」における「企業の人材確保，雇用管理の改善」に示されるとおり，労働需要側（産業・企業）へのアプローチを重視，地域活性化と結びつけようとしていることである。

　市が設置している無料職業紹介所，中小企業行政の中で培われた市内中小企業とのネットワークを活用しつつ，商工労働部門が生活保護受給者や障害者の就労支援も組み込んで，就職困難者に対する包括的な就労支援を行おうとしている。就労支援は，多くの自治体では若者，高齢者，生活保護受給者，障害者など対象別に別々の行政部門において縦割りで行われている。豊中市では，商工労働部門が中核に位置することによりハローワークへ就労希望者をつなぐことを超えて，中小企業行政の中で培われた市内中小企業とのネットワークを活用しつつ就労先を積極的に開拓し，定着支援にまで踏み込むことが可能になっている。

② 地域就労支援センターと無料職業紹介所を中心とする雇用・就労支援の拡充

　地域就労支援センターは，ハローワーク等の一般的な需給調整（職業紹介）の仕組みを活用して，就職活動や就職の実現を行うことが困難で何らかのサポートを必要とする就職困難者を支援する。就労支援コーディネーター（嘱託職員）と相談者の初回面談を経て，相談・カウンセリングを重ねながら，就労に関する本人の希望，過去の職歴や生活環境などの話を聞きながら，就労を阻害している要因がどのような点にあるかを明確にし，支援内容を決めてゆく。支援としては，具体的な就職スキルに関する教育（履歴書の書き方，採用面接の受け方など），公共職業訓練（ジョブカード訓練を含む）や無料職業紹介所が主催する各種講座への誘導，ハローワークや職場見学・職場実習への同行等がある。

　2009年度の相談予約「1カ月待ち」状態を改善するために，2010年度当初にコーディネーター1人を増員し，3人体制になった。10月には緊急雇

用創出基金事業(高齢者・障害者等就労支援促進事業)で2人増員した。2011年2月に生活保護受給者等就労支援の実施に伴い6人が加わった。さらに社会福祉協議会と連携した住宅手当受給者に関わる就労支援の実施を行うなど,支援内容の拡充に対応して,2011年度には12名,2012年度には14人に増員した。

　無料職業紹介所は,ハローワークと同様に,求職者にとっては,求人ニーズに対応する市の窓口となっている。人材コーディネーター(嘱託職員)が配置され,(ⅰ)人材紹介,(ⅱ)職場体験実習,(ⅲ)面接会,(ⅳ)セミナー開催が主な活動である。豊中市の特徴は,求人等を開発し,マッチングするだけではなく,定着支援まで行おうとしていることである。就職困難層への就労支援の活動で見出されたのは,就職決定では終わらず,就労継続・定着支援が重要であるということである。就労継続・定着は当該企業と連携・協力しなければ効果的な支援ができない。そこで考えたのが,無料職業紹介事業の届出(許可)である。地域就労支援センターと無料職業紹介所が一体となって,相談・支援から個々の事情にあった就労(出口)を開発し,定着支援までカバーする支援機関として機能している。

　定着支援では,豊中市独自の取り組みとして商工会議所と協力して企業内ジョブコーチ養成を行う豊中版ジョブライフサポーター養成講座を開催している。経営者には「メンタルヘルスサポートと障害者雇用をめぐる労務人事の改善は重なっており,働きやすい,生産性の高い職場づくりに利用してほしい」と社員のうちから受講者を派遣してもらっている。

　予算面からみても,2011年度には無料職業紹介事業が前年度の102万円から853万円に急増した(表6参照)。地域就労支援事業も2010年度の251万円から2011年度286万円,2012年度の549万円と増加した。

　地域就労支援事業では,相談件数は2009年度の1,803件から2010年度2,055件,2011年度3,246件と増加,就職率(相談者数に対する就職者数の比率)は2009年度の32.8%,2010年度の29.3%から2011年度に41.3%に上昇しており,相談体制の強化が実績の向上に反映している(櫻

表6　豊中市の労働諸費における雇用促進事業―2009〜2012年度―（単位：千円）

	2009	2010	2011	2012
労働諸費計	77,157	284,672	962,320	1,471,198
(1) 労働総務費	65,115	63,092	121,620	126,086
財源：府支出金	3,370	5,961	5,353	5,343
：一般財源	61,630	57,057	116,203	120,669
①地域就労支援事業	1,845	2,511	2,862	5,489
②無料職業紹介事業	612	1,021	8,531	8,259
③地域雇用創造推進事業	3,283	85	9,786	9,864
(2) 雇用対策費	―	209,927	798,439	1,333,233
財源：府支出金	―	207,927	779,126	1,315,852
：一般財源	―	0	17,313	17,381
①雇用創出基金事業	―	209,927	693,889	1,138,293
（ⅰ）ふるさと雇用再生特別基金事業	―	35,542	157,883	
（ⅱ）緊急雇用創出基金事業	―	174,385	157,556	
（ⅲ）重点分野雇用創造事業	―	―	378,450	
②パーソナル・サポートモデル事業	―	―	81,767	116,822
③職場体験事業	―	―	17,313	―
④社会イノベーション推進のためのモデル事業	―	―	―	16,740
⑤住宅手当緊急特別措置事業	―	―	―	43,977
⑥新卒未就職者職業体験事業	―	―	17,313	17,381
⑦生活困窮者に対する自立支援（生活保護事業）	―	―	77,608	―
(3) 労働会館費	12,042	9,803	15,361	11,879
(4) 労働会館整備費	―	1,850	―	―

注：1）労働総務費と雇用対策費には上記以外の費目が含まれる。
　　2）労働総務費と雇用対策費の財源には，府支出金，一般財源以外に，その他の財源（雑入など）がある。
出所：「豊中市各経済予算説明書」2009〜2012年度。

井［2014］121頁，123頁）。無料職業紹介事業では，2009年度から2010年度に新規求職者数は832人から1,211人，新規求人数は1,335人から1,794人に増加した。就職件数が94件から186件に倍増した結果，就職率は11.3％から15.4％へと反転し，2011年度には16.5％に高まっている。

　支援内容は2011年度に2つの面で拡充された。第1はパーソナル・サポートモデル事業である。さまざまな生活上の困難に直面している人に対し，個別的・継続的・包括的（横断的）に支援を実施する内閣府・厚生労働省によるパーソナル・サポートモデル事業が，2010年度に全国5地域でスタートした。2011年度には19地域が採択され，2012年度には116カ所に設置されている（厚生労働省職業能力開発局［2012.11.15］）。豊中市は2011

年度に採択され，大阪府と吹田市，箕面市と共同で，しかもそれぞれ独自の目標，事業内容を企画し，推進している。

　豊中市のパーソナル・サポート事業では，3つのパーソナル・サポートセンター（以下, PSセンター）を設けている。1つは「豊中市PSセンター」で，直接市民からの相談には応じず，他の相談，支援機関(地域就労支援センター，福祉事務所，社会福祉協議会など)からのリファーを受けて，支援を行う。就労(出口)まで距離がある人を対象に，（ⅰ）本人の課題に対応した専門家（キャリア・カウンセラー，心理職，看護師，中小企業診断士など）がチームを編成して相談・支援を行う，（ⅱ）一般就労だけではなく，福祉的就労などの中間労働市場も含め，本人にあった多様な就労(出口)を開発，マッチングする，（ⅲ）「事業所応援チーム」を置き，具体的な経営支援を通じて，仕事・雇用機会の開発につなげている点が特徴である。2つ目は，「生活情報館センターくらしかん」をベースに相談・支援を行う地域就労支援センターにPSセンターの機能を付与した「くらしかんPSセンター」である。3つ目は「豊中社協PSセンター」で，社会福祉協議会が進めるコミュニティ・ソーシアルワーク（CSW）をPSセンターと位置付けている。

　2011年度に拡充された支援の第2は生活保護受給者等就労支援事業である（長松［2014］143～159頁）。豊中市の健康福祉部生活福祉課（2012年度の組織改革で福祉事務所）では，2005年4月より「自立支援プログラム」の生活保護受給者等就労支援事業活用プログラムに沿い，就労支援員（嘱託職員，2012年5月時点で8人）による生活保護受給者に向けた就労支援を実施してきた。稼働能力・就労意欲がある，就労阻害要因がない，事業への参加に同意しているという条件を満たす者を選び，就労指導（履歴書や職務経歴書の作成指導，面接指導など）と求職活動支援（ハローワークへの同行）を行う。

　2011年度からスタートした生活保護受給者等就労支援事業は，福祉部門の就労支援では対象外になっていた就労困難層に対して，就労相談（履歴書作成，面接等の指導），講座・実習，中間的就労事業などの支援を行うもの

である。生活保護受給者等のうち，ただちに就労に結びつきにくく，かつ社会との接点をもちにくい就職困難層は，就業体験的ボランティアや職場体験などの事業に気持ちが向かわない人が多い。そこで2010年度から「意欲喚起事業」(中間的就労事業)への参加を通じ，働くことに対する意欲や自信をつけてもらい，就労への距離を近づけてゆく取り組みを開始した。事業としては，交流サロン「楽塾とよなか」を開催し，(ⅰ)他人から学ぶ喜び，人とつながることの楽しさを知る(エンパワーメント)，(ⅱ)自己肯定感を育み，自分の可能性を知る，(ⅲ)次なるステップへ動き出す動機をつくり出すことを狙いとしている。その後は，労働会館・くらしかん(地域就労センター内)等の公共施設での職場実習(シール貼り，PC入力など)→就業体験的ボランティア作業(花と緑の育成，「トヨッピー(堆肥)」詰め込み作業，保育所ボランティア)→就業体験事業(障害者授産施設・ワークショップとよなか内でのショップ運営補助業務など)→企業内実習というステップを歩む。

③ 雇用創出基金事業の多様化・拡大

豊中市における地域雇用創出基金を活用した雇用創出基金事業は，当初予算ベースでは2009年度から計上された。豊中市における就労支援事業では，豊富な「出口」(就業機会)の開拓が重視されており，雇用創出基金事業は中小企業支援とリンクした無料職業紹介事業と両輪になっている。

事業の種類は，国の政策の展開に対応してシフトしている。2009年度の決算額は1億2,554万円，うち緊急雇用事業が83.5％と大半を占め，残りはふるさと雇用再生特別事業であった。2010年度決算額は4億3,885万円に拡大した。内訳では重点分野雇用創造事業が63.8％で主座を占め，緊急雇用事業のウエイトは24.8％に低下した。2011年度当初予算額は6億9,389万円に増加した。うち重点分野雇用創造事業が54.5％を占め，2011年度が事業終了時期の緊急雇用事業とふるさと雇用再生特別事業はそれぞれ22.8％ずつを占めた。

雇用創出基金事業は2012年度当初予算では11億3,823万円にまで拡大した。2012年度実施事業（2012年10月16日現在）は52事業であり，事業規模は14億4,566万円，新規雇用人数は430人である（表7参照）。事業の種類別内訳をみると，43事業は地域人材育成事業で大半を占めている。重点分野雇用創出事業は3事業に縮小し，震災等緊急雇用対応事業が6事業となっている。

対象別の区分が困難な事業があるが，若者を対象とする雇用創出が10事業で件数では最大である。その他に若者の就労支援者養成事業が4事業あり，合わせると14事業で4分の1強を占める。第2位は女性・ひとり親を対象とする雇用創出で8件であるが，事業規模では2億736万円であり，若者を対象とする雇用創出（1億9,674万円）を抜いて第1位である。医療・介護人材育成は7事業，1億8,062万円で第3位であるが，新規雇用人数では76人で最大である。第4位は人材育成一般の6事業であり，うち3事業はICT関連である。

震災等緊急雇用対応事業として被災者を対象とする雇用創出は4事業であり，新規雇用人数は35人である。うち「地域企業等と連携した被災者キャリア形成支援事業」は，被災地企業と地元企業（北摂地域）が協力し，震災の影響による失業者に対して，失業によるキャリアの中断を少なくし，さらに新たなキャリア形成にチャレンジする機会をつくり，失業者の職業生活の再建と企業の復興につなげようとするもので，新規雇用人数は20人と1事業当たりでは2番目に多い。

ただし1つの事業で新規雇用人数が大きいのは図書館の新しい管理業務等を通じた就労困難者等就職支援事業（74人），介護保険サービスにおける雇用創出事業（施設・事業所で介護職に従事しながらホームヘルパー2級を目指す，19人），医療事務作業補助者養成モデル事業（18人）と補助的業務である。

2012年10月16日現在の47事業について委託先が掲げられている。雇用労働課直接実施の2事業を除く45事業の委託先は44事業所である。1

表7 豊中市における雇用創出基金事業—2012年度—

	事業名	区分	事業額（千円）	新規雇用人数（人）
若者	1 野外活動施設・農業分野と連携した若者自立支援モデル事業	重点	25,977	5
	2 困難を抱える学生・生徒向け継続就学・就労支援モデル事業	地域	19,251	3
	3 商店空店舗を活用した若者等による創業モデル事業	地域	18,516	3
	4 農業をめざす都市の若者等のトライアウト支援事業	地域	20,246	4
	5 小売業・サービス業における若者たちによる仕事づくり事業	地域	20,748	4
	6 営業職等をめざす若者による中小企業雇用開発事業	震災等	27,850	10
	7 若年者・障害者等就労促進事業	地域	16,090	4
	8 認知症高齢者との交流サポート等を通じた若者自立支援事業	地域	32,406	12
	9 遊休農業地等を活用した農ビジネス就業支援モデル事業	地域	9,721	4
	10 ひきこもり等の若者ICT活用自立支援モデル事業	地域	5,934	2
	小　計		196,739	51
女性・ひとり親	1 女性によるまち・観光情報発信事業	地域	14,011	3
	2 ひとり親等による「家事・育児援助サービス」創業モデル事業	地域	26,087	6
	3 ひとり親等に対する「接客サービス・販売士」資格取得支援事業	地域	24,785	6
	4 女性の再就職支援のためのICT活用能力育成事業	地域	20,063	4
	5 ひとり親ICT活用推進員育成事業	地域	17,594	3
	6 サービス業等におけるひとり親等による社会的企業設立事業	地域	46,553	10
	7 ひとり親等に対する調理師免許取得支援事業	地域	26,240	8
	8 子育て応援隊（ホームサポート等）推進事業	地域	32,023	7
	小　計		207,356	47
高齢者	1 高齢者ICT活用サポート推進員育成事業	地域	22,000	4
	2 ビルメンテナンス分野における中高齢者・若年者就労支援事業	地域	48,410	12
	小　計		70,410	16
障害者	1 サービス業等での障害者等による企業・就労支援事業	地域	36,955	8
	2 障害者等によるハウスクリーニング等推進事業	地域	14,473	3
	3 ふとん類リサイクルを活用した障害者雇用促進モデル事業	地域	22,123	11
	小　計		73,551	22
就労困難者全般	1 図書館の新しい管理業務等を通じた就労困難者等就職支援事業	重点	137,261	74
	小　計		137,261	74

事業名		区分	事業額 (千円)	新規雇用人数(人)
医療・介護人材育成	1 医療事務作業補助者養成モデル事業	地域	43,747	18
	2 医療福祉分野等における在住外国人就労・定着支援事業	地域	13,895	4
	3 潜在看護師現場復帰促進事業	震災等	26,088	9
	4 ミュージックケアワーカー養成事業	地域	39,853	6
	5 介護保険サービスにおける雇用創出事業	地域	17,630	19
	6 地域密着型介護サービスにおける生活リハビリ推進モデル事業	地域	18,220	8
	7 介護予防活動人材育成による雇用促進事業	地域	21,182	12
	小　計		180,615	76
若者等就労支援者養成	1 自立就労サポート推進者養成モデル事業	地域	32,183	5
	2 「中間的就労事業」コーディネーター養成事業	重点	22,954	6
	3 ひきこもり・不登校等への「家庭訪問総合支援士」養成モデル事業	地域	25,696	4
	4 ひきこもり等の若者たちの居場所づくりとピアサポーター養成事業	地域	28,215	10
	小　計		109,048	25
障害者就労支援者養成	1 障害者福祉施設・作業所支援人材養成事業	地域	37,834	8
	2 農業分野における福祉的就労の指導者養成事業	地域	24,881	10
	3 障害者就業現場支援人材養成事業	地域	9,510	5
	小　計		72,225	23
人材育成一般	1 ICT支援員配置事業	地域	50,019	15
	2 健康スポーツ分野の指導員・管理人材育成事業	地域	30,559	6
	3 中小企業向けICTサポーター養成事業	地域	8,597	3
	4 商店街と地域を結ぶICT活用サポート事業	地域	8,943	3
	5 在住外国人就労支援多言語スタッフ養成モデル事業	地域	7,026	3
	6 コミュニティビジネス・地域活動コーディネーター養成事業	地域	26,240	6
	小　計		131,384	36
被災者	1 被災者等の共同生活型就労支援モデル事業	震災等	44,003	8
	2 地域企業等と連携した被災者キャリア形成支援事業	震災等	69,321	20
	3 被災者等を対象にした農工商連携事業推進モデル事業	震災等	24,007	5
	4 介護事業経営改善共同化を通じた被災者等就労困難者支援事業	震災等	9,867	2
	小　計		147,198	35
その他	1 住まいと暮らしのバリアフリー化による地域交流型「大家族」づくりモデル事業	地域	19,765	3
	2 企業向け保育サービス事業創出支援事業	地域	36,466	8
	3 魅力ある都市環境を創造する農園事業推進事業	地域	35,563	8
	4 コミュニティビジネスによる雇用創造事業	地域	25,078	6
	小　計		116,872	25
合　　計 (52事業)			1,445,659	430

事業を複数の事業所が受注したり，1つの事業所が複数の事業を受注することがあるので，事業総数と委託先事業所総数は一致しない。株式会社・有限会社が15事業所（34.1%）で最大であり，NPOが12事業所（27.3%）でこれに次ぎ，財団法人・社団法人・社会福祉協議会・シルバー人材センター8事業所（18.2%），社会福祉法人7事業所（15.9%）の順である。

先述した労働政策研究・研修機構の調査では，無作為抽出した10%の事業の委託先の組織形態別内訳をみると，「民間企業」が51.5%で半数超を占め，「社会福祉法人」（6.0%）と「NPO」（5.7%）の比率は低い。これと比較すると豊中市の委託先では，民間企業の比率が低く，NPOと社会福祉法人の比率が高い。NPO法人が委託先になっているのは就学困難層・就職困難層を支援する人材等の養成事業である。

障害者の就労支援事業では社会的企業，社会福祉法人，NPOなど多様な形態の事業所が委託先になっている。

豊中市における雇用創出基金事業では，全国的には多い民間企業を主な委託先として一時的な雇用を創出するという方式と比較すると，第1に就職困難層への雇用創出に重点を置いていること，第2に就職困難層への就労支援員を中心に人材養成事業を幅広く行うことにより，継続雇用へつなげようとしている点が特徴的である。雇用労働課が中心となって実施する事業であるにもかかわらず，民間企業ではなく，地域の資源としてのNPOや社会福祉法人を委託先として幅広く活用できていることに，商工労働部門と福祉部門の連携という豊中市の就労支援事業の特性が表れている。

むすび

2000年代における分権改革による自治体の無料職業紹介所の設置，2010年代における第3次分権改革における国の出先機関改革の一環としてのハローワーク特区は，国のハローワークを通じる一般的な労働力の需給調整を代位しようとする限りでは大きな効果を果たしていない。

雇用創出基金事業は，全額国費を財源とする交付金で，事業内容は自治体が自主的に決定できるというメリットをもつ。そこで「三位一体の改革」により深刻な財政難に陥っていた自治体に受容され，活発な就労支援の柱となった。雇用創出基金事業は，事業期間内においてはフルタイム労働者に近い労働条件を提供し，大規模に雇用を創出する役割を果たしていると評価できる。しかし交付金は地方交付税とは異なり，特定補助金としての国庫支出金であるから，事業の大枠は厚生労働省によって決定される。最も重要な枠組みは，事業が臨時的性格をもつことである。事業終了後に継続雇用されるのは約3分の1，正社員として継続雇用される者の割合が1割に満たない点に同事業の限界が現れている。

　従来の国の職安行政や職業訓練制度にとどまらないで，生活保護や障害者支援の主たる支出主体となってきた基礎自治体が就労支援に積極的に関わるようになっている点が特徴的である。就労支援は基礎自治体ごとに多様である。単に福祉削減のために就労支援を行うのではなく，ひきこもりの若者，貧困層，障害者などを社会的に「排除」することなく「包摂」してゆく回路として就労支援を活用する自治体も出ている。

　上述したとおり，雇用創出基金事業では，大阪府豊中市が自治体で就労支援の対象とするのは，ハローワークにおける労働需給のマッチングでは対応できない就職困難者であるととらえ，「中間的就労」事業を展開するとともに，その中で「定着支援」を重視するという先駆的取り組みを行っている。市が設置している無料職業紹介所，中小企業行政の中で培われた市内中小企業とのネットワークを活用しつつ，商工労働部門が生活保護受給者や障害者の就労支援も組み込んで，就職困難者に対する包括的な就労支援を行っている。

　「ワーク・ファースト・モデル」を超えて，「社会的包摂」に重点を置いて生活保護者や障害者に対する就労支援を行っている先進的自治体があることが注目される。北海道釧路市では，地域の資源としてのNPOと連携しつつ，就労支援にとどまらず，日常生活支援と社会生活自立支援を含めて包括的支援を行い，就労支援についても意欲を喚起しつつステップを歩んで定着就労

に結びつける「中間的就労」という考え方を取り入れている。

　障害者の就労支援では，大阪府箕面市が「社会的雇用」という新たな就労支援の受け皿を開発している。箕面市が助成の対象としている事業所の特徴は，健常者と職業的重度障害者が対等の立場で経営・従事する点で，従来の一般就労や福祉的就労とは異なる企業であることである。福祉的就労では自治体の助成金は指導員への助成で，障害者の賃金には充当されない。箕面市では，障害者の賃金に充当する補助金を導入することにより，職業的重度障害者は最低賃金を確保し，障害年金と合わせて経済的自立が可能になっている。箕面市の賃金への助成は，重度障害者への救済ではなく，「社会的雇用」（障害のある人たちが労働を通して地域社会であたりまえに働くことによって所得を得てゆくシステム）により，人々の働き方や地域社会のあり方に指針を示すという貢献に対する社会的評価と位置づけている。

　自治体の就労支援が地域住民の安定雇用の確保という面で効果を発揮するには，第1に国による安定雇用の拡大という外的条件の整備が必要である。民主党政権が2010年6月に提唱し，その後放棄された「内需創造型経済」への転換という「新成長戦略」へ回帰し，併せて国の地域雇用政策を安定雇用（公的雇用を含む）の確保を目標とするものに再構築することが緊要である。

　2010年6月の「新成長戦略」では，経済社会が抱える課題の解決が新たな需要や雇用創出のきっかけになるととらえる。持続可能な財政・社会保障制度の構築や生活の安全網（セーフティネット）の充実を図ることが，雇用を創出するとともに，国民の将来不安を払拭して貯蓄から消費への転換を促し，「内需創造」を通じて，デフレ脱却と経済成長をもたらすとする。「内需創造型経済」への転換により，医療・福祉，再生エネルギーなどの分野で安定雇用の途がひらかれれば，基礎自治体による地域雇用政策が効果を発揮しうる環境は整う。

　第2に自治体の主体的努力が必要である。一般的な需給調整を行う国のハローワークへの橋渡しをしたり，代位するのでは，自治体の就労支援の意

第4章　分権改革と自治体の就労支援策

義が減じてしまう。先進的取り組みを行っている自治体にみられるとおり，様々な就職困難層をターゲットとし，「中間的就労」あるいは福祉的受給と雇用報酬の組み合わせによる「経済的自立」といった「社会的包摂」に適合した考え方を浸透させてゆくことが緊要である。

【注】
1) 本叢書は専修大学社会科学研究所特別研究助成の成果であるが，その中間報告として，地方分権・地方財政と関連づけた自治体の就労支援策について，町田俊彦［2011］と町田俊彦［2012Ⅱ］をまとめている。
2) ワークフェアと国際比較によるタイプ区分については，埋橋孝文［2011］，15〜45頁を参照のこと。
3) 生活保護受給者に対する「自立支援プログラム」については五石敬路［2011］；福田志織・喜始照宣・長松奈美江［2014］，25〜28頁；高橋祐吉［2014］，55〜61頁を参照のこと。
4) 自治体に解禁された無料職業紹介事業の意義，可能性については，澤井勝［2003］，1〜16頁が示唆に富む。自治体の無料職業紹介事業の実施状況については，東京市政調査会研究室［2010］，115〜136頁が詳しい。
5) 「三位一体の改革」による財政レベルの分権改革を第2次改革とすると，第3次分権改革では国の出先機関改革と国による義務付け・枠付けの見直しが課題である。国の出先機関改革とハローワークについては，地方分権有識者会議雇用対策部会報告書（無料職業紹介関係），政策情報資料センター『月刊ニュー・ポリシー』2013年10月号，53〜76頁による。
6) 雇用創出基金事業の政策展開と全国的実施状況については，東京市政調査会研究室［2010］，9〜84頁が詳しい。
7) 豊中市の概要については，町田俊彦［2012Ⅱ］，2〜9頁を参照のこと。
8) 大阪府の取り組みについては，大谷強［2008］，1〜60頁で詳細に紹介されている。
9) 豊中市の「豊中市雇用・就労施策推進プラン」とそれに基づく就労支援策の展開については，主に西岡正次［2011］，30〜35頁，2012年2月29日に豊中市で実施したヒアリングにおける西岡正次氏の説明，提出されたレジメ・資料，櫻井純理［2014Ⅰ］，115〜128頁，櫻井純理［2014Ⅱ］，129〜142頁による。

【参考文献】
埋橋孝文［2011］,「ワークフェアの国際的席捲──その論理と問題点」埋橋孝文編著『ワー

クフェア――排除から包摂へ?』法律文化社, 15 ～ 45 頁.
大阪市政調査会(編)[2014],『自治体セーフティネット』公人社.
大谷強・澤井勝(編)[2008],『自治体雇用・就労施策の新展開』公人社.
五石敬路[2011],『現代の貧困　ワーキングプア――雇用と福祉の連携策』日本経済新聞社.
厚生労働省職業能力開発局[2012],「地域若者サポートステーション事業の今後のあり方に関する検討会中間まとめ」『月刊ニュー・ポリシー』2013 年 1 月号.
厚生労働省職業安定局[2013],「雇用対策における国・地方の連携強化について」(地方分権改革有識者会議第 1 回雇用対策部会提出資料), 政策情報資料センター『月刊ニュー・ポリシー』2013 年 7 月号, 60 ～ 78 頁.
佐口和郎[2004],「地域雇用政策とは何か――その必要性と可能性」神野直彦ほか(編)『自立した地域経済のデザイン』(講座　新しい自治体の設計 4) 有斐閣, 209 ～ 213 頁.
佐口和郎[2011],「日本における地域雇用政策の進化と現状」社会政策学会(編)『社会政策』第 2 巻第 3 号, ミネルヴァ書房, 6 ～ 12 頁.
櫻井純理[2014 I],「豊中市における就労支援政策の概要」筒井美紀・櫻井純理・本田由紀(編著)[2014], 115 ～ 128 頁.
櫻井純理[2014 II],「就労支援の〈出口〉をめぐる模索」同書, 129 ～ 142 頁.
澤井勝[2003],「雇用労働政策の分権的展開に向けて――自治体に解禁された無料職業紹介事業とその可能性」『自治総研』2003 年 6 月号, 1 ～ 16 頁.
澤井勝[2008],「日本における自治体就労政策の新展開：分権改革と自治体の雇用労働行政」大谷強・澤井勝(編), 前掲書, 62 ～ 65 頁.
澤井勝[2014],「ハローワークと自治体の連携」『都市問題』第 105 号, 66 ～ 69 頁.
高橋祐吉[2014],「生活保護受給者の就労支援」『都市問題』第 105 号, 55 ～ 61 頁.
高見具広[2014],「地域における雇用の実情と就労支援の意味」『都市問題』第 105 号, 46 ～ 54 頁.
田端博邦(編著)[2006],『地域雇用政策と福祉――公共政策と市場の交錯』東京大学社会科学研究所.
地方分権改革有識者会議雇用対策部会報告書(無料職業紹介関係)[2013], 政策情報資料センター『月刊ニュー・ポリシー』2013 年 10 月号, 53 ～ 76 頁による.
筒井美紀・櫻井純理・本田由紀(編著)[2014],『就労支援を問い直す』勁草書房.
東京市政調査会研究室[2010],『自治体の就労支援――そのあり方に関する総合的研究』(財)東京市政調査会.
長松奈美江[2014],「連携によってつながる支援の輪――豊中市における生活保護者への就労支援」筒井美紀・櫻井純理・本田由紀(編著), 前掲書, 143 ～ 159 頁.
西岡正次[2011],「地域労働市場の変化と自治体雇用・就労施策の課題：〈出口〉戦略と一体となった就労支援と雇用促進」『TOYONAKA　ビジョン 22』第 14 巻, 30 ～ 35 頁.

福田志織・喜始照宣・長松奈美江［2014］,「国の福祉政策・労働政策の支援」筒井美紀・櫻井純理・本田由紀（編著），前掲書, 25 〜 28 頁。

町田俊彦［2008］「〈小さな政府〉は行き詰まった──」『世界』2008 年 4 月号, 141 〜 150 頁。

町田俊彦［2011］,「地域雇用政策と地方財政」『専修大学社会科学研究所月報』第 580 号, 2011 年 10 月, 3 〜 18 頁。

町田俊彦［2012 Ⅰ］,『歳入からみる自治体の姿』イマジン出版。

町田俊彦［2012 Ⅱ］,「基礎自治体における雇用政策と地方財政──大阪府豊中市のケース」『専修大学社会科学研究所月報』第 592 号, 2012 年 10 月, 3 〜 18 頁。

労働政策研究・研修機構［2014］,『雇用創出基金事業の検証』JILPT 調査シリーズ, No.118。

渡辺寛人［2014］,「〈労働〉という視点からの就労援助批判」『都市問題』第 105 号, 74 〜 75 頁。

第5章
補完性原理に基づく「四助論」と「自立」概念

鈴木 奈穂美

1. はじめに

　2011〜2013年度にかけて，北海道釧路市，大阪府豊中市・堺市・箕面市，兵庫県尼崎市，静岡県静岡市・浜松市の生活保護受給者，母子世帯，障害者，若年層等の生活困難者に対する就労支援の第一線で活躍している方々にインタビュー調査をする機会に恵まれた。これらから共通して得られた知見は，従来の枠組みでの求職者・就労支援だけでは就労継続への障壁は緩和されず，就労継続ができないと社会との接点が絶たれてしまう可能性が高く，また，就労以外の方法で社会との接点をもつことが難しいため，結果，「自立」した生活を営むことが困難な状況が浮き彫りとなった。そして，生活困難者支援に携わっている人々は，生活困難者の「自立」に対して，経済的自立に限定することなく，社会との関わりを自ら見出し，主体的な生活を営めるような支援を包括的に行おうとしていた。調査からこのような姿をみることができた。
　本章は，このような考え方を持った現場の方々に触発され，改めて「自立」とは何か，そしてその「自立」を可能にするための「自立支援」とはどのようなものなのかを検討することを目的とする。方法としては，社会保障改革の中での制度設計の理念として，補完性原理に基づき定式化されている「自助」「互助」「共助」「公助」の関係を政府文書や先行文献から再考し，「自助」

と「自立」の関係性を検討していくという過程を辿ることとする。

2. 日本の社会保障制度にみる「補完性原理」に基づいた「四助論」

(1) 補完性の原理と四助論の起源

　現在の社会保障制度改革で中心的な考え方となっている「自助」「互助」「共助」「公助」の協働と役割分担する四助論は,「補完性原理」(サブシディアリティ)という概念と結びついている。「補完性原理」は, もともとカトリック教会の社会教説に由来するもので, 決定はできるだけ身近なところでおこなわれるべきであるとする考えである。その後, ヨーロッパ共同体と加盟国の関係として採用されたことで注目されるようになり, 近年の地方分権改革推進の理念的な柱とも言われている。この考え方が, 日本の社会保障・社会福祉政策に入ってくると, まずは自助努力と家族内の助け合いで生活を成り立たせ, それができない場合は地域コミュニティや職域コミュニティが支え, 地域・職域コミュニティでもできない場合は, 社会連帯に基づいた共助システムや身近な自治体の社会サービスで支え, 最後に国がナショナル・ミニマムをはじめとする社会権を保障するといった考え方に変容していった。

　「自助」「互助」「共助」「公助」という考え方の起源を探ると, 米沢藩の上杉鷹山に遡ることができる。鷹山は, 藩内の社会的弱者の生活すべてを藩の財政で支えることは困難であることから,「自助・互助・扶助」という考え方を打ち出し, 福祉政策を実施した。「自助」「互助」は現在用いられている意味と同義であり,「扶助」は「公助」に該当する。江戸時代という時代背景を考慮する必要はあるが, 鷹山の考え方は, 現在に至るまで日本人の価値観に影響を与えているといえる。財政的課題を抱える日本政府は, 鷹山に由来する「三助論」を現代の社会制度に当てはまるように発展させた「四助論」に,「補完性原理」という理論的根拠を結びつけ, 現代の社会保障制度の理

念や福祉国家・福祉社会のあり方として採用したのである。

(2) 2004～2014年の社会保障制度改革にみる「四助論」

社会保障制度改革の過去10年間の動向に注目して,どのような表現で「補完性原理」に基づいた「四助論」が示されているか確認していこう。

「社会保障制度を将来にわたり持続可能なものとしていくため,社会保障制度全般について,税,保険料等の負担と給付の在り方を含め,一体的な見直しを行う」ことを目的に「社会保障の在り方に関する懇談会」が設置された。2004年に発表した中間報告では,社会保障全体における自助・共助・公助の組合せに関する考え方について,「社会保障全体で政府が受け持つ分野と民間又は個人が受け持つ分野をきちんと確立し,自助を前提として,民間活力の活用による健康・福祉関連産業の発展・高度化等やシニア層の社会参画・就労機会の拡大等を通じて,民間又は個人で対応できる部分は自ら対応した上で,これを共助が補完し,公助はラストリゾート(最後の拠り所)として位置付けるのが適切との意見がある一方,まず公助を下支えとして共助の部分を拡大し,その上で自助の役割を考えるという意見もあった」と,補完性原理に基づく四助論を基調としながらも,それとは異なる考え方の両論を併記していた(社会保障の在り方に関する懇談会[2004]3頁)。それが,「今後の社会保障の在り方について」という報告書の段になると,日本の福祉社会について,「自助,共助,公助の適切な組み合わせによって形づくられるべきものであり,その中で社会保障は,国民の『安心感』を確保し,社会経済の安定化を図るため,今後とも大きな役割を果たすものである」と示した上で,「自助」を基本として「共助」が補完し,「自助」「共助」では対応できない困窮等の状況に対し「公助」で対応するとした「補完性原理」に基づく「四助論」に集約されていった(社会保障の在り方に関する懇談会[2006]5頁)。

その後,民主党の野田政権時,社会保障制度改革を進めるための法律として,2012年8月22日に公布された「社会保障制度改革推進法」では,「自

助，共助及び公助が最も適正に組み合わされるよう留意しつつ，国民が自立した生活を営むことができるよう，家族相互及び国民相互の助け合いの仕組みを通じてその実現を支援していくこと」(第2条1項) という社会保障改革に対する基本的な考え方が盛り込まれた。「自助，共助，公助の適切な組み合わせを留意しつつ」といいながらも，家族相互の助け合いという「自助」と，国民相互の助け合いという「共助」への期待は強く，特に弱まっている「互助」の育成を図るため，「互助」システムの構築の必要性を示したものといえる。また，この項に続いて，「社会保障の機能の充実と給付の重点化及び制度の運営の効率化とを同時に行い，税金や社会保険料を納付する者の立場に立って，負担の増大を抑制しつつ，持続可能な制度を実現すること」(第2条2項)，「年金，医療及び介護においては，社会保険制度を基本とし，国及び地方公共団体の負担は，社会保険料に係る国民の負担の適正化に充てることを基本とすること」(第2条3項) とある。これらから，互助の育成とともに，社会保険制度制度を中心に社会保障制度は納税者・保険料納付者の立場に立ち，給付よりも負担に注目して制度を見直そうとする立場が読み取れる。

　2012年12月成立した第2次安倍内閣になると，2013年8月「社会保障制度改革推進法」に規定されている「社会保障制度改革国民会議」(以下，国民会議という)の報告書がまとめられた。国民会議は，社会保障制度改革推進法にある基本的な考え方をふまえ，公的年金，医療，介護，少子化対策といった政策それぞれの基本方針を具現化する組織であり，社会保障・税一体改革大綱その他既往の方針のみにかかわらず，幅広い観点に立ち，基本的な考え方と基本方針に基づき社会保障制度改革を行うために必要な事項を審議するため，内閣に設置されたものである[1]。この会議が2013年にまとめた報告書によると，日本の社会保障制度は，自助を基本としつつ，自助の共同化としての共助 (＝社会保険制度) が自助を支え，自助・共助で対応できない場合に公的扶助等の公助が補完する仕組みとしている (社会保障制度改革国民会議［2013］2頁)。また，国の財政負担の限界も示し，社会保障制

度の財源として消費税増税をはじめとする国民の税・社会保険料負担増を宣言している。そして，制度の持続可能性の観点から「最小の費用」で政策目的を実施するために「徹底した給付の重点化・効率化」を求めるとしている。このことから，選別主義的な政策遂行を念頭においていることがわかる。

　国民会議の報告書をうけて立法化されたものが 2013 年 12 月の「社会保障改革プログラム法」（持続可能な社会保障制度の確立を図るための改革の推進に関する法律）である。この法律では，少子化対策，医療制度，介護保険制度，公的年金制度という社会保障 4 分野の改革項目と実施時期を示したものである。社会保障プログラム法の目的は，「社会保障制度改革を総合的かつ集中的に推進するとともに，受益と負担の均衡がとれた持続可能な社会保障制度の確立を図るための改革を推進すること」（第 1 条）にある。目的に続いて，「講ずべき社会保障制度改革の措置等」として社会保障 4 分野の内容をまとめているが，それに先立ち，第 2 条に「自助・自立のための環境整備等」をまとめている。ここでは，「政府は，人口の高齢化が急速に進展する中で，活力ある社会を実現するためにも，健康寿命の延伸により長寿を実現することが重要であることに鑑み，社会保障制度改革を推進するとともに，個人がその自助努力を喚起される仕組み及び個人が多様なサービスを選択することができる仕組みの導入その他の高齢者も若者も，健康で年齢等にかかわりなく働くことができ，持てる力を最大限に発揮して生きることができる環境の整備等に努めるものとすること」（第 2 条 1 項），また，「政府は，住民相互の助け合いの重要性を認識し，自助・自立のための環境整備等の推進を図るものとすること」（第 2 条 2 項）としている[2]。ここにも自助や互助の強調が鮮明に表れていることがわかる。

(3)　介護保険制度改革「地域包括ケアシステム」構築過程にみる「四助論」

　社会保障制度全般の改革の議論に加え，2050 年に向けた持続的な介護保険制度とするため，地域包括ケアシステム構築のための制度設計のなかでも「四助論」は登場している。

「地域包括ケア研究会」では，地域包括ケアを提供するための前提条件として，「それぞれの地域が持つ『自助・互助・共助・公助』の役割分担を踏まえた上で，自助を基本としながら互助・共助・公助の順で取り組んでいくことが必要ではないか」と提起している（地域包括ケア研究会［2009］7頁）。また，2012年度地域包括ケア研究会報告書では，「『自助』『互助』『共助』『公助』は，時代とともに，その範囲や役割を変化させて」いると時代的特徴を指摘するとともに，「都市部と都市部以外の地域でも，『自助』『互助』の果たしている役割は異な」っていると地域的特徴による相違にも触れている。その上で，「『共助』『公助』を求める声は小さくないが，少子高齢化や財政状況を考慮すれば，大幅な拡充を期待することは難しいだろう。その意味でも，今後は，『自助』『互助』の果たす役割が大きくなっていくことを意識して，それぞれの主体が取組を進めていくことが必要である」と「自助」「互助」が強調されている（地域包括ケア研究会［2013］5頁）。

このほか，介護保険制度改革で地域包括ケアシステムの構築に向け理論的・政策的な議論を行っていた地域包括ケア研究会メンバーの言動にも，同様な流れが読み取れる。地域包括ケア研究会の地域包括ケアを支える人材に関する検討部会メンバーであった池田氏は，介護保険制度に注目し，社会保障制度の中で補完性原理をとらえると，「自助─互助─共助─公助という支援の順序として理解できる」としている（池田［2011］44頁）。

また，地域包括ケア研究会の地域包括ケアシステムに関する検討部会座長であった田中氏は，「自助のない社会は成り立たない」として，「高齢になっても自己能力を活用する姿は尊厳の根幹」であるとして，最初に「自助」の役割の重要性を示している。とはいえ，「他者，ひいては社会による支援のない自助だけでは，それまで暮らしてきた生活圏域での生活継続が難しくなるどころか，コミュニティの一体感を喪失してしまう危険性が高い」として，「次に重要となる要素」が「互助」，第3番目の役割を担うのは「共助」，4番目の役割を担うのは「公助」であるとしている（田中［2011］13頁）。

以上，本節では，社会保障制度改革と介護保険制度改革の過程で出てきた

四助論をみてきた。これらから共通していえることは何であろうか。これらに対する政府の考え方は,「補完性原理」に基づく「四助論」であることは疑いの余地はない。このような4つの「助」の関係性を踏まえた上で,次に,4つの「助」それぞれの定義を整理していこう。

3. 4つの「助」概念（自助・互助・共助・公助）の定義

(1) 社会保障制度改革にみる4つの「助」の定義

社会保障の在り方に関する懇談会報告書「今後の社会保障の在り方について」では,「全ての国民が社会的,経済的,精神的な自立を図る観点」から,「自助」とは,「自ら働いて自らの生活を支え,自らの健康は自ら維持する」ことであり,「共助」とは,「生活のリスクを相互に分散する」もので,「自助」を補完していき,「公助」とは,「その上で,自助や共助では対応できない困窮などの状況に対し,所得や生活水準・家庭状況などの受給要件を定めた上で必要な生活保障を行う公的扶助や社会福祉など」と示している（社会保障の在り方に関する懇談会［2006］5頁）。このうち「共助」のシステムについては,「国民の参加意識や権利意識を確保する観点からは,負担の見返りとしての受給権を保証する仕組みとして,国民に分かりやすく負担についての合意が得やすい社会保険方式を基本とすべきである」としている（同5頁）。

社会保障制度国民会議の最終報告書では,「自助」は「自らが働いて自らの生活を支え,自らの健康は自ら維持する」こと,「共助」は「高齢や疾病・介護を始めとする生活上のリスクに対しては,社会連帯の精神に基づき,共同してリスクに備える仕組み」で,自助を支えるもの,「公助」は,「自助や共助では対応できない困窮などの状況については,受給要件を定めた上で必要な生活保障を行う公的扶助や社会福祉など（社会保障制度改革国民会議［2013］2頁）」としている。ここでいう「共助」の仕組みとは,「国民の参加意識や権利意識を確保し,負担の見返りとしての受給権を保障する仕組みである社会保険方式を基本と（同2頁）」し,「自助を共同化した仕組み」

ととらえている。一方,「公助」は,1950年の社会保障制度審議会の勧告に示されている通り「自助・共助を補完するという位置づけ(同2～3頁)」るとしている。また,「互助」は,「家族,親族,地域の人々等の間のインフォーマルな助け合い」ととらえ,「人生と生活の質を豊かにする『互助』の重要性を確認し,これらの取組を積極的に進めるべきである」としている(社会保障改革国民会議[2013]12頁)。

社会保障改革プログラム法では,互助・共助・公助という言葉は使用していないが,「自助」については明記している。前節でも引用したが,同法第2条1項では,「自助・自立」を「個人がその自助努力を喚起される仕組み及び個人が多様なサービスを選択することができる仕組みの導入その他の高齢者も若者も,健康で年齢等にかかわりなく働くことができ,持てる力を最大限に発揮して生きること」ととらえ,政府はその環境整備に努めるとしている。このことから,「自助」とは,個人の自助努力を喚起すること,個人が多様なサービスの中から最適なものを選択できること,年齢などに関わらず就労しその力を発揮することと集約できるだろう。また,社会保障4分野のうち,医療制度と介護保険制度に関する条文に「政府は,個人の選択を尊重しつつ……自助努力が喚起される仕組みの検討等を行い……」という文言があることから,共助の仕組みとされている社会保険制度にも,「自助」を前提としていることがうかがえる。さらに,同法第2条2項では,「政府は,住民相互の助け合いの重要性を認識し」とし,「互助」という語は使用していないものの,「互助」の重要性が指摘されている。

(2) 地域包括ケア研究会メンバーの4つの「助」の定義

介護保険制度改革の中で登場した「地域包括ケアシステム」の制度設計に関する報告書の中に示されている4つの「助」の定義をみていこう(地域包括ケア研究会[2009]・[2013])。

まず地域包括ケア研究会[2009]では,社会保障の在り方に関する懇談会[2006]等を参考にして,「自助」を「自ら働いて,又は自らの年金収入

等により，自らの生活を支え，自らの健康は自ら維持すること」，「互助」を「インフォーマルな相互扶助。例えば，近隣の助け合いやボランティア等」，「共助」を「社会保険のような制度化された相互扶助」，「公助」を「自助・互助・共助では対応できない困窮等の状況に対し，所得や生活水準・家庭状況等の受給要件を定めた上で必要な生活保障を行う社会福祉等」と定義している(地域包括ケア研究会［2009］3頁)。また，この報告書では，「自助は，自らの選択に基づいて自らが自分らしく生きるための最大の前提であり，互助は，家族・親族等，地域の人々，友人たち等との間の助け合いにより行われるものである。したがって，自助や互助は，単に，介護保険サービス（共助）等を補完するものではなく，むしろ人生と生活の質を豊かにするものであり，『自助・互助』の重要性を改めて認識することが必要である」と，サービスの提供主体に注目し，「自助」と「互助」を重視している（地域包括ケア研究会［2009］7頁)。さらに，互助の推進について，「その重要性を認識し，互助を推進する取組を進めるべきではないか。その際，地縁・血縁が希薄になりつつある都市部等でも互助を推進するため，これまでの地縁・血縁に依拠した人間関係だけでなく，趣味・興味，知的活動，身体活動，レクリエーション，社会活動等，様々なきっかけによる多様な関係をもとに，互助を進めるべきではないか」と続けている（同7頁)。

その後，地域包括ケア研究会では，多様な支援の提供を「誰の費用負担で」行うのかという視点から4つの「助」を整理している。「自助[3]」は，「自らの負担」であり，「自分のことを自分でする」という以外にも，「自費で一般的な市場サービスを購入する」という消費生活を含み，「共助[4]」は，「介護保険や医療保険にみられるように，リスクを共有する仲間（被保険者）の負担」，「公助」は，「公の負担，すなわち税による負担」としている。加えて，「互助[5]」は，「相互に支え合っているという意味で，『共助』と共通点があるが，費用負担が制度的に裏付けされていない自発的なものであり地域の住民やボランティアという形で支援の提供者の物心両面の支援によって支えられていることが多」く，「また，寄付金などの形で不特定多数の支援を受け

ている場合もある」とまとめている（地域包括ケア研究会［2013］4頁）。

　また，介護保険制度と関わりの深い高齢社会対策分野では，「互助」について言及している。高齢社会対策の基本的在り方等に関する検討会では，「これまでは，自助，共助及び公助の組み合わせによって，高齢社会を支えるとの認識が一般的であった」が，「社会情勢の変化や，核家族化の進展に伴い独居者が増加すると見込まれるなかで，地域の人々，友人，世代間を超えた人々との間の『顔の見える』助け合いにより行われる『互助』を再構築する必要がある」と言及している。そして，「互助」を「市場で売買されるものでも強制力を伴うものでもなく，あくまで個人の自発的意思によって他を思う気持ちの発露として行われるもの」としている（高齢社会対策の基本的在り方等に関する検討会［2012］18頁）。その上で，「他者を支えるだけでなく，他者からの承認や尊敬を通じた自分自身の生きがいや自己実現にもつながり，支える人と支えられる人の両者にとっての人生と生活の質を豊かにする。さらに，地域コミュニティのつながり，絆の再構築に向けても重要な役割を果たすと考えられる」と続けている（同18頁）。

　この他，地域包括ケア研究会のメンバーであった池田氏と田中氏も著作の中で，4つの「助」の定義を示している。まず，池田氏だが，支援の主体に注目し定義を行っている。「自助」は，本人の勤労所得・資産を活用した自助努力に基づいたものであり，「互助」とは，家族，友人，近隣などがインフォーマルな援助を行うものである（池田［2011］44・46頁）。自助，互助で対応しきれない場合，共助が登場してくる。これは，行政と区別された「システム化された自治組織」による支援であり，「かつてはヨーロッパにおいては教会，わが国においてはムラ（村落共同体）が大きな役割を果たしたが，工業化，都市化が進むなかでいずれの機能も衰退し，代わって職域の自治組織によるセーフティネットが登場し，多くの国では社会保険という形態に収斂していった」ものである（池田［2011］45～46頁）。そして，「この共助システムに包括されない者，あるいはなお解決し得ない場合にのみ」，国や地方自治体といった「行政の保護」である公助の登場となる（池田［2011］

45頁)。

　田中氏は,「自助」を,「生活面では自分が主体となり,金銭的にも年金などの収入等によりできるかぎり自らを支えること(田中［2011］12〜13頁)」であり,高齢になっても自己能力を活用する「尊厳の根幹(同7頁)」ととらえている。また,「互助」を,「インフォーマルな相互扶助」のことで,「昔からの近隣の助け合いや現代的なボランティア・NPO法人などによるインフォーマル・サポート,あるいはアメリカ流の寄付なども含まれる」としている(同12〜13頁)。具体的には「独居高齢者の見守り,楽しみのための外出支援や近隣の昼食会,保険給付外の家事援助,さらに認知症者を含む高齢者による保育や学童保育の支援など(同7頁)」を例示している。「共助」は,「制度化された相互扶助」で,「客観的に判断された被保険者に対し,本人ないし家族の経済的状態によらず,社会的連帯の仕組みたる」社会保険制度がそれに相当するとしている(同7頁)。社会的連帯というのは,「非人称の連帯」(齋藤［2004］275〜277頁)によって成立するものである。つまり,見知らぬ他者に対しても,疾病や失業といったリスクについて,社会保険料の拠出という形で結びつきを得られるものである。そのため,社会保険制度となっている「医療も,年金も,介護も,保険が定義する保険事故状態とみなされれば,所得や住居の具合,あるいは家族関係などとは基本的に関係せずに給付を受ける権利を主張」できる(田中［2011］12〜13頁)。この仕組みは,特定の誰かに依存しているという意識を柔らげるため,給付を受けることに対してスティグマが生じにくいという特徴がある。また,この「共助」は「専門的スキルをプロフェッショナルたる介護福祉士など介護従事者・ケアマネジャー・看護師・理学療法士・作業療法士・言語療法士等による介護サービスへの支払い,それもできれば質を前提としたフルコストの支払い」を制度の中で保障しているため,サービス提供側にとっても重要な意味を持っているという(同13頁)。そして「公助」は,「貧困や家族関係の悪さ,虐待等の状況は」社会保険制度では対応困難で「生活を守りきれない場合」の最後の砦と位置付けている(同12〜13頁)。「困窮者などに対し,所得

や生活水準・家庭状況などの受給要件を定めた上で，必要な生活の保障を行う社会福祉の機能が代表的である」とともに，「権利擁護関係も重要な側面に位置づけられる」としている（同13頁）。

(3) 4つの「助」の定義

これまでに示した社会保障制度改革と介護保険制度改革の中で言及されている4つの「助」からそれぞれの特徴を集約してみよう。

まず「自助」を支える要素には，自らが働き，本人の勤労所得をもとに自らの生活を支えていく「就労」や「稼得所得」がある。また，所得をもとに市場で財やサービスを購入するという「消費」や，自らの健康を自らで維持していく「健康管理」も欠かせない要素といえる。このほか，民間の年金や預貯金，利子・配当など一般に老後の備えといわれている「資産」も欠かせない。さらに，自助努力を喚起する仕組みや多様なサービスを選択することのできる仕組みといった自助を促す「社会・経済システム」，自分らしく生きるとか，自己能力を活用する姿は尊厳の根幹といった「価値規範」なども「自助」の要素とみなすことができよう。

次に「互助」だが，家族・親族等，地域の人々，友人たち等との間の助け合いといったインフォーマルな相互扶助であることは共通した見解である。「インフォーマル」という由縁は，「費用負担が制度的に裏付けされていない自発的なものであり，地域の住民やボランティアという形で支援の提供者の物心両面の支援によって支えられることが多」く，一部「寄付金などの形で不特定多数の支援」を受ける場合も「互助」に含まれる。また，他者を支えているという家父長的イデオロギーによって成立するものではない。他者からの承認や尊敬を通じて互助を提供する主体自身が生きがいや自己実現を実感することにもつながり，支える人と支えられる人の両者にとって人生と生活の質を豊かにするといった人間関係の中で育まれる「絆・つながり」についても触れられている。これは近年盛んに研究が進められているソーシャルキャピタル研究とも関連のある領域である。

「共助」は，生活上のリスクに対し，社会的連帯に基づいて共同してリスクに備える制度化された仕組みであり，国民の参加意識や権利意識を確保し，負担の見返りとしての受給権を保障している社会保険方式が代表的である。そのため，「自助の共同化」と言い換えることもできる。「共助」の運営には，「システム化された自治組織」によって行われ，「共助」サービスは専門家によって提供されるため，フルコストが制度の中で保障されている。

「公助」は，共助システムから漏れてしまった者，もしくは「自助」「互助」「共助」では生活課題を解決し得ない場合にのみ行われる行政の保護ととらえられ，所得や生活水準・家庭状況などの受給要件を定め，厳格なミーンズテスト後に必要な生活の保障を行うもので，公的扶助や社会福祉サービスなどが代表的である。これに係る費用は税によるもので，一般にナショナル・ミニマムを保障していく公的給付を示すものといえる。しかし，憲法にも規定されているように，社会的弱者はじめ多くの人々が人間らしい生活を営むには，教育を受ける権利や労働基本権といった社会権の保障も「公助」の範疇である。また，1980年代以降，社会福祉行政の分権化が進んだことで，国家の費用負担の割合が減少し，地方自治体の負担が増加している。この流れを踏まえると，「公助」と言っても，国家責任に限らず，地方自治体の責任もふまえて「公助」をとらえておく必要があろう。

サービスの供給主体という切り口でこれら4つの「助」をみると，「自助」は市場を通じたもしくは自分自身（あるいは拡大解釈して家族），「互助」は地縁・血縁・社縁といったコミュニティ，「共助」は健康保険組合などの自治組織，「公助」は行政組織が主な管理・運営主体といえる。本節の（1）（2）の中には出てこなかったが，互助・共助は，原則，「メンバーシップ（会員制）」を前提としていることも忘れてはならない。どんなに制度やサービスの利用が必要であっても，そのメンバーでなければ利用することができないからである。

4. 補完性原理に基づく「四助論」の限界

　以上，雑駁な整理ではあるが，4つの「助」の定義をおこなった。これらの関係は，先に示したとおり「補完性原理」に依拠して一般に語られることが多いものの，それぞれの「助」が独立した関係にあり，また，単純な直線的な関係として捉えてしまってよいのだろうか。

　生活困窮者に対する伴走型支援に古くから取り組んでいる奥田氏は，補完性原理を強調する近年の状況について，「自助は，公助や共助が適正に機能している状況において成立する」とし，「伴走型支援が重視する自助の最大のポイントは，自己選択，自己決定できるということ」であるとしている（奥田［2014］70頁）。この自己選択・自己決定による自助は，公助や共助を拠り所に成り立っており，「社会そのものとの相互的対話と役割分担を前提としたうえで自助が議論される」というのだ。この指摘は，四助の関係が「自助」からはじまり，「互助」「共助」「公助」と単なる一方向の直線的な関係としてとらえるのではなく，双方向に影響し合っていることを示したものである。公助や共助を拠り所に自己選択・自己決定が可能な「自立」が成り立っているという事実を見過ごし，さらに，「公助」を残余的に位置づけるような「公助が曖昧にされている社会において当事者の主体の議論のみが進むことは，結局は当事者の主体的決断，すなわち自助努力や自己責任さえとれない孤立無援状況の責任を当事者に押し付けることになる」とし，「自助」を全面的に強調する直線的な補完性原理への批判を行っている（同70頁）。奥田は，「互助」には触れていないものの，「自助」が機能せず，社会から孤立無縁状態となってしまう個人が増えれば，「互助」を支えるシステムが機能不全に陥り，「互助」による支援を求めることが困難となろう。

　武川は，歴史的な文脈から「自助」「共助」「公助」の関係について言及している。共助システムの代表的な社会保険は，「自助の延長として，共助の仕組みが出来上がり，これが成長・発展して全国規模になったとの歴史をも

つ。市民社会のなかで発達してきた共済組合（共助のための組織）を，国家がのちに自らの制度として取り入れた」としている（武川［2012］40頁）。これは，静態的に四助の関係をとらえるのではなく，時間軸の中で，四助を動態的にとらえるものであり，四助論を再考する上で重要な視点でもある。資本主義経済が拡大していく中で，自由競争や自由放任主義が社会の規範となっていったが，それに伴い，自助努力だけでは対応できない社会的リスクも広く認識されるようになった。そして，社会的な課題が原因となって陥る貧困に対し，事前に備えるよう労働者自身が共済組合を結成し，互いに助け合う仕組みができた。現在は制度化され「共助」システムとされている公的年金制度，公的医療制度，雇用保険などの社会保険制度も，もともとは職域を中心とした自治組織が設立され，「互助」に基づくサービスや給付がなされた。その後，公的な制度として国家が法律を定めていくこととなった。このような歴史的な流れからみても，安定した「自助」の環境を築くために，「共助」「公助」が拡大してきたのは，福祉国家の歩みからみても明らかである。

　さらに，武川は，「ある事業を自助とみるか共助とみるかは，結局，単位の取り方による」ものであり，「決定的な違いがあると考えるのは誤り」である。つまり，自助・共助・公助の「三者の関係は非常に相対的なもの」であると言っている（同41頁）。その上で，「自助は，社会的真空の中で考えることができ」ず，「自立と依存の境界線は環境によって変化する」こと，「どれくらいの大きさの公助が可能かということも，（自助や）共助がどのような状態にあるかということによって異なってくる」ことを指摘するとともに，自助や共助システムが可能になるような「公助による条件整備」の必要性を説いている（同41頁）。このことからも，四助は絶対的な概念というよりも相対的な概念であり，また，公助の条件整備が自助（・互助）・共助に影響を及ぼすといえよう。

　確かに，直接的な現金給付・現物給付であれば「公助」が最終的なセーフティネットとして位置づけられる考え方は一定程度支持されることはあろう。しかし，現実的には，公の機関（中央政府・地方政府）は間接的な支援，

すなわち，社会権が保障されるように自助・互助・共助を育み，維持できる環境づくり・地域づくりは租税をもとに行われている。コミュニティ再生というテーマが政策課題となって久しいが，近年の雇用劣化に加え，地域や職域をはじめとするコミュニティのさらなる脆弱化という現象を考慮すると，公助の力で自助・互助・共助を支える社会構造が明確に打ち出される必要があるだろう。また，「共助」システムの代名詞でもある社会保険だが，日本は，この社会保険に税金の投入割合が高い国として知られている。例えば，基礎年金は国が2分の1，国民健康保険は国が100分の41，都道府県が100分の9を負担している（厚生労働省［2012］）。そのため，日本の医療制度や年金制度は，社会保険でありながら，「所得再分配機能が付加されている独特の財政構造」と言われている（池田［2011］）。社会保険制度が「共助」を代表する仕組みであるといっても，実際は共助と公助の要素が混在していることがわかる。

　このように，費用負担の面に限定したとしても，「自助」「互助」「共助」「公助」を簡単に線引きすることは困難である。このような概念を国民生活の基盤ともなりうる社会保障制度改革の基本的な理念として用いることは，慎重にならなくてはならないだろう。際限なく租税を社会保障制度に投入することは困難であることは重々承知している。それでも，もう少し丁寧に，個人・家族レベル，地縁・職域などのコミュニティレベル，社会的連帯に基づいた公平性を重視した法制化のレベル，ナショナル・ミニマムのレベルをサービス提供主体，財源，利用者など丁寧に見定めたうえで4つの「助」をとらえていくことが必要である。そうでなければ，財政的な問題を抱えている現在，ナショナル・ミニマムという「公助」が縮小傾向にある中，メンバーシップを前提にした「互助」「共助」の枠組みから漏れてしまった生活困窮者に対し，「自助」に基づく自立した生活の実現ばかりを強要してしまえば，社会的孤立という弊害を招きかねないだろう。ひいては，社会の一員として「自立」した生活を営むことが困難となってしまう。では，このような弊害を減らすことができるのだろうか。「自立」という考え方に注目し，その姿を明

確にしていくことから考えて行こう。

5．「自立」「自立支援」とは何か

(1) 社会福祉行政の中で論じられてきた2つの「自立」概念

　社会福祉審議会福祉部会が2004年4月20日に実施した会議の配布資料によると、「他の援助を受けずに自分の力で身を立てること」という意味で「自立」を用いているが、社会福祉分野では、「人権意識の高まりやノーマライゼーションの思想の普及を背景として、『自己決定に基づいて主体的な生活を営むこと』、『障害を持っていてもその能力を活用して社会活動に参加すること』の意味としても用いられる」ことも少なくない[6]。これら2種類の「自立」概念に対するとらえ方の出発点は、1950年に生活保護法が成立した時点まで遡ることができる。生活保護法第1条にある目的では、「日本国憲法第25条に規定する理念に基づき、国が生活に困窮するすべての国民に対し、その困窮の程度に応じ、必要な保護を行い、その最低限度の生活を保障するとともに、その自立を助長することを目的とする」としている。ここにある「自立を助長する」とは、「公私の扶助を受けずに自分の力で社会生活に適応した生活を営むことのできるように助け育てて行くこと（小山［2005］）」であり、他者からの支援は受けずに自助努力を重視する「自立」であることがわかる。「自立」に対して、このような見解が社会福祉分野でも主流であった時期が長く続いた。

　それが、障がい者福祉領域の国際的な動向の影響を受け、もう一方の「自立」概念が日本でも次第に受け入れられるようになっていく。国連が、1971年に精神薄弱者の権利宣言を、1975年に障がい者の権利宣言を採択したが、それに続き、「完全参加と平等」というテーマで1981年に国際障害者年のキャンペーンを行った。これを機に、日本では、ノーマライゼーションをいう考え方が普及した。この流れと呼応する形で、1980年に厚生省社会局に設置された「脳性マヒ者等の全身性障害者問題研究会」では、「従来『保

護を受けないで済むようになる』とか『障害を克服して社会経済活動に参与すること』と解釈されて」きた「自立」について，このような考え方を含みながらも「労働力として社会復帰が期待できない重度障害者が社会の一員として意識ある自己実現と社会参加を果たそうとする努力を社会的に位置付けようとするものである。すなわち自らの判断と決定により主体的に生き，その行動について自ら責任を負うことである」と解釈している。インタビュー調査に協力いただいた大阪府箕面市障害者福祉施設の事例は，まさにこの実践例といえる。大熊氏は，この研究会における「自立」について，①真の自立とは，人が主体的・自己決定的に生きることを意味する，②自立生活は，隔離・差別から自由な，地域社会における生活でなければならない，③生活の全体に目を向けなければならない，④自己実現に向けての自立が，追求されなければならない，⑤福祉の主体的利用でなければならないという5点がみられるとしている（大熊[2008]）。このような「自立」に対する見解は，障がい者福祉分野で拡大していくこととなり，ついに，1993年の障害者基本法の改正で，第6条に「障害者は，その有する能力を活用することにより，進んで社会経済活動に参加するように努めなければならない」と自立への努力の条項が加えられていくことにつながった。

　その後，1990年代後半に社会福祉サービス提供の供給や選択の仕組みが大きく転換した社会福祉基礎構造改革が起こった。その最終段階とされたのが社会福祉法の成立である。第3条には，「福祉サービスは，個人の尊厳の保持を旨とし，その内容は，福祉サービスの利用者が心身ともに健やかに育成され，又はその有する能力に応じ自立した日常生活を営むことができるように支援するものとして，良質かつ適切なものでなければならない」と，福祉サービスの基本理念を規定している。この条文について，社会福祉法令研究会では，「『個人の尊厳の保持』が，まず福祉サービスにおいて第一に考えられなければならない旨を明らかにし」た上で，「福祉サービスの『利用者』は，自らの意思と選択により『自立』していく主体としてとらえられることとなり，福祉サービスは，利用者の自己決定による『自立』を『支援する』

もの」と説明している（社会福祉法令研究会［2001］109～110頁）。そして，「自己決定による自立とは，自らの意思に基づいて，本人らしい生き方を選択するもの」としている。

2004年に提出された「生活保護制度の在り方に関する専門委員会」報告書では，「就労による経済的自立のための支援（就労自立支援）のみならず，それぞれの被保護者の能力やその抱える問題等に応じ，身体や精神の健康を回復・維持し，自分で自分の健康・生活管理を行うなど日常生活において自立した生活を送るための支援（日常生活自立支援）や，社会的なつながりを回復・維持するなど社会生活における自立の支援（社会生活自立支援）をも含むものである」と3つの自立支援概念を示している。長らく，生活保護制度では経済的自立を重視していたことを考えると，この報告書は，「自立」に対する解釈の大きな転換点と言える。3つの「自立」の存在を明らかにし，それらの関係性を政策の中に取りあげられるようになったのは，インタビュー調査でお世話になった北海道釧路市や大阪府豊中市など現場の方々の企画力と実践力の下，培われた事例の積み上げの賜物と言えよう。2010年7月に「生活保護受給者の社会的な居場所づくりと新しい公共に関する研究会報告書」では，これら3つの「自立」は並列的関係であること，かつ相互に関連していることを明らかにした。また，この報告書では，「働くことの意味」と「多様な働き方」を盛り込んだ点も興味深い。

このような2つの側面を持った「自立」概念の議論は，1950年にあった生活保護法改正のときから続いているものでもある。現実には，生活保護制度には「自立助長」を取り入れていくことになった（木村［1950］）が，1950年の改正時に厚生省社会局保護課長であった小山氏は，「自立助長」という流れに対して，「公私の扶助を受けず自分の力で社会生活に適応した生活を営む」という経済的自立を重視しながらも，「助長という以上そういう内在的可能性を有っている者に対し，その限度において云われるものであって，そのような可能性の態様や程度を考えず，機械的画一的に一つのことを強制するものでない」と，個々人な状況に応じた多様な自立を踏まえて

支援することの必要性も提示している（小山［2005］84, 94～95頁）。この考えが約半世紀を経て，次第に政策の中にも受け入れられるようになったのは大きな変化といえよう。とはいえ，「自己責任論」や「自助」強調論が少なくない中，両者の「自立」概念のせめぎ合いは未だ続いている。

(2) 資源配分様式から考える「自立」概念

　生活困窮者が拡大傾向にある中，生活困窮者支援を行う団体も各地で組織され，社会保障・社会福祉施策においても，その重要性が増している。これらの組織は，もともとホームレス支援をしていた団体が対象を拡大していることもある。その1つである北九州ホームレス支援機構の理事長である奥田知志が中心となって2014年に『生活困窮者への伴走型支援』をまとめた。ここでは，「現在の生活困窮者が『経済的困窮』のみならず『社会的孤立』を抱えている」（奥田他［2014］43頁）ことを踏まえ，これまでの経験と実績から彼らへの支援に対する理念やシステムをまとめたものである。この一部に「自己責任論」に対して自身の考えを示している。

　自己責任論では，市場システムでの交換を前提にした自助努力で生活資源を獲得する「自立」が前提となっている。また，自らの拠出が伴わない社会福祉サービスの利用に対しては懐疑的であり，選別主義的な福祉理念も根底にある。奥田氏は，「人々を『社会的孤立状態』へ追いやったものとして『自己責任論』があるとしている。『自己責任論』は，困窮状況に陥ったその原因も，あるいは困窮状況から脱することもすべては困窮者自身の責任であるという考え方」である（奥田［2014］44頁）。その上で，自己責任論の問題点について，「責任を個人に押し付けることによって，困窮当事者を抱える社会やその周囲の他人の責任をまったく不問に付している点」にあり，「自己責任論は，社会の側が無責任であり続けるための『言い訳』にすぎない」と批判し，「まず社会全体が責任を明確にしたうえで，個人の責任を求めることができる社会」が本来ある社会の姿であると述べている（奥田［2014］44～45頁）。元英国首相のサッチャーは，「社会なんてものはない。個人

としての男と女がいて，家族がある。ただそれだけのことだ」といったが，奥田氏が指摘しているような状況では，地方・中央の政府や行政組織，コミュニティといったマクロやメゾレベルのシステムの役割や責任が曖昧化してしまうだろう。また，社会を形作るメゾレベルの組織・システムが脆弱になれば，個人に過重な責任を求めていくことになるため，場合によっては「互助」「共助」が育たず，社会的孤立をさらに深めることになりかねない。そうなれば，社会的なリスクに対して個人・家族がむき出しとなり，「互助」「共助」「公助」が脆弱な社会となってしまう。

　人々は，さまざまな社会システム（市場，家族，地域コミュニティ，職域コミュニティなど）を通じて他者への依存を前提に生を全うしている。もし社会システムのいずれにも全く寄りかからず，他者との関わりもなく生きているとしたら，それは社会からの孤立を意味するだろう。現在の生活困窮者層は，寄りかかれる場所（依存できる相手やシステム）が極めて限定的であることが，困窮状態に陥ってしまう原因と考えられるのではないだろうか。ただし，ここでいう「依存」とは，一方的に他者に寄りかかり，与える／与えられる，あるいは，支配する／支配されるという関係をつくりあげることを意味しているわけではない。複数の他者に依存した上で成り立っている自立は，社会からの孤立を避けられ，互酬を育むコミュニティに基づく相互扶助の仕組みを生み出す原動力となる。その上で，他者を支える役割を担える者として，その責任を果たすことも期待されている。例えば，公助システムを支える一員として，納税したり，共助システムを維持するために，社会保険料を支払うなどである。生活困窮状態にない人々は，社会システムをうまく活用し多様な資源とのつながりがあるため，依存状態を意識せずに生きていける。しかし，生活困窮者は，限られた依存の場しか持ちあわせていないため，その依存のみが際立って見えてしまうのではないかと考える。現在の日本は，生活困窮者をはじめ，社会的孤立状態にある者が拡大している。だからこそ，自助・互助・共助・公助のバランスを主体的に選択できる「自立」について，実態に即して理解していくことが求められている。

では，実態に即した「自立」概念を規定していく上で参考となるフレームワークはないだろうか。著者は藤村氏が用いている資源配分様式に注目した分類が手助けになると考える。これは，経済人類学の K. ポランニーの整理を援用したもので，福祉国家が行う福祉政策が，福祉国家の危機に直面した後に縮小し，他セクターによって提供されるサービスの比重を高めているという事態を理論的にとらえるため，自助（Self help），互酬，再配分，市場交換という4つの資源配分様式を取り上げている。なお，前節まで出てきた補完性原理に基づく「自助」と藤村氏の「自助」を区別するため，ここでは後者を「セルフヘルプ」と呼ぶことにする。

藤村氏の定義によると，「セルフヘルプ」は，「特定の主体自身による資源の獲得およびその主体内での資源の利用であり，それを通じて，人間的自然の再生産がおこなわれる」ものである（藤村［1999］14頁）。自助的な配分を行う行為主体は，個人とするか，家族とするか，また家族をどこまで含めるかという判断は容易でないものの，生活の基本的な単位との関係の中で，捉えることのできる概念である。

続いて互酬（reciprocity）とは，「特定の主体間における規範化または制度化された資源の相互移転」であり，この配分様式では，「相互移転に象徴される対称性をおびた社会関係が成立しなくてはならない」としている（同15頁）。互酬的配分様式を通じた資源の移転は，「等価であっても，相互の移転行為がおこなわれる」ものである（同15頁）。互酬的配分を行う行為主体は，従来，地縁や血縁に基づく社会関係であった。しかし，「産業化・都市化の進展にともなう核家族化の進行や地域移転の活発化」は，伝統的な「中間集団を衰退の方向に向かわせ」た一方，「友人関係，ヴォランタリー・アソシエーション（VA），生活関連の共同組合や団体など，連帯的な社会関係を求め」た資源供給を拡大した（同16頁）。市場を通じた交換を中心に行っている企業であっても，福利厚生といった「社縁」に基づく相互扶助的な資源配分の側面を有している。

そして，再分配（redistribution）とは，「特定の中心的主体へ移転・集積

された資源を他主体へと再移転すること」である(同17頁)。再分配では,「中心性という権力をおびた中央の存在が前提」となっている（同17頁）。権力性のある存在が行う資源の移転は,「貯蔵・貢納・租税などの方法により中心にむかう」ものと,「慣習・法律・臨機の決定などによる資源配分」という2つの非対称的なパターンによって構成されている。一般に所得再分配効果のある制度として累進課税制度は前者に,一方,生活保護制度や社会福祉制度などは後者に当てはまる。

　最後に,市場交換（market exchange）とは,「任意の主体間における等価性を前提とした資源の相互移転」のことである（同18頁）。この行為主体には,主に消費者・労働者としての個人・家族と財・サービス生産者などが考えられる。近年の自己責任論や「自助」ではこの面が重視されているきらいがある。賃金もしくは利子・配当という所得をもとに,消費や投資によって生活基盤を築くことでもある。

　四助論にあてはめるなら,補完性原理の「自助」は藤村のいう「セルフヘルプ」と「市場交換」,「互助」は「互酬」,「公助」が「再分配」となるだろう。「共助」は「互酬」が制度化されたものであるため,「再分配」的な要素もある。「自立」を考えると,これらの資源配分は,福祉国家のゆらぎが始まって以来,単なる「自助」のみの実現だけでなく,幅広い社会・経済システムの活用を前提とした「自立」であることを改めて確認しておく必要があろう。

　これまでにも指摘したが,自立とは,誰にも依存しないということではない。セルフヘルプのみに限定するのではなく,そのときのライフステージやリスクに応じて,互酬,再分配,市場交換を組み合わせて生活を成り立たせるような社会的サービスや制度設計ができ,自らが主体的にそのバランスを選択できるようになることが「自立」なのである。そして,このような「自立」が実現できるよう困難を抱えている個人に支援をすることと,このような社会づくり・地域づくりをしていくことが,「自立支援」の姿と考える。このような地域・社会が構築されれば,生活困窮者に限定されず,中間層に

対しても社会的リスクへの備えとなるだろう。

6. おわりに

　不確実性の高まる現代，「セルフヘルプ」「市場交換」「互酬」を拡充するために，リスクを抱えている個人や家族に対して行う個別支援や地域社会での人々のつながりを有機的なものにすることが求められている。それには，地域づくりがとても重要なことである。しかし，それが国や自治体の租税の拠出を減らすことには必ずしもつながらない。なぜなら，「セルフヘルプ」「市場交換」「互酬」の環境を整備するために，租税が投入されて，経済政策・社会政策が行われているからである。これが有効に機能しなければ，社会連帯による制度やナショナル・ミニマムの保障といった社会保障・社会福祉の充実を求める声が高まり，その役割もさらに拡大していくこととなろう。

　これら4つの「助」は，ミクロ・メゾ・マクロという社会を切り取る視点，租税の拠出か，社会的連帯に基づく社会保険料による負担か，家計レベルの資産・負債という自己財源かという財源の視点，政治的・経済的なイデオロギーという視点，中央集権・地方分権という政治的な体制に基づく視点などが折り重なってできている。したがって，費用負担（財源）やサービス提供者にのみに注目し，単純に補完性原理に基づいて「自助」「互助」「共助」「公助」を直線的な関係として捉えてしまうのは，それぞれの概念が持っている意味合いを適切に把握することを制限してしまいかねない。

　補完性原理を強調すればするほど，「セルフヘルプ」や「市場交換」による自立が強調され，「公助」の範囲を残余的なものにすることにつながる。また，失業や不安定就労がきっかけで，社会保険制度の枠組みから外れてしまい，「共助」システムから排除される場合もある。そして，生活困窮者などは地域社会や職場との関係性が脆弱な場合も多く，互助の基盤も不十分になりがちで，社会から孤立していることもある。このような状況にある者に対して，「自助」ばかりを強調する自立では，生活困窮状態を生み出す根本

の原因に対して的確に対処することができず，さらなる経済的困窮と社会的孤立を深刻化させてしまうだろう。この悪循環を防ぐには，「自立」を「セルフヘルプ」や「市場交換」に基づくものに限定してしまうのではなく，社会制度を活用し「互酬」「再分配」によるサービスや現金給付を組み合わせて自立した生活を営んでいくことを保障することが重要であり，それによって初めて「自立」した生活の足がかりを得られるようになろう。

【注】
1) 社会保障制度改革国民会議ホームページより引用 (http://www.kantei.go.jp/jp/singi/kokuminkaigi/，閲覧日 2014 年 12 月 20 日)。
2) 厚生労働省ホームページに掲載されている「持続可能な社会保障制度の確立を図るための改革の推進に関する法律案要綱」より引用 (http://www.mhlw.go.jp/topics/bukyoku/soumu/houritu/dl/185-02.pdf，2014/12/20 閲覧)。
3) 「自助」の具体的ものとして，「お弁当を購入するのも，調理しているのは自分ではないが，その対価を自ら負担しているという意味において，これも『自助』と考えるべきである」を例示している (地域包括ケア研究会［2013］4 頁)。
4) 「共助」の具体的なものとして，「介護保険は，費用の負担で見ると，『自助』である自己負担が費用の 1 割，残りの保険給付分の負担を『共助』である保険料と『公助』である税が折半しているが，全体としては，社会保険の仕組みをベースとする『共助』の仕組みと考えることができるだろう」としている (地域包括ケア研究会［2013］4 頁)。
5) 「互助」について，「いわゆる有償ボランティアとして，利用者から金銭を受け取っているものの，市場価格には及ばない部分的な報酬のみを受け取っている場合は，『互助的要素』と，『自助的要素』を重複しているといえる。また，ボランティア組織の取組に，市町村が部分的に補助金を交付している場合などは，『互助』と『共助・公助』が重複していることになる (地域包括ケア研究会［2013］)。
6) 社会保障審議会福祉部会の第 9 回 (2004 年 4 月 20 日) の配布資料「社会福祉事業及び社会福祉法人について (参考資料)」の「2．自立の概念等について」より引用 (http://www.mhlw.go.jp/shingi/2004/04/dl/s0420-6b2.pdf，2014 年 8 月 17 日閲覧)。

【引用文献】
池田省三［2011］『介護保険論――福祉の解体と再生』中央法規出版
大熊由紀子［2008］「ケアという思想」，上野千鶴子・大熊由紀子・大沢真理・神野直彦・副田義也『ケアという思想』岩波書店
奥田知志［2014］「第 2 章　伴走の思想と伴走型支援の理念・仕組み」，奥田知志・稲月正・

垣田裕介・堤圭史郎『生活困窮者への伴奏型支援──経済的困窮と社会的孤立に対応するトータルサポート』明石書店，42〜98頁
小山進次郎［2006］「改訂増補生活保護法の解釈と運用」中央社会協議会
木村忠次郎［1950］「改正生活保護法の解説」時事通信社
厚生労働省［2012］『平成24年版厚生労働白書』
高齢社会対策の基本的在り方等に関する検討会［2012］『高齢社会対策の基本的在り方等に関する検討会報告書──尊厳ある自立と支え合いを目指して』
　http://www8.cao.go.jp/kourei/kihon-kentoukai/pdf/report1-1.pdf,
　http://www8.cao.go.jp/kourei/kihon-kentoukai/pdf/report1-2.pdf,
　http://www8.cao.go.jp/kourei/kihon-kentoukai/pdf/report1-3.pdf,
　http://www8.cao.go.jp/kourei/kihon-kentoukai/pdf/report1-4.pdf（2014年12月5日閲覧）
齋藤純一［2004］『福祉国家／社会的連帯の理由』ミネルヴァ書房
社会保障制度改革国民会議［2013］「社会保障制度改革国民会議報告書──確かな社会保障を将来世代に伝えるための道筋」
　http://www.kantei.go.jp/jp/singi/kokuminkaigi/pdf/houkokusyo.pdf（2014年12月5日閲覧）
社会保障の在り方に関する懇談会［2004］「社会保障の在り方に関する懇談会における議論の整理──第1回から第9回までの議論を踏まえた整理」
　http://www.kantei.go.jp/jp/singi/syakaihosyou/dai9/9siryou7.pdf（2014年12月5日閲覧）
社会保障の在り方に関する懇談会［2006］「今後の社会保障の在り方について」
　http://www.kantei.go.jp/jp/singi/syakaihosyou/dai18/18siryou3.pdf（2014年12月5日閲覧）
社会保障改革に関する有識者検討会［2009］「社会保障改革に関する有識者検討会報告──安心と活力への社会保障ビジョン」
　http://www.cas.go.jp/jp/seisaku/syakaihosyou/kentokai/dai5/siryou.pdf（2014年12月18日閲覧）
武川正吾［2012］「自助・共助・公助」，『月刊福祉』2012年1月
田中滋［2011］「高齢社会──自助・互助・共助・公助のコラボレーション」，『生活福祉研究』通巻79号，2011年12月
　http://www.myilw.co.jp/life/publication/quartly/pdf/79_01.pdf（2014年11月9日閲覧）
地域包括ケア研究会［2009］『地域包括ケア研究会報告書──今後の検討のための論点整理』，http://www.mhlw.go.jp/houdou/2009/05/dl/h0522-1.pdf（2014年11月20日閲覧）
地域包括ケア研究会［2014］『〈地域包括ケア研究会〉地域包括ケアシステムの構築にお

ける今後の検討のための論点——持続可能な介護保険制度及び地域包括ケアシステムのあり方に関する調査研究事情報告書』，
http://www.murc.jp/uploads/2013/04/koukai130423_01.pdf（2014 年 11 月 20 日閲覧）

【謝辞】

　本章は，JSPS 科研費 25750012 の助成を受け行った研究の一部である。ここに記して感謝の意を表する。

第6章
貧困・不安定就業と生活保障システム

福島 利夫

1. はじめに

　戦後70年を迎えようとしている今日，日本社会は大きく変容し，国民生活全体が不安定になっている。近年の格差と貧困，さらに「無縁社会」という社会問題も，その原因を明らかにし，解決への道を導き出すためには，その背景である国民生活全体の変化について検討することが求められる。根本的な改革のために，さまざまな検討や模索が進行中であるが，今，改めて必要とされているのは，戦後に歴史的に形成されてきた国民生活全体の大きな枠組みを見直す作業である。つまり，「大きな物語」が現在，必要となっている。また，格差の問題については，世界的に最も新しくはトマ・ピケティ『21世紀の資本』（フランス語原著2013年，英訳ならびに邦訳は2014年）が話題を集めている。

　ここで取り上げようとする生活保障システムとは，日本における国民生活の再生産のシステムであり，それは生命の再生産，労働力の再生産，そして社会全体の再生産のシステムに他ならない。日本においては，長らく生活保障システムの中で社会保障制度は中心的な役割を与えられず，標準的な生活様式から脱落した，例外的な一部の貧窮者を救済するものとして，残余的な性格を持たされてきた。日本の生活保障は，社会保障ではなく，共同体としての家族と疑似共同体としての企業が主に担ってきた。標準的な日本型生活

様式は，強固に存在してきた日本型企業社会およびそれとセットで設計されてきた日本型福祉社会である。日本型企業社会は，終身雇用制・年功賃金制・企業別労働組合の3つが大きな特徴であり，大企業の正規雇用の男性がモデルである。そして，この男性のみが稼得者であることを前提にして，その妻が専業主婦として家事・育児・介護等の家庭内労働を担うことが期待されるのが日本型福祉社会である。そこでは，こうした性別役割分業が当然とされていた。

しかし，現在では事情がまったく異なっており，企業と家族の双方が不安定となっている。そのために，従来とは違う生活保障システムが必要となっている。それがどんなものであるのかを考察するには，戦後日本の国民生活の変化の特徴を明らかにしなければならない。そのうち，企業と雇用のあり方については比較的多くの検討が行われてきたが，家族のあり方についても合わせて検討が求められる。

家族の位置づけについて簡単に触れてみると，まず戦後改革の時点では，戦前の家父長的なイエ制度という紐帯に縛り付けられた個人ではなく，そこから自立した自由で平等な個人の権利が，日本国憲法ならびに新しい民法のもとで謳われた。つまり，法的制度的な改革が先行した。次に，高度経済成長期には，民族大移動と呼ばれるほどの太平洋ベルト地帯の重化学工業地帯へ人口が集中移動した。日本列島全体の都市化が進み，農村の農民から都市の労働者への転化，そして産業構造も農業から工業に重心が移転した。これに伴って，家族形態も地方の大家族から大都市の核家族へと大きく変化した。古い共同体としてのイエとムラという家族と地域社会の実質的な解体化の始まりである。この時期に，家族のあり方をめぐって社会的経済的な変化が進行したわけである。これらの変化に続く，家族制度についての習俗，価値観や意識上の変化は時間をかけて現在進行中と考えられる。新しい家族を形成する結婚ならびに離婚という婚姻形式も徐々に変化しつつある。

以上に挙げた，戦後改革と高度経済成長に次ぐ，国民生活の大きな変化を迎えた戦後第3の歴史的転換期が，1990年代後半以降からの大転換である。

それは，今日に至る「格差社会」[1]・「貧困社会」をもたらした根源としての雇用の変質である。その出発点が，1995年に日経連（日本経営者団体連盟，現日本経済団体連合会）が打ち出した「新時代の『日本的経営』」という方針である。この背景には，1980年代後半以降の，日本の大企業の多国籍企業としての本格的な進出があり，そこからは従来の「日本的経営」がコスト高体質として評価され，今後は正規雇用を限定したものとして位置づけることが主張されている。このようにして，それまでは強固に存在してきたと見なされてきた日本型企業社会モデルが明瞭に否定され，この経営者団体側の方針に連動して，政府による労働者派遣法等の労働法制・労働政策の改変が行われることとなった。

上記で概観したように，今やかつての日本型企業社会と日本型福祉社会の両輪モデルが成立しなくなったことを直視し，その上で新しい生活保障システムについての提示が必要である。一例を挙げてみよう。2009年に誕生した民主党政権が発足時に掲げていた，「コンクリートから人へ」という標語は，「むだな公共事業を減らして社会保障や子育てに財源を回そう」の意味を端的に表現したものである。それは，「土建国家」日本から「福祉国家」日本への転換の第一歩を踏み出すことの表明でもあった。この方向を象徴する政策としては，一方での群馬県の八ッ場（やんば）ダムの事業中止と，他方での15歳以下の子どもを扶養する保護者等に対して手当を支給する「子ども手当」創設であった。両者ともに，その後迷走が続くことになったことも記憶に新しいが，この対比はわかりやすい例示として貴重である。

以下では，まず，格差と貧困を象徴する指標として近年取り上げられているジニ係数，貧困率と貯蓄ゼロ世帯について検討することから始めたい。次に，社会全体の枠組みとして，人口と家族の変動状況を見てから，国民生活と不安定就業をめぐるいくつかの指標の検討を行う。最後に，今後の生活保障システムの展望を試みることにしたい。

2. 格差と貧困の象徴

(1) ジニ係数

　経済的格差全体の状態を一般的に表すのは，所得格差である。そして所得格差の指標としては，何よりも厚生労働省「所得再分配調査」（3年ごと）が挙げられる。「格差社会」の出現として大きな話題を呼んだのは，2005年の数値が発表されたときに，当初所得のジニ係数が初めて0.5を超えたことである。ジニ係数は0から1の間の数値を取り，1に近いほど格差・不平等度が大きいことを示す指標である。0.5とは，上位25％の世帯が全所得の75％を占める状態である。2005年の当初所得のジニ係数は0.5263（3年前の2002年は0.4983）であり，税・社会保障による再分配後所得のジニ係数は0.3873（2002年は0.3812）である。

　2000年代半ばの経済協力開発機構（OECD）加盟国（30か国）の数値では，格差の大きい方から11番目である（OECD [2009] 90～91頁）。なお，OECDは「所得の不平等」を表すジニ係数を「公正指標」の一つとして位置づけている。また，同じくOECDは同年代のOECD諸国を所得格差の水準をもとに5つのグループに分けている（OECD [2008] 29～30頁, 59頁）。それによれば，日本は3番目のグループに属している。このグループは，OECD平均のジニ係数0.31を少し上回る，0.31から0.34の間にある。日本以外には，韓国，カナダ，スペイン，ギリシャ，アイルランド，ニュージーランド，イギリスが含まれる。

　日本ではその後も，2008年は当初所得のジニ係数0.5318（再分配所得のジニ係数0.3758），2011年は当初所得0.5536（再分配所得0.3791）と所得格差は拡大している。なお，再分配によるジニ係数の改善度を2011年で見れば，全体では31.5％であり，そのうち社会保障による改善度は28.3％，税による改善度は4.5％となっている。

(2) 貧困率

　ジニ係数と並んでよく取り上げられるのが貧困率である。日本では長らく政府の公的統計としての貧困率の公表は行われてこなかったが，2009年の民主党政権発足に伴って約半世紀ぶりに公表された。1965年までは，厚生労働省「国民生活基礎調査」の前身である厚生省「厚生行政基礎調査」のデータに基づいて「低消費世帯」（＝現金支出が被保護世帯の平均消費支出額未満の世帯）の割合の推計値が公表されていたが，それ以降は日本では貧困が解消されたとの認識によって中断されたものである（阿部［2014］）。

　2012年の「国民生活基礎調査」（大規模調査は3年ごと）で発表された「相対的貧困率」（貧困線に満たない世帯員の割合）は16.1%（2009年は16.0%）である。この貧困線はOECDの作成基準により算出されたものであり，「等価可処分所得（世帯の可処分所得を世帯人員の平方根〈例えば，3人なら$\sqrt{3}$〉で割って調整した所得）の中央値の半分」[2]である122万円である。それとともに発表された「子どもの貧困率」（18歳未満）は16.3%（2009年は15.7%）である。全体として悪化しているが，注目されたのは，1985年の統計開始以来，初めて「子どもの貧困率」が全体の「貧困率」を上回ったことである。なお，1985年の「相対的貧困率」は12.0%，「子どもの貧困率」は10.9%であった。さらに，「子どもがいる現役世帯」（世帯主が18歳以上65歳未満）の世帯員の2012年の「貧困率」は15.1%であり，そのうち「大人が1人」の世帯では54.6%，「大人が2人以上」の世帯では12.4%となっている。このように，主に母子世帯に見られるひとり親家庭などの経済的困窮の実態が反映している。子どもの貧困がなぜ大きな社会問題になるかというと，貧困の世代的な再生産がもたらされるからである。それは，当事者個人や世帯だけのことではなく，社会全体で未来にわたって貧困が再生産されるのを許すことになる。

　2010年のOECD加盟国（34か国）の数値（内閣府［2014b］30～31頁）では，日本の「相対的貧困率」は16.0%で（OECD平均は11.3%）6番目に高く，アメリカが5番目で17.4%，その以上はチリ，トルコ，メキシコ，

イスラエルと続く。同じく、日本の「子どもの貧困率」は 15.7％で 10 番目の高さ（OECD 平均は 13.3％）である。さらに、「子どもがいる世帯での相対的貧困率」では、韓国のデータが欠如しているために 33 か国中の順位になるが、日本は 14.6％で 9 番目の高さ（OECD 平均は 11.6％）である。そのうち「大人が 1 人」の世帯では 50.8％で 1 番目（OECD 平均は 31.0％）、「大人が 2 人以上」の世帯では 12.7％で 10 番目の高さ（OECD 平均は 9.9％）となっている。なお，OECD は「相対的貧困率」と「子どもの貧困率」も「公正指標」の 1 つとして位置づけている（OECD［2009］92〜95 頁）。

(3) 貯蓄ゼロ世帯

日本の国民生活はオカネがかかるように設計されている。そのために、社会人としての出発は、これまでは何はともあれ、貯蓄が推奨されることから始まってきた。したがって、日本での貯蓄の状態は、非常に大きな意味をもっている。まず、全体の動向として、貯蓄率を見よう。内閣府「国民経済計算」によれば、1973 年から 78 年にかけての家計貯蓄率[3]（暦年表示）は 20％台である。その後は 10％台でゆるやかに低下し、2000 年の 8.7％以降は 1 桁であり、2012 年には 1.3％となっている（内閣府［2014c］324 頁）。同じく内閣府「国民経済計算」の家計貯蓄率について、会計年度表示で比較的近年の動向を取り上げてみると、1994 年度 11.8％から 1995 年度 9.6％へと低下し、それ以降は 1 桁となっており、2001 年度以降は 5.0％未満である。2001 年度 3.5％以降も低下が続き、なかでも 2005 年度、2007 年度、2012 年度は 1.0％未満である。そして最近発表された 2013 年度には、ついにマイナス 1.3％となった（内閣府［2013b］4〜5 頁および同［2014d］7〜8 頁）。つまり、貯蓄の吐き出しに転じたわけであり、重大な事態である。

以上の貯蓄動向を背景にしながら、格差と貧困の象徴として取り上げられるのが「貯蓄ゼロ世帯」の増大である。なかでもよく利用されるのが、日本銀行情報サービス局内に事務局を置いている金融広報中央委員会の「家計の金融行動に関する世論調査」（2 人以上世帯）である。この調査は毎年行わ

表 1 「貯蓄ゼロ世帯」の 2 つの比率

年	金融広報中央委員会（％）	国民生活基礎調査（％）
2001	16.7	8.2
2004	22.1	9.4
2007	20.6	10.2
2010	22.3	10.0
2013	31.0	16.0

出所：金融広報中央委員会「家計の金融行動に関する世論調査」および厚生労働省「国民生活基礎調査」

れているが，それによれば 2013 年の「金融資産を保有していない」との回答が 31.0％であり，これがいわゆる「貯蓄ゼロ世帯」31.0％として一般に表現されることが多い。この調査の実施および結果の集計は，株式会社日本リサーチセンターに委託されており，標本世帯数 8000 のうち，回収世帯数は 3897（回収率 48.7％）である。この調査による数値では，1966 年以降「貯蓄ゼロ世帯」の比率（％）は約 30 年間，ほぼ 1 桁が続いてきた。80 年代の平均は 5.6％，90 年代の平均は 9.6％である。93 年に 10.5％，そして 96 年の 10.1％以降 10％台となった。さらに，2003 年の 21.8％から 2012 年の 26.0％まで 20％台が続き，2013 年に初めて 30％台となった。

ここで「貯蓄ゼロ世帯」について，もう一つ別の数値を紹介しておきたい。それは，厚生労働省「国民生活基礎調査」の大規模調査（3 年ごと）の「貯蓄表」によるものであるが，2013 年の「貯蓄がない」との回答は 16.0％である。「国民生活基礎調査」は政府の基幹統計調査として厚生労働省が主管する重要な統計調査であり，結果の集計は厚生労働省大臣官房統計情報部が行っている。「貯蓄表」の調査客体数 3 万 6419 世帯のうち，回収客体数は 2 万 7081 世帯（回収率 74.4％），さらに集計客体数は 2 万 6387 世帯である。

以上の 2 つの「貯蓄ゼロ世帯」の数値を表 1 で比較してみよう。最新の 2013 年は，金融広報中央委員会「家計の金融行動に関する世論調査」では 31.0％，厚生労働省「国民生活基礎調査」では 16.0％であり，その違いは約 2 倍である。この違いの大きさは，2001 年の数値でも，前者が 16.7％と後者が 8.2％と同様である。ただし，双方とも，比率の増加傾向を表してい

る点では共通している。それは前者の80年代以降の数値の動向でも見ることはできる。

　最近に至るまで，この2つの「貯蓄ゼロ世帯」の数値のうち，金融広報中央委員会の数値が多用されてきた[4]。日本の貧困実態を告発し，貧困を克服するための政策の実現を訴える社会運動などにとっては，事態の深刻さを表現する数値として取り上げやすいのかもしれないが，もう少し冷静な分析が求められる。「家計の金融行動に関する世論調査」という表現にも表れているように，金融広報中央委員会の調査は「世論調査」と位置づけられ，外部機関に委託されている。「国民生活基礎調査」と比較して，標本数の少なさや回収率の低さという問題点も挙げられる。結論としては，2013年の「貯蓄ゼロ世帯」の数値は31.0%ではなく，16.0%を使用するのが望ましいということである。

3．人口と家族の変動

(1)　人口の変動

　近年，高齢化，少子化からさらに人口減少社会ということが問題とされてきている。そこで，人口の変動について見ておきたい。

　第1に，総務省統計局「国勢調査」を基礎にした全人口の推移である（国立社会保障・人口問題研究所［2014］表1-3）。第2次世界大戦終了直後の7000万人台から出発して，人口は増加し続け，1967年には1億人を超えた。その後も増加が続き，1984年以降は1億2000万人台が続いている。総人口は2005年に初めて減少したが，その後は多少の増減があり，そのなかで2008年の1億2808万人がピークとなっている。そして，2011年からは減少が続いている。人口増加数のうちで，自然増加数だけを取り出してみると，2006年の1000人から2007年のマイナス2000人へと転じて以降は減少が続いている。

　第2に，年齢（3区分）別人口の推移である（同上研究所［2014］表

2-5)。戦後まもない1950年には，総人口8320万人のうち，年少人口（0歳〜14歳）2943万人，生産年齢人口（15〜64歳）4966万人，老年人口（65歳以上）411万人であったのが，2010年には，総人口1億2806万人のうち，年少人口1680万人，生産年齢人口8103万人，老年人口2925万人である。そして，2010年の年平均増加率は，総数0.05％，年少人口マイナス0.83％，生産年齢人口マイナス0.74％，老年人口2.64％となっていて，少子化と高齢化の傾向が明瞭である。

　第3に，合計特殊出生率である（同上研究所［2014］表4-3）。一般には，単に「出生率」と呼ばれることが多い。日本の人口ピラミッド（1歳階級別）を描いてみると，人口が多く凸部になって出っ張っている箇所は2つある。その箇所はベビーブームの時期である。そして，第1期（1947年〜49年）の合計特殊出生率は4を超えていたし，第2期（1971年〜74年）の合計特殊出生率は2を超えていた。

　1975年以降，合計特殊出生率は2未満となっている。少子化が社会問題として取り上げられるようになったのは，1990年代以降である。きっかけは，1989年の合計特殊出生率1.57が，「ヒノエウマ」の迷信の年である1966年の合計特殊出生率1.58よりも下回ったことによって戦後最低の出生率として注目されたことである。当時には，「1.57ショック」とも呼ばれた。その後も合計特殊出生率の低下は続き，近年は1.4前後の数値である。ただし，2003年から2005年までは1.3未満である。

　それでは，少子化の基準は何か。同一の人口規模を維持する「人口置換水準」の合計特殊出生率は，現在の日本では2.07といわれている。また，合計特殊出生率2.1未満の「少子化国」は，さらに「緩少子化国」（合計特殊出生率1.5以上，北欧・西欧・北米・オーストラリア・ニュージーランドなど）と「超少子化国」（1.5未満，南欧・東欧・旧ソ連圏・日本・韓国など）の2類型にも分けられる（福島［2012］11頁）。

(2) 家族の変動

家族については，世帯規模，世帯構造，婚姻などに大きな変化が見られる。

第1に，「国勢調査」による世帯の推移である。まず，一般世帯総数は1960年の2254万世帯から2010年の5184万世帯へ（同上研究所［2014］表7-1）2.3倍に増加している。この増加は，小規模世帯の増加が主な原因であって，一般世帯の平均世帯人員は，1960年の4.14人から2010年の2.42人へと規模が縮小している。世帯人員別の構成は次のようになっている（久保［2012］18頁）。1960年の2254万世帯の内訳は，1人世帯372万（16.5％），2人世帯252万（11.2％），3人世帯315万（14.0％），4人世帯370万（16.4％），5人以上世帯944万（41.9％）であり，2010年の5184万世帯の内訳は，1人世帯1678万（32.4％），2人世帯1413万（27.3％），3人世帯942万（18.2％），4人世帯746万（14.4％），5人以上世帯405万（7.8％）である。

このような世帯規模の縮小は，生活保護制度における「標準世帯」基準の変更ももたらした。1986年度に「標準世帯」基準は，4人（夫婦と子ども2人）から3人（夫婦と子ども1人）へと変更されている。

第2に，65歳以上の高齢者についての世帯と人口の推移である。「国民生活基礎調査」（およびその前身の「厚生行政基礎調査」）によれば，世帯構造別65歳以上の者のいる世帯総数は，1975年の712万世帯から2010年の2071万世帯へ（同上研究所［2014］表7-15）2.9倍に増加している。1975年の712万世帯の内訳は，単独世帯61万（8.6％），夫婦のみの世帯93万（13.1％），親と未婚の子どものみの世帯68万（9.6％），三世代世帯387万（54.4％），その他の世帯102万（14.3％）であり，2010年の2071万世帯の内訳は，単独世帯502万（24.2％），夫婦のみの世帯619万（29.9％），親と未婚の子どものみの世帯384万（18.5％），三世代世帯335万（16.2％），その他の世帯231万（11.2％）である。

次に，「国勢調査」によって，所属世帯別65歳以上人口を見よう。まず，65歳以上人口総数は，1975年の882万人から2010年の2925万人へ（同

上研究所［2014］表7-21）3.3倍に増加している。1975年の882万人（100％）の内訳は，大別して一般世帯856万人（97.0％）と施設等の世帯27万人（3.0％）の2種類になり，その上で一般世帯856万人（97.0％）がさらに親族世帯791万人（89.7％），非親族世帯2万人（0.2％），単独世帯63万人（7.1％）に細分される。そして，2010年の2925万人（100％）の内訳は，大別して一般世帯2758万人（94.3％）と施設等の世帯167万人（5.7％）の2種類になり（総務省統計局［2014］335〜336頁），その上で一般世帯2758万人（94.3％）がさらに，親族世帯2263万人（77.4％），非親族世帯15万人（0.5％），単独世帯479万人（16.4％）に細分される。

同じく「国勢調査」によって，比較的近年の性別に見た65歳以上の単独世帯で暮らす者と施設等の入所者数を見よう（久保［2012］21頁）。1995年では，女性の単独世帯で暮らす者174万人，社会施設入所者24万人，病院・療養所入所者30万人，男性の単独世帯で暮らす者46万人，社会施設入所者8万人，病院・療養所入所者13万人である。そして，2010年では，女性の単独世帯で暮らす者341万人，社会施設入所者92万人，病院・療養所入所者29万人，男性の単独世帯で暮らす者140万人，社会施設入所者28万人，病院・療養所入所者16万人である。全体的に女性の人数の多さが際立っているが，さらに15年間で，女性では単独世帯で暮らす者は2.0倍，社会施設入所者は3.8倍，男性では単独世帯で暮らす者は3.0倍，社会施設入所者は3.5倍の増加である。ここからは，今後もますます，特に女性の高齢者単独世帯が増えることが予想される。

第3に，初婚の平均婚姻年齢や未婚率の推移である。まず，厚生労働省『人口動態統計』によれば，初婚の平均婚姻年齢については，1955年の妻23.8歳・夫26.6歳から，2012年の妻29.2歳・夫30.8歳へと遅くなり，夫婦間の年齢差も縮まっている（同上研究所［2014］表6-12）。また，初婚の割合も，1955年の妻91.8％・夫87.6％から，2012年の妻83.6％・夫81.0％へと少しではあるが減少している（同上研究所［2014］表6-1）。

「国勢調査」によれば，晩婚化の傾向が年齢階級別で現れている（久保

図1 婚姻数と離婚数の推移（1965年〜2012年）

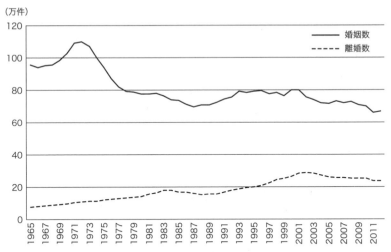

出所：国立社会保障・人口問題研究所［2014］,『人口統計資料集（2014年版）』同研究所ホームページより作成。原資料：厚生労働省『人口動態統計』

［2012］29頁）。未婚者割合を見ると，1975年では，女性の25〜29歳は20.9％，30〜34歳は7.7％，35〜39歳は5.3％，そして少し上の年齢階級50〜54歳は3.8％であり，男性の25〜29歳は48.3％，30〜34歳は14.3％，35〜39歳は6.1％，そして50〜54歳は1.8％である。これが，2010年では，女性の25〜29歳は60.3％，30〜34歳は34.5％，35〜39歳は23.1％，そして少し上の年齢階級50〜54歳は8.7％であり，男性の25〜29歳は71.8％，30〜34歳は47.3％，35〜39歳は35.6％，そして50〜54歳は17.8％である[5]。

　第4に，婚姻と離婚の推移である。『人口動態統計』によれば，婚姻数については（同上研究所［2014］表6-1），図1で示したように，1965年の95万4852件から1972年の109万9984件まで上昇した後に低下していき，2012年の66万8869件に至っている[6]。そして，離婚数については（同上研究所［2014］表6-2），同じく図1で示したように，1965年の7万7195件から2002年の28万9836件まで上昇した後に低下していき，

2012年の23万5406件に至っている[7]。

以上のように婚姻件数の低下と離婚件数の増加の傾向を見てきたが，離婚は，2011年の厚生労働省「全国母子世帯等調査」（厚生労働省［2012］2頁）では，母子世帯（母と満20歳未満の子ども）になった理由の80.8％を占めている[8]。同様に，父子世帯になった理由の74.3％を占めている[9]。

4. 国民生活の格差と貧困

以上に見た人口と家族の変動を基礎としつつ，日本の社会が大きく変化したことが目に見えるようになったのは，1998年以降である。この年は，実質GDPが1974年のマイナス成長率以来の初めてのマイナス成長率であり，99年と合わせて2年間連続のマイナスである。以下では，国民生活の格差と貧困を表すいくつかの社会問題を取り上げる。

(1) 生活保護

日本の生活保障システムの土台になっているのが，生活保護制度である。雇用保障制度が不安定になると，もともと不安定であった社会保障制度ならびに教育や住宅などの公共サービス制度が全体としてこうした事態に十分には対応できず，結果的に最後の生活保障システムとしての生活保護に過大な役割が持ち込まれることになる。

被保護人員は，図2で見るように，91年度（94.6万人）以降100万人を割り，95年度（88.2万人）に底辺に達したが，そこから上昇へと転じて99年度（100.4万人）以降再び100万人を超えて増え続け，2011年度（206.7万人）には200万人を超えた。これは，戦後復興期の1951年度（204.7万人）を超えて過去最高である。そして，2012年度の213.6万人に至っている。また，被保護世帯数では，2005年度に100万世帯を超えて注目されたが，その後も増加して，2012年度の155.2万世帯に至っている。

被保護世帯の世帯類型別では，1975年度の総数が70.5万世帯で，その

図2　生活保護・被保護人員の推移（1975年度〜2012年度）

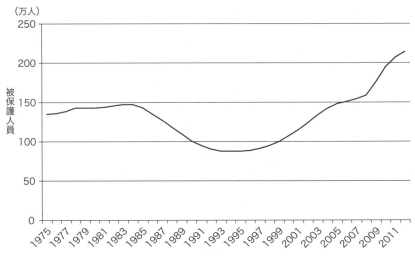

出所：厚生労働省「福祉行政報告例」および「被保護者調査」より作成。

内訳は，高齢者世帯22.1万世帯（31.4％），母子世帯（65歳未満の女性と18歳未満の子）7万世帯（10.0％），傷病・障害者世帯32.2万世帯（45.8％），その他9.1万世帯（12.9％）であったのが，2012年度では総数155.2万世帯で，その内訳は，高齢者世帯67.8万世帯（43.7％），母子世帯11.4万世帯（7.4％），傷病・障害者世帯47.5万世帯（30.6％），その他28.5万世帯（18.4％）となっている。全体では2倍以上への増加であるが，その中でも「その他」の世帯の3倍以上への増加が注目される。これは，稼働世帯・非稼働世帯の区分の内で，稼働世帯の増加を読み取ることができるからである[10]。1960年度（33.4万世帯）以降，低下し続けていた稼働世帯数は96年度（7.9万世帯）に底辺に達し，そこから反転して2002年度（10.4万世帯）には10万世帯を超え，さらに2011年度（20.4万世帯）には20万世帯を超えるまでになっている。働いていても，低収入のために最低生活規準に満たない場合は，生活保護制度の「補足性の原理」により，「不足分を補う」生活保護の活用方法があることに注目が必要である（稲葉［2013］23〜

26頁)。

　以上のように，被保護人員数の底辺は1995年度であり，被保護世帯のうちの稼働世帯数の底辺は96年度であり，ここにも1990年代後半以降からの大転換を見ることができる。

　そして，近年，生活保障システムの土台である生活保護制度は，日本国憲法第25条に規定された「健康で文化的な最低限度の生活」を，すべての国民が営む権利である生存権の保障を貫こうとする立場とこの権利を否定しようとする立場との間での攻防の焦点の一つとなっている。一方では，「格差社会」論が隆盛した2005年には，北九州市の生活保護行政による犠牲者として，餓死者・自殺者が連続して発生し，大きな社会問題となった。他方では，2012年にはお笑い芸人の親族の生活保護利用の件が週刊誌等で大きく取り上げられたことをきっかけとして生活保護バッシングが起こった。それに伴い，ごく一部にすぎない「不正受給」問題が誇大に取り上げられてバッシングの対象となる一方で，本来は生活保護の対象者となるべき多数の困窮者が放置・排除される事態を生み出している。国際的に見れば，低い補足率あるいは受給漏れの問題である（福島［2009］229～230頁）。

　2012年末に成立した第2次安倍政権は，13年8月から3年間かけて生活保護費のうち約34％を占める生活扶助費を平均7.3％引き下げることを閣議決定したが，これに対しては生活保護基準引き下げ反対の審査請求や行政訴訟が行われている。また，2015年度から住宅扶助と暖房費などの「冬期加算」が削除されることも決定され，引き下げがいっそう進められている[11]。

　さらに，生活保護制度は，もう一つの重要な役割を持っている。それは，生活保護基準が国民の最低生活費の算定基準として位置づけられていることから，多数の他制度に引き下げが連動することである。それは，個人住民税の非課税限度額，就学援助の縮小，国民年金保険料の免除や最低賃金などに影響が及ぶ仕組みである（稲葉［2013］27～31頁）。

図3　自殺者数の推移（1978年〜2013年）

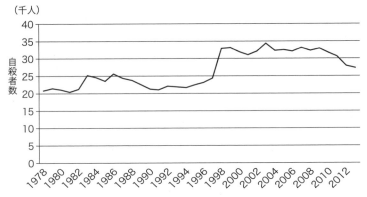

出所：内閣府および警察庁「平成25年中における自殺の状況」2014年より作成。

(2) 自殺者

　自殺者数が1998年から急に3万人台となり，その状態が10年以上続いたことは大きな社会問題である。図3で見るように，それ以前の約20年間は2万人台であった。ところが，97年2万4391人から98年3万2863人へ突然増加している。それ以降，3万人台が続いた後，2012年に2万7858人，そして2013年に2万7283人となっている。

　内閣府が初めて作成した『平成19年版　自殺対策白書』では，1998年における自殺者数の急増要因の分析を行っている（内閣府［2007］22〜23頁）。図4で見るように，自殺死亡率（人口10万人当たりの自殺者数）と完全失業率の推移（1953年〜2006年）を表す2本の折れ線がグラフ上で似かよった動きになっていることを示すとともに，1965年からの両者の相関係数0.910551を表示している。そして，自殺の原因・動機について，従来は「健康問題」が最も多かったが，98年の急増では「経済・生活問題」，「勤務問題」の増加率が高いと指摘している。また，男女ともすべての年齢階級で自殺者数が増加しているが，45歳〜64歳の中高年男性の自殺者数の増加がその大半を占めていると特徴づけしている。

図4 自殺死亡率と完全失業率の推移

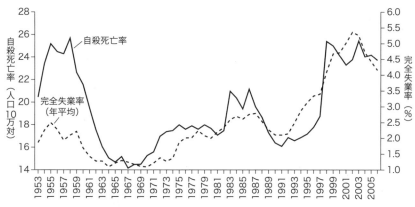

注：1972年までは沖縄を含まない。
　　R（相関係数）＝ 0.910551（1965年から）
出所：内閣府編『平成19年版 自殺対策白書』2007年

　その後の『平成25年版　自殺対策白書』でも，「特集　自殺統計の分析」の（2）経済・生活問題で，2009年の値を100とした「経済・生活問題」および「経済・生活問題」のうち「失業」による自殺死亡率1989年〜2012年の推移について，完全失業率の推移と似かよった動きになることをグラフで示している（内閣府［2013a］47〜48頁）。

(3)　児童虐待

　「格差社会」論が「貧困社会」論へと深化するとともに，その一環として「子どもの貧困」も2008年あたりから大きく取り上げられるようになってきた。そして，この「子どもの貧困」の中の大きな問題として児童虐待があり，そこには性的虐待や死亡事件も含まれる。こうした児童虐待の背景には，家庭の「経済的困難」が大きく関わっていることが指摘されている（山野［2008］106〜115頁）。図5で見るように，児童相談所での虐待相談処理件数は1990年度には1101件であったが，95年度には2000件を超え，以後急上昇している。99年度には1万件を超え，2012年度には6万6701件にま

図5 児童虐待・相談対応件数の推移（1990年度〜2012年度）

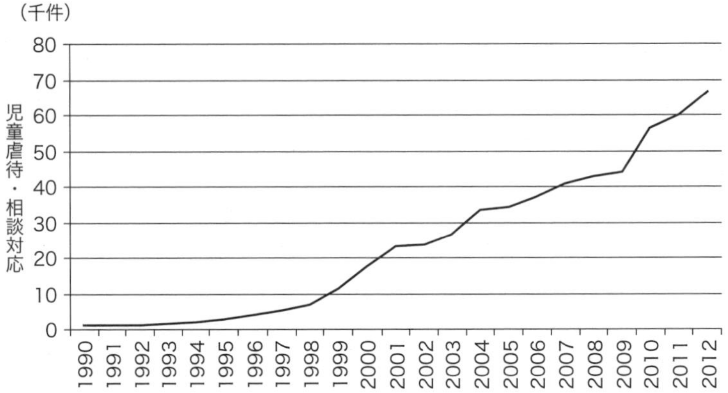

（千件）

出所：厚生労働省「児童虐待の現状」より作成。

でなっている。

児童虐待のみならず，「子どもの貧困」問題は全般にわたって，特に子どもに「自己責任」を求めることはできない性格を持っている。そして，「子どもの貧困」は世代を超えて，貧困の連鎖，貧困の再生産を当該の個人や家族だけではなく，社会全体にもたらすものである。

（4） 就学援助

就学援助について，公立小中学校児童・生徒を対象とした文部科学省の調査（2012年度）によると（文部科学省［2014］および内閣府［2014b］31頁），就学援助受給者は全国で155.2万人に上り，1997年度の76.6万人の2倍以上に増加している。その内訳は，生活保護世帯の子ども（要保護児童生徒）が15.3万人，区市町村教育委員会が生活保護世帯に準ずると認定した子ども（準要保護児童生徒）が140万人である。同じく，2012年度の就学援助率は全国平均で15.64％であり。1997年度の6.10％から大きく増加している。その内訳は，要保護児童生徒1.54％，準要保護児童生徒14.10％である。

これは，学校教育法で「経済的理由により就学困難と認められる学齢児童生徒の保護者に対しては，市町村は，必要な援助を与えなければならない」と規定されていることによるものである。上記の「保護者」は，正確には，生活保護世帯では「要保護者」，生活保護世帯に準ずる世帯では「準要保護者」となっている。そして，「要保護者」に対する経費は国が補助を行っているが，「準要保護者」については 2005 年度から国の補助を廃止している。なお，「要保護者」の補助対象品目は，学用品・体育実技用具費・新入学児童生徒学用品等・通学用品費・通学費・修学旅行費・郊外活動費・医療費・学校給食費である。

　就学援助率の全国平均は 15.64％であるが，都道府県別では大阪府が 26.65％と最も高く，次いで山口県 24.77％，高知県 24.38％，北海道 23.57％，東京都 23.21％である。また，要保護および準要保護児童生徒数は全国で 155.2 万人であるが，都道府県別では大阪府が 18.4 万人と最も多く，次いで東京都 18.3 万人，神奈川県 10.7 万人，北海道 9.4 万人，福岡県 9.3 万人である。

　「準要保護者世帯」の認定基準額は地方自治体により異なるが，おおむね前年度の総所得額が「生活保護基準額×1.0～1.3」以下の基準に定められている（稲葉［2013］30 頁）。例えば，東京都足立区では 1.1 倍未満に設定されている。いずれにせよ，これらの児童生徒の現在と将来の生活設計のために，教育の機会均等が保障されねばならないし，さらに児童生徒の背景には彼らの父母の生活の貧困増大が存在している。

(5) 教育費用

　格差・貧困問題の解決のために，まず少し広く家族関係社会支出の国際比較の数値を見ることから始めよう。それは，「家族を支援するために支出される現金給付及び現物給付（サービス）」の対 GDP 比の比較である。内閣府『平成 26 年版　少子化社会対策白書』では，国立社会保障・人口問題研究所「社会保障費用統計」（2011 年度）を資料として以下の数値を紹介し

ている。それによれば，日本1.35％に対して，アメリカ0.70％，ドイツ2.09％，フランス3.20％，スウェーデン3.75％，イギリス3.81％である（内閣府［2014a］34頁）。

次に，GDPに占める公財政教育支出（2010年）の国際比較である。OECD『図表でみる教育』（2013年版）によれば，データのある30か国中で日本は30位の3.8％（OECD平均は5.8％）である（OECD［2013］231頁）。

また，高等教育について，国公立大学の年間授業料（2011年）の比較では，無料の国がある一方で，3分の1の国で年間1500ドルを超えており，そのなかでも，チリ，日本，韓国，アメリカでは5000ドルを上回ることが指摘されている（OECD［2013］238〜239頁）。さらに，高等教育の資金調達方法について，①授業料水準と②国の学生向け財政支援制度を通じて学生が利用できる財政支援の水準とによって，4つのモデルに分類されている。日本は，チリと韓国と並んで，モデル3「授業料が高く，学生支援体制が比較的整備されていない国々」に入っている。

奨学金などの国際比較もある。GDPに占める家計等私的部門への公的補助の割合（高等教育，2010年）である（OECD［2013］252頁）。奨学金／給与補助では29か国中で日本は28位の0.7％（OECD平均は11.4％）であり，貸与補助では19か国中で日本は4位の28.5％（OECD平均は9.8％）である。

先に挙げた『少子化社会対策白書』でも奨学金について取り上げている。それによれば，奨学金の貸与人員の推移で見ると，1998年度では無利子奨学金39万人，有利子奨学金11万人が，2003年度には無利子奨学金43万人，有利子奨学金44万人と人員の多さが逆転し，2013年度では無利子奨学金43万人，有利子奨学金102万人となっている。「給付制」ではなく，「貸与制」で，しかも「有利子」のみが増大している状態は，「奨学金制度」として学生個人にとっても，国にとっても，はたして有効なのであろうか。大学卒業者の就職難のもとで，将来の借金を抱えての生活は学生にとっては大きな負

図6　完全失業者の推移（1965年～2013年）

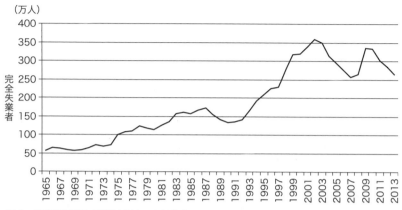

出所：総務省統計局「労働力調査」より作成。

担である。同白書では，独立行政法人日本学生支援機構が実施する奨学金事業は，「教育の機会均等を確保する観点から，意欲と能力のある学生等が家庭の経済状況によって修学の機会が奪われることのないよう，毎年充実を図っている」（内閣府［2014a］68頁）と説明しているが，このような対応は決して「充実」とは考えられない。その実態は，「教育の機会均等」ではなく，「機会『金』等」になってしまっている。奨学金制度は民間の金融ビジネスによる「教育ローン」と同様ではなく，教育事業としての制度設計が求められる。

　日本は，国際人権規約の中等教育及び高等教育への「無償教育の漸進的導入」規定について長らく留保してきたが，2012年にようやく「留保撤回」を閣議決定し，国連に通告している[12]。この視点からも，教育費用制度全般の改善が強く望まれる。教育は自由な階層移動を保障して，「階層社会」としての「格差社会」を改善する重要な手段の一つである。

5. 失業・不安定就業の全体像

(1) 失業

　安定した生活をおくるためには雇用が不可欠であることは，個人や世帯のレベルでも，また国のレベルでも同じである。完全雇用は福祉国家の要件の一つであり，反対に失業は貧困の代表的な代替指標の一つと考えられてきた。

　日本では，完全失業者は1955年の105万人（完全失業率2.5％）以来，長らく100万人未満が続いてきたが，図6で見るように，高度経済成長期が終わると1975年に100万人（同1.9％）となった。次に，1995年に210万人（同3.2％）となり，さらに，1999年には317万人（同4.7％）となった。100万人台から200万人台となるのには20年かかったのが，次の200万人台から300万人台となるのはたった4年という速さである。このように，日本の社会は大きく変化した。それ以降は，300万人台前半から200万人台後半にとどまり，2013年は265万人（同4.0％）である。

(2) 非正規雇用

　格差と貧困の諸相の土台は働き方・働かされ方の格差・貧困にある。先に見た「相対的貧困率」と「子どもの貧困率」の悪化の根本的な原因と解決方法は，就業構造とそれに基づく賃金構造に求められる。NHKスペシャル（2006年7月23日放映）でも取り上げられた「ワーキングプア（働く貧困層）」に対置するものは，1999年にILO（国際労働機関）が提起したディーセントワーク（まともな労働）である。

　近年の正規雇用・非正規雇用の状況を表2で見てみよう。総務省統計局「労働力調査」によれば，2009年から2013年の4年間で，正規雇用総数が約100万人（内訳は，女性は約20万人，男性は約80万人）減少していることがわかる。反対に，非正規雇用は約180万人（内訳は，女性は約100万人，男性は約80万人）増加している。そして，非正規雇用の比率は増加し，

表2 雇用形態別・性別による被雇用者数の推移（2009年～2013年） (万人)

	年	2009	2010	2011	2012	2013
男女計	被雇用者	5,501	5,508	5,531	5,522	5,545
	被雇用者（役員を除く）	5,124	5,138	5,163	5,154	5,201
	正規の職員・従業員	3,395	3,374	3,352	3,340	3,294
	非正規の職員・従業員	1,727	1,763	1,811	1,813	1,906
	パート	817	852	874	888	928
	アルバイト	339	344	355	353	392
	派遣社員	108	96	96	90	116
	契約社員・嘱託	323	333	360	354	388
	その他	140	138	127	128	82
女	被雇用者	2,341	2,361	2,369	2,375	2,405
	被雇用者（役員を除く）	2,250	2,273	2,279	2,288	2,323
	正規の職員・従業員	1,050	1,051	1,039	1,041	1,027
	非正規の職員・従業員	1,200	1,223	1,241	1,247	1,296
	パート	733	764	779	792	826
	アルバイト	173	172	173	177	192
	派遣社員	72	62	59	55	68
	契約社員・嘱託	149	152	163	157	169
	その他	73	73	66	67	40
男	被雇用者	3,162	3,148	3,163	3,147	3,140
	被雇用者（役員を除く）	2,874	2,865	2,885	2,865	2,878
	正規の職員・従業員	2,345	2,324	2,313	2,300	2,267
	非正規の職員・従業員	527	540	571	566	610
	パート	84	87	94	97	101
	アルバイト	166	172	182	175	200
	派遣社員	37	35	39	36	48
	契約社員・嘱託	174	181	197	197	219
	その他	67	66	62	61	42

出所：総務省統計局「労働力調査（詳細集計）2013年平均（速報）結果より作成。

2013年では総数で36.7%（女性では55.8%，男性では21.2%）になっている。

詳しく見れば，非正規雇用の内訳も男女で異なっている。2013年では，女性は1296万人のうち，パート826万人（63.7%），アルバイト192万人（14.8%），派遣社員68万人（5.2%），契約社員・嘱託169万人（13.0%），その他40万人（3.1%）であり，男性は610万人のうち，パート101万人（16.6

％），アルバイト200万人（32.8％），派遣社員48万人（7.9％），契約社員・嘱託219万人（35.9％），その他42万人（6.9％）である。

　また，総務省統計局「就業構造基本調査」（5年ごと）で非正規雇用（役員を除く）の比率の変化を見てみると，1992年の総数21.7％（男性では9.9％，女性では39.1％）から，20年後の2012年には総数38.2％（男性では22.1％，女性では57.5％）となっている。そのうちで，女性の非正規比率が半数以上となったのは，2002年の52.9％（同年の男性では16.3％，総数では31.9％）である。

　以上に見た，正規・非正規という雇用形態，そして性別の違いが賃金格差に反映していることが図7で明らかである。厚生労働省「賃金構造基本統計調査」によれば，2013年では正規雇用（正社員・正職員）の男性の年齢別賃金カーブでの最高月額は43万1800円であり，女性では28万6700円である。また，非正規雇用（正社員・正職員以外）の男性では最高月額が23万4500円であり，女性では18万3400円である。全年齢平均の賃金では，正規雇用の男性は34万400円，女性は25万1800円であり，非正規雇用の男性は21万6900円，女性は17万3900円である。非正規雇用の場合は，男女ともに年齢階級が高くなっても賃金の上昇があまり見られない。正規雇用の賃金を100とすると，非正規雇用の賃金は，男女計で62，男性で64，女性で69となっている。

　国民一人ひとりにとっても，社会全体にとっても，国民生活が安定するためには，安定した雇用と賃金がまず不可欠である。上記の正規・非正規という雇用形態と賃金の格差は，家族形成，つまり結婚できるかどうかにも大きく影響している。『少子化社会対策白書』では，労働政策研究・研修機構「若年者の就業状況・キャリア・職業能力開発の現状」（2009年）を資料にして，雇用形態の違いが結婚比率（有配偶率）の違いに反映していることを取り上げている（内閣府［2014a］26～27頁）。それによれば，男性の結婚率が20～24歳では正規雇用10.1％に対して非正規雇用5.6％，25～29歳では正規雇用31.7％に対して非正規雇用12.5％，30～34歳では正規雇用

図 7　雇用形態，性，年齢階級別賃金（月額）

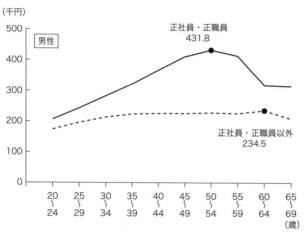

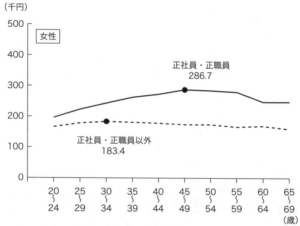

出所：厚生労働省「平成 25 年賃金構造基本統計調査（全国）結果の概況」

57.1％に対して非正規雇用 24.9％となっており，大きな違いがある。同じく，年収別の男性の結婚率の比較も行っている。それによれば，200 万円未満では 30 ～ 34 歳は 20％台，35 ～ 39 歳は 30％台であり，700 万円以上では 30 ～ 34 歳は 70％台，35 ～ 39 歳は 80％台であり，年収による結婚格差が表れている[13]。このように見ると，「少子化」も格差・貧困現象の一つと

してとらえて，その解決のためには雇用環境全体を改善することが必要である。

(3) 失業・不安定就業の全体像

以上で，失業と非正規雇用を順に見てきたが，ここではそれらを総合的に取り上げて，失業・不安定就業の全体像を明らかにすることを課題としたい。

まず，全人口ではなく，15歳以上の人口が労働力人口と非労働力人口に区分される。次に，労働力人口が就業者と完全失業者に区分される。そして，「完全失業者」の定義は非常に狭く限定されているので，常識的な理解としての「失業者」数よりはかなり少なくなることに注意が必要である。月末1週間の調査期間中に，収入を伴う仕事を1時間以上した者（家族従業者の場合は無給であっても）は，「完全失業者」には入らず，「就業者」と見なされる。また，就業を希望していても，求職活動をしない場合には，「完全失業者」には入らず，「非労働力人口」と見なされる。こうした理由から，「完全」という言葉が頭について「完全失業者」という独特の定義ができあがっているが，一般には単に簡略化された「失業者」という表現で通用している。

この「完全失業者」を①として「顕在的失業者」ととらえれば，さまざまな形での「非正規就業者」（不安定就業者）を②とし，さらに求職活動をしないために非労働力人口に含められている「就業希望者」を③として，②と③の両者を「潜在的失業者」ととらえることも可能である。これらによって，広義の「失業者」の全体像が形成される[14]。

表3では，2002年から2010年までの動向を取り上げている。①「完全失業者」，②「非正規就業者」，③「就業希望者」（非労働力人口の中の）を統一的にとらえるために，それぞれの推移とともに，これらを組み合わせて広義の「失業者」数（①+②のパターンと①+②+③のパターン）としてその推移を示している。その結果，完全失業者数には増減が見られるものの，広義の「失業者」数では男女ともに増加傾向が続いていることが読み取れる。広義の「失業者」数（①+②+③のパターン）で見れば，2010年では，女

表3 男女別, 15歳以上人口, 労働力人口, 完全失業者, 非正規就業者, 就業希望者および広義の「失業者」の推移 (単位：万人)

		2002	2003	2004	2005	2006	2007	2008	2009	2010年
女性	15歳以上人口[1]	5,632	5,654	5,672	5,684	5,693	5,701	5,706	5,709	5,712
	労働力人口	2,733	2,732	2,737	2,750	2,759	2,763	2,762	2,771	2,768
	労働力人口率 (%)	48.5	48.3	48.3	48.4	48.5	48.5	48.4	48.5	48.5
	①完全失業者	140	135	121	116	107	103	106	133	127
	完全失業率 (%)	5.1	4.9	4.4	4.2	3.9	3.7	3.8	4.8	4.6
	②非正規就業者	1,021	1,061	1,098	1,126	1,159	1,196	1,205	1,200	1,223
	非労働力人口	2,895	2,916	2,930	2,929	2,930	2,935	2,942	2,936	2,940
	③うち就業希望者	400	401	389	360	354	343	335	345	342
	広義の「失業者」									
	①+②	1,161	1,196	1,219	1,242	1,266	1,299	1,311	1,333	1,350
	①+②+③	1,561	1,597	1,608	1,602	1,620	1,642	1,646	1,678	1,692
男性	15歳以上人口[1]	5,294	5,308	5,318	5,323	5,327	5,342	5,344	5,342	5,337
	労働力人口	3,956	3,934	3,905	3,901	3,898	3,906	3,888	3,847	3,822
	労働力人口率 (%)	74.7	74.1	73.4	73.3	73.2	73.1	72.8	72.0	71.6
	①完全失業者	219	215	192	178	168	154	159	203	207
	完全失業率 (%)	5.5	5.5	4.9	4.6	4.3	3.9	4.1	5.3	5.4
	②非正規就業者	431	444	466	507	519	539	560	527	540
	非労働力人口	1,333	1,369	1,406	1,416	1,425	1,432	1,453	1,493	1,512
	③うち就業希望者	129	129	139	129	124	122	120	126	126
	広義の「失業者」									
	①+②	650	659	658	685	687	693	719	730	747
	①+②+③	779	788	797	814	811	815	839	856	873

出所：総務省統計局「労働力調査年報」および「同 長期時系列データ」より作成。
注1) 不詳を含む。

性は1687万人,男性は872万人にもなり,狭義の「失業者」数とは大きく違っている。全体として,労働力状態の不安定性の増大を示している。

もちろん,失業・不安定就業の全体像をより正確に把握するためには,ワーキングプアの構造全体,すなわち,雇用・失業構造だけではなく,賃金構造,労働時間構造[15],さらには失業保険構造も合わせて検討が必要であるので,ここでの提示はその一局面にすぎない。

6. これからの生活保障システムを展望して

1990年代後半以降からの国民生活をめぐる戦後第3の歴史的転換について検討するために,人口と家族の変動に始まり,格差と貧困の実態,さらに,失業と不安定就業の状態を取り上げてきた。

日本の大転換の潮目は1998年あたりと考えられる。前年の1997年には,消費税の税率アップ(3%から5%へ),そして健康保険加入者本人の受診料アップ(1割負担から2割負担へ)と支出面での負担増が続いたことと並んで,生命保険・ゼネコン・スーパーの一部の破綻,さらに三洋証券・山一証券・北海道拓殖銀行の破綻といった金融危機が生じたことが挙げられる。1998年以降,現金給与総額伸び率は全体としてマイナス基調に陥っている。厚生労働省「毎月勤労統計調査」(事業所規模5人以上)によれば,1998年のマイナス1.3%に始まり,2000年,2005年,2006年,2010年以外の年はマイナスであり,2013年は0.0%となっている[16]。また,1999年には,労働者派遣法が根本的に改定されて派遣業種が原則自由化されている。さらに,2003年には労働者派遣業の適用業種の範囲が製造業にも解禁され,男女ともに2004年から急増し,雇用の不安定化が進んでいる。

それでは,現在も進行している雇用の不安定化を基礎にした格差と貧困はどうすれば解決できるだろうか。

労働面では,まず正規雇用を通常の雇用形態として位置づけて増加させることであり,次に正規・非正規を問わず,賃金・労働時間を含めた労働条件

全般の根本的な改善である。そのためには，労働者派遣法の撤廃，同一価値労働同一賃金の実現，最低賃金制の拡充（時給 1000 円の実現），残業規制の法的強化，雇用保険の受給率上昇などが必要である。

それとともに，日本型企業社会モデルの下での賃金依存，企業依存およびそれと一体になっていた日本型福祉社会モデルの下での家族依存，女性依存を前提にした生活設計が不確かになってきている現在こそ，社会保障，教育，住宅などの公共サービス全般の水準を引き上げる，根本的な改善が望まれる。公共サービスが貧弱な状態でいったん失業してしまうと，その影響は深刻であり，生活設計全体に大きな困難をもたらす。そして，実はこの困難は失業者に限るものではなく，低所得・不安定就業を特徴とするワーキングプア層およびワーキングプア周辺層，さらには勤労する国民層一般にまで通じるものである。このように，生活保障システム全体の枠組みが変化したことを正しく認識することによって初めて，格差と貧困，国民生活の不安定に対する解決方向を示すことが可能となる。

そして，最新のキーワードは「無縁社会」である。人口と家族，地域社会の変化，職場の変化，こうした社会を構成する枠組み全体の実態の変化，さらに社会通念の変化の進行は無視できない地点にまできている。NHK スペシャル「無縁社会」（2010 年 1 月 31 日放映）が取り上げたのはこの事態である。原理的には，家族と地域社会という古い共同体の紐帯を商品・貨幣関係が掘り崩していくことが基礎となっている。これとともに，正規雇用を非正規雇用に取り替えていくという，職場という疑似共同体を商品・貨幣関係が掘り崩していく過程が進行している。従来の古い「縁」である，「血縁」・「地縁」・「社縁」がもろくなり，これまでの生活扶助機能，生活保障機能が十分に果たせなくなってきている。

そこで，必要なことは，一方では，これらの古い「縁」のあり方そのものの見直しと再生であり，他方では，これまで軽視されてきた，新しい「縁」である，公共部門（政府や地方自治体），非営利協同部門（協同組合や NPO）などの「公縁」・「協縁」の設計と強化と考えられる。NHK スペシャ

ル取材班の表現では,「無縁社会」に代わる「結縁社会」である（NHKスペシャル取材班[2012]315〜340頁）。これらの「縁」を結びなおすことが, 人間を貧困状態に陥ることから救い出す機能として, 湯浅誠が表現するさまざまな「溜め」（湯浅誠[2008]78〜82頁）を増やし, 充実させることにつながるものである。

また, 貧困には,「経済的な貧困」と「関係的な貧困」という2つの貧困があり, 1999年の池袋通り魔事件はこの2つの貧困が重なって起きたとの生田武志の指摘（生田武志[2009]1〜18頁）も重要である。「縁」の形成こそが,「自己責任」論を克服し, 格差と貧困,「無縁社会」を解決し, 個人と社会の再生産を確実にするものである。

【注】
1)「格差社会」論の位置づけと全体像については,以下の文献を参照されたい（福島[2007], 福島[2009], 福島[2010]）。
2) ここでは, OECDの貧困率の代表的な基準に基づいている。それは, 等価可処分所得の中央値の半分, すなわち50％を貧困の基準としている。しかし, OECDは50％以外に, 40％, 60％による貧困率の数値も挙げている（OECD[2008]138〜140頁, 165〜168頁）。また, EUは公式の貧困基準の1つに中央値の60％を用いている（阿部[2008]45頁）。なお, 唐鎌直義は, OECDの等価尺度による基準を日本に適用する問題点を指摘し, 生活保護制度の世帯員数ごとの保護基準額の全国平均を貧困測定基準として用いている。その理由は, 住宅保障制度, 教育保障制度, 交通費等の公共料金政策のような生活基盤部分に対する社会保障施策が充実している国では, OECDの等価尺度は有効かもしれないが, 伝統的にこれらの領域が大幅に市場化されている日本では, 現金所得のもつ意味がヨーロッパの福祉国家に比べて相対的に重くなるので, OECDの等価尺度をそのまま用いると, 世帯員数の多い世帯ほど不利に作用することになるからであると述べている（唐鎌[2009]146〜147頁および同[2012]207〜208頁）。
3) 家計貯蓄(a)＝家計可処分所得(c)＋年金基金年金準備金の変動（受取）(b)−家計最終消費支出であり, 家計貯蓄率＝a/(b+c)
4) 例えば, 本田由紀は, 1990年代以降に大きく増えているのが, 完全失業者数, 非正規雇用者比率, 生活保護世帯数, 貯蓄非保有世帯比率などとして, これらが仕事・賃金・貯金といった生活の物質的基盤が失われていることを意味する指標と指摘している（本田[2014a]6〜7頁）。同様の記述は以下の文献にも見られる（本田[2014b]64〜65頁, 宇都宮[2014]156頁, 角田[2014]70〜72頁, 白井[2014]43頁, 橘木

[2006] 19～20 頁, 水野 [2014] 131 頁, 197～198 頁および湯浅 [2008] 34～35 頁)。

5) 50～54 歳の未婚者に関連する統計として,「生涯未婚率」がある。「国勢調査」によれば (国立社会保障・人口問題研究所 [2014] 表 6-23), 1975 年では女性の「生涯未婚率」は 4.32%, 男性は 2.12% であり, 2010 年では女性の「生涯未婚率」は 10.61%, 男性は 20.14% である。「生涯未婚率」は, 45～49 歳と 50～54 歳未婚率の平均値であり, 50 歳時の未婚率である。この 50 歳という年齢基準は, 合計特殊出生率の算定基準が女性の妊孕力を基礎にした再生産年齢として設定されている 15～49 歳であることに対応していると考えられる。

6) 人口全体に対する結婚の発生頻度を表す婚姻率は, 人口 1000 人当たりの婚姻件数 (‰) であるが, 1965 年の 8.1‰ から 1972 年の 10.4‰ まで上昇した後に低下していき, 2012 年の 5.3‰ に至っている。

7) 同様に人口 1000 人当たりの離婚件数 (‰) である離婚率は, 1965 年の 0.79‰ から 2002 年の 2.30‰ まで上昇した後に低下していき, 2012 年の 1.87‰ に至っている。

8) 母子世帯の推計世帯数は 124 万世帯であり, 離婚以外の理由は死別 7.5%, 未婚の母 7.8%, 遺棄 0.4%, 行方不明 3.1%, その他 3.1% である。なお, 1978 年では, 死別 49.9%, 離婚 37.9% であったのが, その次の調査年 1983 年では, 死別 36.1%, 離婚 49.1% となって多さの順序が逆転した。

9) 2011 年の父子世帯の推計世帯数は 22 万世帯であり, 離婚以外の理由は死別 16.8%, 未婚の父 1.2%, 遺棄 0.5%, 行方不明 0.5%, その他 6.6% である。

10) ここでは, 厚生労働省「福祉行政報告例」での「世帯主が働いている世帯」と「世帯主は働いていないが世帯員が働いている世帯」を合計したものを「稼働世帯」と表現し,「働いている者のいない世帯」を「非稼働世帯」と表現している。1960 年度には, 非保護世帯の稼働世帯数 33 万 4 千 (55.2%) が非稼働世帯数 27 万 1 千 (44.8%) を上回っていた。しかし, 当時, 炭鉱離職者の保護利用が激増したことに対して, 稼働年齢層の排除政策がとられたことにより, その後は, 稼働世帯数は減少していった (福島 [2009] 231 頁)。

11) 生活保護の扶助は, 生活扶助, 住宅扶助, 教育扶助, 介護扶助, 医療扶助, 出産扶助, 生業扶助, 葬祭扶助の 8 種類から成っている。これ以外に, 各種加算として, 冬期加算や母子加算, 障害者加算, そして 2006 年度で廃止された老齢加算などがある。老齢加算の復活や冷房費などの「夏期加算」の新設も必要な課題となっている。

12) 国際人権規約の中等教育及び高等教育への「無償教育の漸進的導入」規定について実行を留保してきたのは, 条約批准国 157 か国中で, ルワンダが 2008 年に留保を撤回した後は日本とマダガスカルのみが残っていた。マダガスカルは, アフリカ東部のインド洋の島国 (旧フランス領) で, 国土面積 59 万 km² (日本の 1.6 倍), 人口 2290 万人 (2012 年) である。

13) なお, 総務省「国勢調査」(2010 年) による, 男性の年齢別の平均未婚率は, 25～

29 歳は 71.8%，30 〜 34 歳は 47.3%，35 〜 39 歳は 35.6% である（内閣府［2014a］12 頁）。
14) また，ワーキングプアについても，広く労働力状態としてとらえて，単に「働く貧困層」（就労貧困者）だけではなく，「求職失業者」（失業貧困者）を合わせて算定することも岩井浩・村上雅俊によって行われている（岩井［2010］および村上・岩井［2010］）。
15) 雇用・賃金・労働時間の諸側面からのワーキングプアの構造についての検討は，福島［2011］を参照されたい。
16) 事業所規模 30 人以上では，1998 年のマイナス 1.4% に始まり，2005 年，2006 年，2010 年，2011 年，2013 年以外がマイナスである。

【参照文献】
阿部彩［2008］，『子どもの貧困』岩波新書。
阿部彩［2014］，「日本の貧困」貧困統計ホームページ。
生田武志［2009］，『貧困を考えよう』岩波ジュニア新書。
稲葉剛［2013］，『生活保護から考える』岩波新書。
岩井浩［2010］，『雇用・失業指標と不安定就業の研究』関西大学出版部。
宇都宮健児［2014］，『「悪」と闘う』朝日新書。
NHK スペシャル取材班［2012］，『無縁社会』文春文庫。
角田修一［2014］，『概説　生活経済論』〔改訂版〕，文理閣。
唐鎌直義［2009］，「年金格差と高齢者の貧困」岩井浩・福島利夫・菊地進・藤江昌嗣編『格差社会の統計分析』北海道大学出版会，所収（第 6 章）。
唐鎌直義［2012］，『脱貧困の社会保障』旬報社。
久保桂子［2012］，「家族と世帯」独立行政法人国立女性教育会館・伊藤陽一編『男女共同参画統計データブック―日本の女性と男性―2012』ぎょうせい，所収（第 2 章）。
厚生労働省［2012］，「平成 23 年度　全国母子世帯等調査結果報告」厚生労働省ホームページ。
厚生労働省［2013］，『平成 23 年度　福祉行政報告例』厚生労働統計協会。
厚生労働省［2014］，「平成 24 年度　被保護者調査」厚生労働省ホームページ。
国立社会保障・人口問題研究所［2014］，『人口統計資料集（2014 年版）』同研究所ホームページ。
白井康彦［2014］，『生活保護削減のための物価偽装を糾す！』あけび書房。
総務省統計局［2014］，『平成 22 年国勢調査　最終報告　日本の人口・世帯（上巻―解説・資料編）』総務省統計局ホームページ。
橘木俊詔［2006］，『格差社会』岩波新書。
内閣府［2007］，『平成 19 年版　自殺対策白書』佐伯印刷。
内閣府［2013a］，『平成 25 年版　自殺対策白書』内閣府ホームページ。
内閣府［2013b］，「国民経済計算（平成 17 年度基準）の遡及推計のポイント（平成 25

年 10 月 23 日）」，内閣府経済社会総合研究所・国民経済計算部。
内閣府［2014a］，『平成 26 年版　少子化社会対策白書』日経印刷。
内閣府［2014b］，『平成 26 年版　子ども・若者白書』日経印刷。
内閣府［2014c］，『平成 26 年版　経済財政白書【縮刷版】』日経印刷。
内閣府［2014d］，「平成 25 年度国民経済計算確報（フロー編）ポイント（平成 26 年 12 月 25 日）」内閣府経済社会総合研究所・国民経済計算部。
福島利夫［2007］，「格差社会の現況とその行方」『ESTRELA』No.154，統計情報開発研究センター。
福島利夫［2009］，「格差・貧困社会と社会保障」岩井浩・福島利夫・菊地進・藤江昌嗣編『格差社会の統計分析』北海道大学出版会，所収（第 9 章）。
福島利夫［2010］，「『日本的経営』の見直しと格差・貧困の諸相」『専修大学社会科学研究所月報』No.562・563・564。
福島利夫［2011］，「雇用・失業構造の変化とワーキングプア」『経済』No.190，新日本出版社。
福島利夫［2012］，「人口」独立行政法人国立女性教育会館・伊藤陽一編『男女共同参画統計データブック―日本の女性と男性―2012』ぎょうせい，所収（第 1 章）。
本田由紀［2014a］，『社会を結びなおす』岩波ブックレット。
本田由紀［2014b］，『もじれる社会』ちくま新書。
水野和夫［2014］，『資本主義の終焉と歴史の危機』集英社新書。
村上雅俊・岩井浩［2010］，「ワーキングプアの規定と推計」経済統計学会『統計学』第 98 号。
文部科学省［2014］，「平成 24 年度要保護及び準要保護児童生徒数について」文部科学省ホームページ。
湯浅誠［2008］，『反貧困』岩波新書。
山野良一［2008］，『子どもの最貧国・日本　学力・心身・社会におよぶ諸影響』光文社新書。
OECD［2008］，*Growing Unequal? : INCOME DISTRIBUTION AND POVERTY IN OECD COUNTRIES*, OECD（小島克久・金子能宏訳『格差は拡大しているか――OECD 加盟国における所得分布と貧困』明石書店，2010 年）。
OECD［2009］，*Society at a Glance 2009 : OECD SOCIAL INDICATORS*, OECD（髙木郁朗監訳，麻生裕子訳『図表でみる世界の社会問題 3　OECD 社会政策指標――貧困・不平等・社会的排除の国際比較』明石書店，2013 年）。
OECD［2013］，*Education at a Glance : OECD INDICATORS-2013 EDITION*, OECD（徳永優子ほか訳『図表でみる教育 OECD インディケーター(2013 年版)』明石書店, 2013 年）。

〈本章は，平成 23 年度・専修大学研究助成「日本の生活保障システムの統

計的分析」の成果の一部である。〉

あとがき

　本書は，専修大学社会科学研究所特別研究助成「若年・青年層の不安定就労ならびに社会保障制度の現状」（2010-2012年度）の研究成果である。専修大学社会科学研究所特別研究助成とは，所員5名以上によって構成され，交付期間として3年間を与えられ，助成終了後2年以内に「社会科学研究叢書」刊行義務を負うグループ研究であり，本研究グループは，本学経済学部経済学科「福祉と環境」コースに属する教員を中心に構成されたものである。もともと，本研究グループが組織されるにあたっての，初発の問題意識は，次のようなものであった。

　雇用の非正規化や労働条件の全般的劣悪化，さらには貧困問題の深刻化といった課題が，日本を覆う社会問題の筆頭に挙げられる状況がすっかり定着してきた昨今，社会保障制度や労働者の権利保護に関する制度についての正確な知識をもつことは，ますます重要性を増しつつある。しかし，高校で「政治・経済」を履修したり，大学で労働問題や福祉・社会政策あるいは社会法関連の講義・ゼミ等を受講する機会に恵まれた者を除けば，大半の若者はそうした知識を身につける機会を保障されていない。労働者保護や社会保障の仕組みについては何も知らないままに，多くの若者が劣悪な雇用や貧困に苦しみ，それを「自己責任」と認識させられているわけである。そんな状態の解消に少しでもつながるかもしれないツールとして，労働・社会保障制度についての，これまで以上に使いやすく正確な教材ができないか。そんな思いを共有したことが，我々が共同のプロジェクトを立ち上げるそもそものきっかけであった。

　しかし，研究所の助成を受け共同研究がはじまると，我々のプロジェクトはこうした当初の構想から大きく逸脱してゆくこととなる。変化の激しい政

策・制度実態や，進展著しいこの分野の研究動向をフォローする作業を重ねるなかで，行政の現場でも学界でも注目の度を増しつつあった，若年層を主たる対象とする「就労支援」「自立支援」事業が，研究の焦点として意識されるようになってきたのである。なかでも，我々が殊に強い関心をもって着目したのが，地方自治体等による独自の取り組みとして展開されつつあった，各地の就労・生活支援プログラムであり，かつ，就労機会の創出をめざした地方自治体独自の産業政策であった。こうして本研究グループは，2010年には釧路市，2011年には堺市，大阪市，尼崎市，豊中市，箕面市，2012年には静岡市，浜松市，そして沼津市など，各地を直接訪問しての実地調査に取り組むことになった。

これらの調査にあたってお世話になった方々は多数に上るため，申し訳ないことにここで逐一お名前を挙げることはできないが，あらためて，各自治体および諸団体の関係各位には心より御礼申し上げたい。

さて，こうした調査を積み重ね，検討を加えるなかで，さらに問題関心として浮上してきたのが，近年，日本も含めた先進各国で，社会保障と労働をめぐる中央政府の基本的な政策動向となってきていた「福祉から就労へ」という路線，すなわち「ワークフェア」政策と，こうした地方自治体等による取り組みとの関係であった。これが，本書の表題が『ワークフェアの日本的展開──雇用の不安定化と就労・自立支援の課題』になった経緯である。

なお上記の実地調査については，記憶の経年劣化を防ぐという目的もあって，これまで調査の中間報告を専修大学社会科学研究所月報に計7本掲載してきた。本号580号に町田俊彦「地域雇用政策と地方財政」，同582号に鈴木奈穂美「釧路市の自立支援プログラムと社会的排除／包摂概念」，高橋祐吉「釧路調査覚え書き──自立支援，『中間的就労』そして働くということ」，同592号に町田俊彦「基礎自治体における雇用政策と地方財政──大阪府豊中市のケース」，同597号に宮嵜晃臣「現下不安定構造の構造的要因」，兵頭淳史「産業別労働組合地域支部における外国人労働者の組織化──静岡県西部地域における金属産業労組の取り組みを中心とする考察」，高橋祐吉

「大阪調査覚え書き——自治体による就労支援のさまざまなかたち」が掲載されている。殊に高橋の論考は調査の記録とともに「旅日記」としても面白く，ぜひ参照されたい。いずれも http://www.senshu-u.ac.jp/~off1009/geppo.html にアップロードされている。また，本書の執筆陣と重複するが，「福祉と環境」コースの担当教員によって，町田俊彦編著『雇用と生活の転換——日本社会の構造変化を踏まえて』が2014年に専修大学出版局から上梓されているので，あわせて参照していただければ幸いである。

　また，本書の編集と刊行にあたっては，専修大学出版局の笹岡五郎氏にご尽力いただいた。毎度のことながら当初予定されていた入稿期限を大幅に超過してもなかなか原稿が揃わず，笹岡氏には大変なご迷惑をおかけするばかりであったが，そんな執筆者一同を最後まで見放すことなく，粘り強いご支援をいただいた結果，なんとか刊行にまでこぎつけたことに，心より御礼申し上げたい。

　ところで，本書の執筆者に名を連ねる専修大学経済学部教授・町田俊彦氏は，本プロジェクト発足の1年前から4年間，専修大学社会科学研究所長の重責を担う身であり，激務のなかにありながら，その健筆ぶりには少しもブレーキがかかることなく，本プロジェクトの中間報告論文や本書の原稿など，ことごとく締切1か月前には入稿され，怠惰なメンバー達を心胆寒からしめていた。本書執筆にあたっても，町田氏の仕事ぶりに煽られるように「今度こそ期限通りの入稿を」と決意するも，編者も含め遅筆のメンバーたちは結局その決意を貫くことができず，研究所や出版局に甚大な迷惑をかける始末となったのだが，同氏には，そんな執筆者たちの仕事ぶりを，いつも賑やかにからかいながら温かい目で辛抱強く見守っていただいた。そんな町田氏も，本年3月をもって定年退職の日を迎える。

　そのようなわけで，本書は，町田俊彦教授退職記念論集としての性格をもつものでもある。町田教授の，専修大学社会科学研究所，経済学部および大学院経済学研究科へのこれまでの多大なご貢献に，この場を借りて心より感謝の意を捧げたい。

また，著書の「あとがき」において，このように共著者に対する謝辞が述べられるというのも異例のことと思われるが，読者諸氏には，最終講義など一切のセレモニーを辞退し，ただ一人静かに立ち去ろうとする，日頃の饒舌からは一見うかがい知れない町田氏の奥ゆかしさに免じてのご海容を願いつつ，本書全体の結びにかえたい。

　　　　　　　　　　　　　　　　　2015年2月16日　編者

執筆者紹介 (掲載順)

宮嵜晃臣（みやざき てるおみ）
　［**現職**］専修大学経済学部教授　［**専門**］日本経済論
　［**著書・論文**］「IT／グローバル資本主義下の長野県経済再考──ITバブル崩壊後の長野県経済」『専修大学社会科学研究所月報』No.615，2014年。「飯田市経済の現状と地域経済活性化政策」『専修大学社会科学研究所月報』No.611・612，2014年。「日本経済の現状と雇用問題」町田俊彦編著『雇用と生活の転換──日本社会の構造変化を踏まえて』第2章，専修大学出版局，2014年。「開発の諸相」，「日本の産業構造と日本型経営・日本的生産システム」SGCIME編『増補新版　現代経済の解読──グローバル資本主義と日本経済』第4章，第6章，御茶の水書房，2013年。

兵頭淳史（ひょうどう あつし）
　［**現職**］専修大学経済学部教授　［**専門**］社会政策，労働問題
　［**著書・論文**］『雇用と生活の転換』共著，専修大学出版局，2014年。『日本経済　その構造変化をとらえる』共著，専修大学出版局，2012年。『新自由主義批判の再構築』共著，法律文化社，2010年。『現代労働問題分析』共編著，法律文化社，2010年。『新自由主義と労働』共著，御茶の水書房，2010年。「アベノミクス賃金政策と労使関係」『生活経済政策』209号，2014年。「産業別労働組合地域支部による外国人労働者の組織化」『専修大学社会科学研究所月報』597号，2013年。「現代アメリカ労働運動の断面」『労働総研クォータリー』89号，2013年。

高橋祐吉（たかはし ゆうきち）
　［**現職**］専修大学経済学部教授　［**専門**］労働経済論
　［**著書・論文**］『企業社会と労働組合』1989年，『企業社会と労働者』1990年，『労働者のライフサイクルと企業社会』1994年，『現代日本の労働問題』1999年，いずれも労働科学研究所出版部。『現代日本における労働世界の構図』旬報社，2013年，など。

町田俊彦（まちだ としひこ）
　［**現職**］専修大学経済学部教授　［**専門**］財政学・地方財政論
　［**著書・論文**］「ドイツにおける財政赤字と財政再建」『世界の財政再建』敬文堂，1998年。『「平成大合併」の財政学』編著，公人社，2006年。「〈小さな〉政府は行き詰まった」『世界』2008年4月号。『歳入からみる自治体の姿』イマジン出版，2010年。『歳出からみる自治体の姿』イマジン出版，2013年。『雇用と生活の転換』編著，専修大学出版局，2014年。

鈴木奈穂美（すずき なおみ）

　　［**現職**］専修大学経済学部准教授　［**専門**］生活経済論，生活福祉論
　　［**著書・論文**］「第4章　日本のワーク・ライフ・バランスの実情——2007年以降の動向」町田俊彦編『雇用と生活の転換』共著，専修大学出版局，2014年。「介護者のライフスタイル」吉田あけみ編『ライフスタイルからみたキャリアデザイン』共著，ミネルヴァ書房，2014年。「社会的孤立への取組から，地域生活公共を考える」住沢博紀編著『組合　その力を地域社会の資源へ——生活公共の視点から労働組合・共済・労金・生協はなにができるのか』イマジン出版，2013年，など。

福島利夫（ふくしま としお）

　　［**現職**］専修大学経済学部教授　［**専門**］経済統計学
　　［**著書・論文**］『労働統計の国際比較』共編著，梓出版社，1993年。『現代の労働・生活と統計』共編著，北海道大学図書刊行会，2000年。『現代の社会と統計』共編著，産業統計研究社，2006年。『スウェーデンの女性と男性』訳書，スウェーデン中央統計局著，ノルディック出版，2008年。『格差社会の統計分析』共編著，北海道大学出版会，2009年。『男女共同参画統計データブック2012』共著，ぎょうせい，2012年。

専修大学社会科学研究所 社会科学研究叢書 17
ワークフェアの日本的展開
―― 雇用の不安定化と就労・自立支援の課題

2015年3月25日　第1版第1刷

編　者	宮嵜晃臣・兵頭淳史
発行者	田中　實
発行所	専修大学出版局
	〒101-0051　東京都千代田区神田神保町 3-10-3
	㈱専大センチュリー内
	電話　03-3263-4230 ㈹
組　版	有限会社キープニュー
印　刷	電算印刷株式会社
製　本	

Ⓒ Teruomi Miyazaki, Atsushi Hyodo et al.
2015 Printed in Japan　ISBN 978-4-88125-296-3

◇専修大学出版局の本◇

社会科学研究叢書 16
学芸の還流──東-西をめぐる翻訳・映像・思想──
鈴木健郎・根岸徹郎・厳 基珠 編　　　　A5判　464頁　4800円

社会科学研究叢書 15
東アジアにおける市民社会の形成──人権・平和・共生──
内藤光博 編　　　　A5判　326頁　3800円

社会科学研究叢書 14
変貌する現代国際経済
鈴木直次・野口 旭 編　　　　A5判　436頁　4400円

社会科学研究叢書 13
中国社会の現状Ⅲ
柴田弘捷・大矢根淳 編　　　　A5判　292頁　3600円

社会科学研究叢書 12
周辺メトロポリスの位置と変容──神奈川県川崎市・大阪府堺市──
宇都榮子・柴田弘捷 編　　　　A5判　280頁　3400円

社会科学研究叢書 11
中国社会の現状Ⅱ
専修大学社会科学研究所 編　　　　A5判　228頁　3500円

社会科学研究叢書 10
東アジア社会における儒教の変容
土屋昌明 編　　　　A5判　288頁　3800円

社会科学研究叢書 9
都市空間の再構成
黒田彰三 編著　　　　A5判　274頁　3800円

社会科学研究叢書 8
中国社会の現状
専修大学社会科学研究所 編　　　　A5判　222頁　3500円

社会科学研究叢書 7
東北アジアの法と政治
内藤光博・古川 純 編　　　　A5判　378頁　4400円

社会科学研究叢書 6
現代企業組織のダイナミズム
池本正純 編　　　　A5判　268頁　3800円

社会科学研究叢書 4
環境法の諸相──有害産業廃棄物問題を手がかりに──
矢澤昇治 編　　　　A5判　326頁　4400円

社会科学研究叢書 3
情報革新と産業ニューウェーブ
溝田誠吾 編著　　　　A5判　370頁　4800円

社会科学研究叢書 2
食料消費のコウホート分析──年齢・世代・時代──
森 宏 編　　　　A5判　390頁　4800円

社会科学研究叢書 1
グローバリゼーションと日本
専修大学社会科学研究所 編　　　　A5判　310頁　3500円

（価格は本体）